E-Book inside

Mit dem Kauf dieses Buchs erhalten Sie das zugehörige E-Book gratis. Sie können dabei aus zwei Dateiformaten wählen: EPUB (gängiges Format für E-Reader und Tablets) und PDF (für PC und Laptop). So kommen Sie an Ihr kostenloses E-Book:

Rufen Sie im Internet diese Website auf:
↗ http://www.junfermann.de/ebook-inside

Geben Sie den unten stehenden Code in das dafür vorgesehene Feld ein und klicken Sie → Code einlösen. Nach Eingabe Ihrer E-Mail-Adresse und Auswahl des E-Book-Formats erhalten Sie sofort einen Download-Link für das gewünschte E-Book an Ihre E-Mail-Adresse.

Bitte beachten Sie, dass der Code für Sie personalisiert wird und nur einmal gültig ist. Die Datei müssen Sie zunächst auf Ihrem Computer speichern, bevor Sie sie auf ein mobiles Endgerät überspielen können.

AF543859

47LEI8SC

Sarah Schöllhammer

Anpacken und Tee trinken

Impulse aus Innovationsforschung, Buddhismus und Positiver Psychologie

www.junfermann.de

planetpsy.de

blogweise.junfermann.de

www.facebook.com/junfermann

www.youtube.com/user/junfermann

www.instagram.com/junfermannverlag

SARAH SCHÖLLHAMMER

ANPACKEN UND TEE TRINKEN

IMPULSE AUS INNOVATIONSFORSCHUNG, BUDDHISMUS UND POSITIVER PSYCHOLOGIE

Junfermann Verlag
Paderborn
2024

Copyright	© Junfermann Verlag, Paderborn 2024
Coverfoto	© shutter_m (https://www.istockphoto.com)
Illustrationen	© Sarah Schöllhammer
Covergestaltung / Reihenentwurf	JUNFERMANN Druck & Service GmbH & Co. KG, Paderborn
Satz & Layout	JUNFERMANN Druck & Service GmbH & Co. KG, Paderborn

Bibliografische Information der Deutschen Nationalbibliothek

Die Deutsche Nationalbibliothek verzeichnet diese Publikation in der Deutschen Nationalbibliografie; detaillierte bibliografische Daten sind im Internet über http://dnb.d-nb.de abrufbar.

ISBN 978-3-7495-0590-6
Dieses Buch erscheint parallel als E-Book.
ISBN 978-3-7495-0591-3 (EPUB), 978-3-7495-0592-0 (PDF).

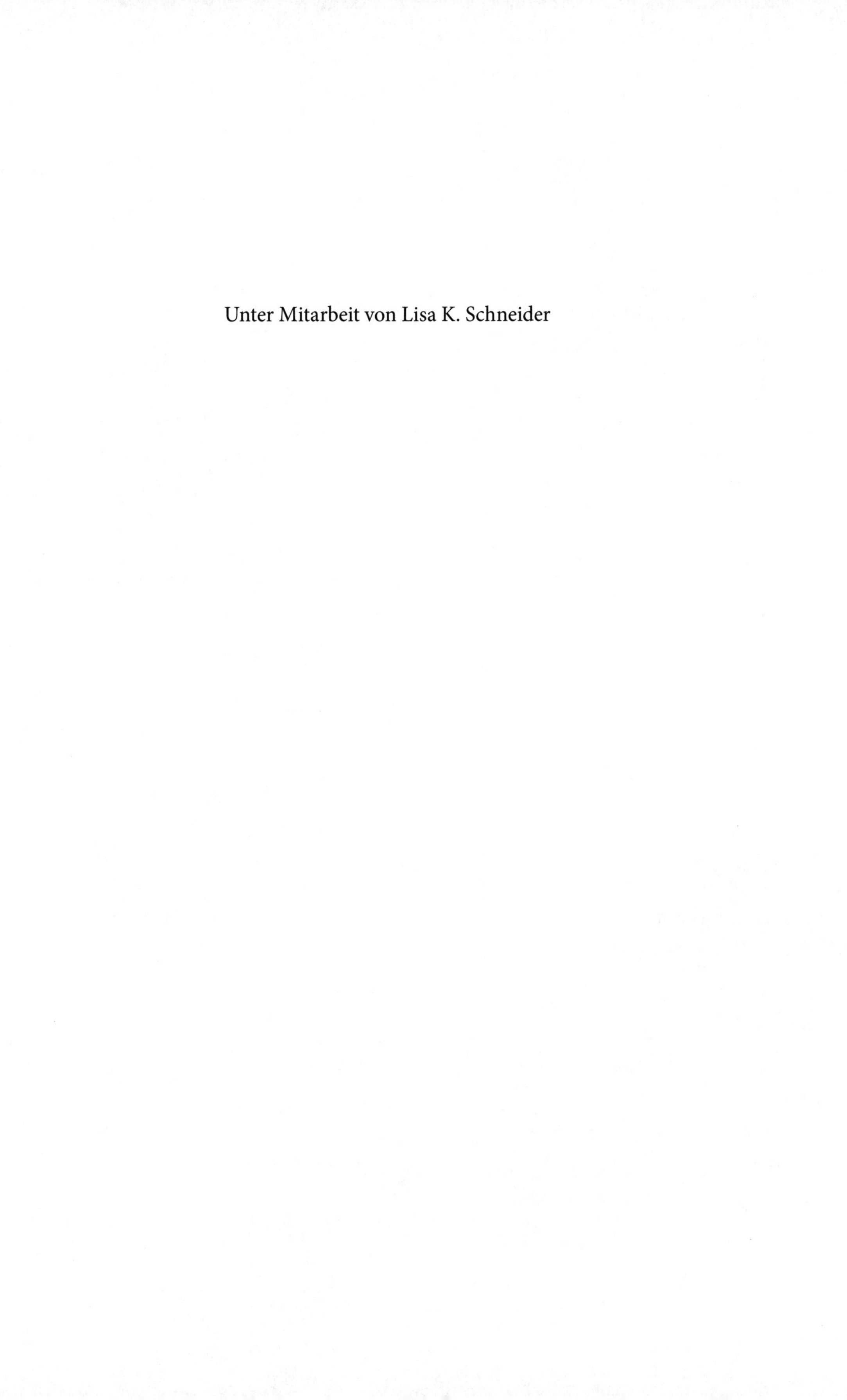

Unter Mitarbeit von Lisa K. Schneider

Inhalt

Gebrauchshinweise für dieses Buch

Wirkung: Hilft bei akuter Zukunftsskepsis und Veränderungsmüdigkeit. Macht Lust darauf, das Leben, sich selbst und unsere Welt neu zu erfinden.

Mögliche Nebenwirkungen: Unwohlsein mit dem Status quo, neue Einsichten, Kribbeln in den Fingern und Hummeln im Hintern, unerwartete Entwicklungssprünge.

Anwendungsgebiete: Wir leben in Zeiten des ständigen Wandels. Als Verbraucherinnen* werden wir andauernd mit neuen Produkten überschüttet und in Unternehmen jagt eine Change-Welle die nächste. Von der ständigen Veränderung fühlen sich viele Menschen gestresst. Dabei übersehen wir oft, dass unser Leben dank sinnvoller Innovationen so viel besser ist als das unserer Vorfahren. Mutige Erfinderinnen und Innovatoren gibt es überall, nicht nur in den Entwicklungsabteilungen großer Konzerne und in Forschungseinrichtungen. Wirklich jeder kann kreativ sein, ob wir nun neue Geschäftsmodelle, das eigene Leben oder die Gesellschaft gestalten. Indem wir Probleme als Chance sehen, Dinge ausprobieren und aus Rückschlägen lernen, können wir neue und bessere Lösungen in die Welt bringen. Wenn wir aktiv anpacken, fühlen wir uns wirksam, sind optimistischer und machen das Beste aus der jeweiligen Situation.

Für wen ist das Buch geeignet?

Dieses Buch richtet sich bewusst *nicht* an Profis wie Coaches, Innovations- oder Change Managerinnen, sondern an all jene, die von Veränderungen betroffen sind, ohne selbst Experten zu sein. Ziel ist es, komplexe Inhalte aus dem Innovations- und Change Management sowie dem Buddhismus und der Positiven Psychologie einfach zugänglich, leicht verdaulich und direkt anwendbar für eine breite Leserschaft darzustellen: Statt Fachbegriffen und Details lieber kurz und unterhaltsam. Wer in

* Um möglichst viele Lesende zu erreichen (und möglich wenige zu entrüsten), werden, wann immer möglich, neutrale Bezeichnungen verwendet (Studierende, Lesende). Wo das nicht umsetzbar war, wird zwischen Femininum und Maskulinum abgewechselt. Selbstverständlich dürfen sich jederzeit alle angesprochen fühlen.

wissenschaftliche Tiefen abtauchen möchte, wird anderswo glücklicher. Dafür gibt es zu verschiedenen Themen zahlreiche Quellen und Literaturtipps am Ende jedes Kapitels als Anregung, tiefer einzusteigen.

Wie ist das Buch aufgebaut?

Das Buch nimmt die Lesenden mit auf eine Reise (s. Abb. 1): In den ersten Kapiteln noch aus der Ferne darauf schauend, wie Innovationen entstehen und unsere Welt verändern, zoomt der Fokus immer näher in unseren Alltag, in unser Leben und auf uns selbst.

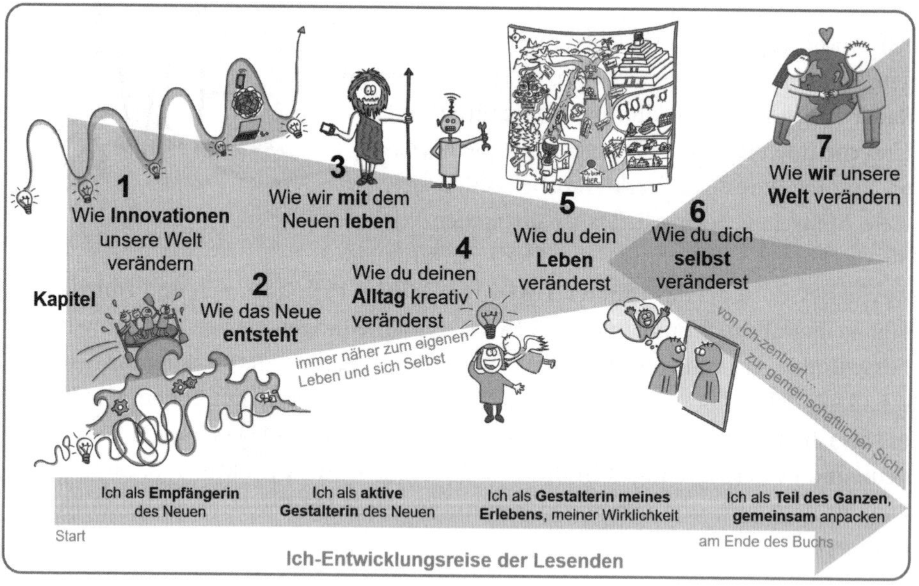

Abbildung 1: Aufbau des Buchs

Konfrontiert mit technischen Innovationen, Veränderungsprojekten in Unternehmen und deren Folgen sind gerade viele Menschen verunsichert. Um diese Entwicklungen besser einordnen zu können, wird in Kapitel 1 und 2 zunächst beleuchtet, was Innovationen überhaupt sind, wie viel Positives sie uns bringen und wie sie entstehen. Kapitel 3 zeigt auf, dass eine gewisse Vorsicht vor Veränderungen evolutionär sinnvoll und normal ist und warum sich Offenheit für Neues dennoch lohnt.

In Kapitel 4 erfährst du, wie du deine Kreativität (noch) gezielter einsetzt, um im Alltag Probleme zu lösen und bessere Einsichten zu gewinnen. Eine Ebene persönlicher wird es in Kapitel 5. Hier geht es darum, das eigene Leben in die Hand zu nehmen und aktiv zu gestalten. Kapitel 6 zeigt, wie du dich selbst und deine eigene Wahrnehmung zum Positiven verändern kannst, um gelassener und glücklicher zu werden.

Große Herausforderungen unserer Zeit wie die Klimakrise bewältigen wir nur gemeinsam. Deswegen weitet sich in Kapitel 7 das Blickfeld wieder und nimmt das große Ganze ins Visier. Es ermutigt, Veränderungen zum Wohl aller voranzubringen, in Wirtschaft, Gesellschaft und Ökosystem.

Welche Wege durch das Buch werden empfohlen?

Geführte Standardtour: Du liest das Buch ganz normal von Anfang bis Ende. Das ist sinnvoll, denn die Struktur wurde nicht zufällig so gewählt. Die unterschiedlichen Abschnitte innerhalb eines Kapitels hängen thematisch zusammen; manche Themen, gerade in den späteren Kapiteln, erfordern zunehmendes Einlassen und Zeit. Das klappt vermutlich am besten, wenn du der vorgeschlagenen Route folgst. (Es ist übrigens kein Fehler, sondern beabsichtigt, dass einige Themen im Laufe des Buchs immer wieder aufkommen und auf unterschiedlichen Ebenen betrachtet werden.)

Schnelldurchlauf für Eilige: Nimmst du das Buch mit einem bestimmten Interesse in die Hand, kannst du auch gezielt einzelne Kapitel herausgreifen (zum Beispiel Kapitel 4 zu Kreativität im Alltag oder Kapitel 5 über aktive Lebensgestaltung).

Individualreise: Die einzelnen Impulse sind auch für sich genommen verständlich. Wie bei einem leckeren Büfett kannst du hin und her springen und in Eigenregie lesen, was dich gerade anlacht.

Alle thematischen Abschnitte und besonders die Übungen sind als *Angebote* zu verstehen. Was dir nicht taugt oder wofür dir gerade die Zeit fehlt, das kannst du überspringen, und zwar ohne schlechtes Gewissen. Wer weiß, vielleicht siehst du manches ganz anders, wenn du das Buch später noch einmal zur Hand nimmst.

Welche Dosierung des Buchs wird empfohlen?

Auch wenn das Buch fluffig daherkommt, lass dich nicht täuschen – die behandelten Themen sind bisweilen mächtig und schwerer zu verdauen, als es auf den ersten Blick scheint. Es ist wie bei einer großen Pralinenschachtel: Essen wir alle auf einmal, ist der „Genuss" schnell vorbei. Die unterschiedlichen Geschmacksrichtungen bekommen wir kaum mit und können uns danach erst recht nicht daran erinnern. Womöglich bekommen wir sogar Bauchschmerzen.

„Viel hilft viel“ stimmt nur bedingt. Auch als Leserin kannst du nur eine begrenzte Menge Wissen auf einmal gut verdauen. Am besten liest du dieses Buch nicht in einem Rutsch durch, sondern konsumierst die thematischen Abschnitte nach und nach wie die einzelnen Pralinen aus einem Sortiment: regelmäßig nur einen Abschnitt und diesen dafür genießen, die Inhalte sacken lassen und sich Zeit nehmen, um darüber nachzudenken, um Inhalte wirken und Einsichten reifen zu lassen. Das „richtige“ Tempo ist bei jedem anders.

Tipp: Nimm dir Zeit, um den einen oder anderen Impuls selbst auszuprobieren. Wissen allein nützt wenig, erst die Umsetzung in die Realität macht es wirklich wertvoll. Um dir das Übertragen in deinen Alltag zu erleichtern, findest du am Ende jedes Abschnitts Reflexionsfragen und Übungen *zum Nachdenken und Ausprobieren.* Sich intensiv mit den Themen auseinanderzusetzen mag zwar länger dauern und anstrengender sein, dafür bringt es auch mehr.

Würdest du nur die Begleitbeschreibung zur Pralinenschachtel lesen, ohne die Pralinen selbst zu essen? Genauso macht es einen großen Unterschied, ob du dieses Buch nur durchliest oder auch praktisch in deinem Leben anwendest.

Bist du bereit? Dann packen wir’s an!

1. Wie Innovationen unsere Welt verändern

„Hin und wieder verwandeln sich eine neue Technologie, ein altes Problem und eine große Idee in eine Innovation."

Dean Kamen, US-amerikanischer Unternehmer und Erfinder (*1951)

1.1 Von Weltneuheiten und Erleichterungen des Alltags

Nur sieben Brote zur Auswahl, dafür in bester handwerklicher Qualität; kein Kuchen, keine Brötchen, keine Schnäppchen. Weil es das in seiner Würzburger Heimat noch nicht gibt, eröffnet Sebastian Düll seine eigene Bäckerei, „ganz weit weg von der heutigen schnelllebigen Zeit", wie er sagt. Sein Brot setzt sich ab vom gängigen „mehr, schneller, billiger" der Branche und ist gerade dadurch etwas Besonderes und steht bei Brotliebhabern hoch im Kurs. Auch sonst bricht das Konzept mit den gängigen Konventionen: Geöffnet ist erst ab zehn Uhr, damit die Angestellten „lebensfreundlich" um halb sieben mit der Arbeit beginnen können, anstatt wie üblich schon um zwei oder drei Uhr früh übermüdet in der Backstube zu stehen. Das geht, weil der Brotteig so lange ruht. Am Sonntag und Montag bleibt der Laden zu. Der verwunderten Kundschaft erklärt Sebastian Düll augenzwinkernd, die Öffnungszeiten habe er vom Vormieter des Ladens, einem Friseur, übernommen. Dabei ist das eine kreative Lösung für mehr Work-Life-Balance in Zeiten, wo Fachkräfte vielerorts Mangelware sind. Ein weiterer Vorteil: Im Schaufenster können die Kunden live beobachten, wie ihr Brot hergestellt wird und warum es den Preis wert ist.[1] Obwohl zahlreiche Banken sein Konzept kritisch gesehen hatten, hat der Bäckermeister seinen Traum in die Tat umgesetzt. Nicht nur zentrale Probleme der Branche hat er erkannt, Sebastian Düll beweist auch Mut, mit Konventionen zu brechen, und schafft eine neuartige Lösung mit Mehrwert für Mitarbeitende und Kundschaft. Wenn das mal keine innovative Lösung ist! …

Welche Gedanken hast du, wenn du das Wort „Innovation" hörst? Vielleicht denkst du an das erste Automobil, die Dampfmaschine, das Fließband, Mondraketen oder das Internet. Den Jüngeren kommt womöglich eher das erste *iPhone* oder *ChatGPT* in den Kopf. In jedem Fall revolutionäre, bahnbrechende und schillernde Neuerungen! Bei der riesigen Fülle menschlicher Erfindungen und Entdeckungen hat sicher jeder von uns persönliche Favoriten, die uns in ehrfürchtiges Staunen versetzen.

Mit der Frage, ob nun die Schrift oder doch das Flugzeug die größere Errungenschaft sei, können wir treffsicher einen Streit in der Familie oder am Stammtisch anzetteln. Obwohl es sehr schwierig ist, „Innovation" objektiv zu bewerten, haben zwölf Experten rund um Leslie Berlin eine Liste der 50 größten Innovationen der Menschheitsgeschichte seit der Erfindung des Rads erstellt. Anhand einer Reihe von Kriterien bewerteten sie, welche Entdeckungen und Erfindungen den menschlichen Fortschritt am meisten vorangebracht und unser Leben maßgeblich verbessert haben.[2] Unter den Top 10:

- Die *Druckerpresse* durchbrach das Wissen-ist-Macht-Monopol der Kirche, ermöglichte Bildung für alle und beschleunigte die Verbreitung neuer Ideen.
- *Strom* beleuchtet unsere Häuser, betreibt alle möglichen Gerätschaften – in Kliniken, Industrieproduktionen, zu Hause.
- *Penicillin:* Vor seiner Entdeckung konnte ein Schnitt in den Finger den Tod bedeuten. Dank des Schimmelpilzes Penicillium, dessen Gift Bakterien den Garaus macht, wurden zahlreiche gefährliche Infektionskrankheiten wie Lungenentzündung behandelbar und Millionen Menschenleben gerettet.

Auf den Plätzen 11 bis 50 tummeln sich unter anderem gedrucktes Geld, Wasserklosett, Auto, Flugzeug, PC, Fernsehen und industrielle Stahlherstellung. Über die Reihenfolge der Liste können wir uns streiten. Unbestritten ist, dass es uns dank der Errungenschaften von Wissenschaft und Technik besser geht als je zuvor. Aus heutiger Sicht nehmen wir viele dieser Durchbrüche als selbstverständlich hin. Machen wir uns also ab und zu bewusst, welch überragende Bedeutung die Erfindungen unserer Vorfahren für unseren heutigen Lebensstandard haben.

Ebenso deutlich wird, dass Innovation keineswegs nur ein Thema der letzten, vor allem digital geprägten Jahrzehnte ist. Wie nützlich wir Online-Dating, TikTok und App-basierte Videosprechstunden mit dem Tierarzt finden, ist dabei eine Frage des Blickwinkels. Innovation liegt auch im Auge des Betrachters.

Was leicht übersehen wird: Spektakuläre Weltneuheiten erhalten viel Aufmerksamkeit, sind aber relativ selten. Auch kleine sinnvolle Verbesserungen machen das Leben leichter. Wer möchte schon in einem Auto mit dem Stand von 1886 herumfahren? Mangels Federung würden wir durchgerüttelt, ohne Navigationssystem würden wir uns ständig verfahren und könnten ohne Scheibenwischer durch die verschmierte Scheibe kaum etwas sehen. Sollten wir gegen einen Baum fahren, wäre das Verletzungsrisiko wenigstens auch ohne Airbag überschaubar, dank der Höchstgeschwindigkeit von 16 km/h. Auch kleine Innovationen und die schrittweise Verbesserung des Bestehenden dürfen wir also schätzen. Ein weiterer Grund, kleine Fortschritte nicht gering zu schätzen: Serien kleiner Erkenntnisschritte sind die Basis, ohne die große Durchbrüche gar nicht möglich wären.

Was neuen Nutzen bringt, muss nicht immer das Produkt selbst sein. Die entscheidende Veränderung passiert im Hintergrund, das ist auch bei Prozessinnovationen so: Dank Henry Fords Fließbandfertigung wurde die Autoherstellung schneller, günstiger und in Massen möglich, sodass er nicht nur die Preise, sondern auch die Arbeitszeit senken konnte. Zuvor ein unerreichbarer Traum, konnten sich Fabrikarbeiter fortan ein Auto leisten und gewannen sogar mehr Freizeit, um damit Ausflüge zu machen.[3]

Technische Neuerungen ziehen häufig gesellschaftliche Veränderungen nach sich. *Sozialinnovationen* zielen sogar direkt darauf ab, gesellschaftliche Probleme zu lösen und Mehrwert für viele zu schaffen.[4] Wer krank wird oder den Job verliert, wird finanziell unterstützt, statt den Boden unter den Füßen zu verlieren. Der Erfindung der Sozialversicherung sei Dank, die hierzulande mittlerweile selbstverständlich ist. Weitere Sozialinnovationen sind Mikrokredite für Arme, kostenlose Online-Unis für alle und organisationale Verbesserungen wie agile Methoden, Firmen ohne Chef oder eben Bäcker, die tagsüber backen.

Die Bandbreite neuer und nützlicher Lösungen ist riesig und zeugt vom schier grenzenlosen menschlichen Erfindergeist. Ob naturwissenschaftliche Entdeckungen, technische Erfindungen oder gesellschaftliche Fortschritte – Innovationen lösen Probleme, machen das Leben besser und eröffnen neue Möglichkeiten. Wie genau, dazu mehr in den folgenden Abschnitten.

ZUM NACHDENKEN UND AUSPROBIEREN

Was sind deine Top-Drei-Innovationen der Weltgeschichte?

Welche Entdeckung oder Erfindung beeindruckt dich am meisten?

Bei welchen davon kennst du die Hintergründe ihrer Entstehung?

1.1.1 Bekanntes neu kombinieren

„Wir sind gleichsam Zwerge, die auf den Schultern von Riesen sitzen, um mehr und Entfernteres als diese sehen zu können – freilich nicht dank eigener scharfer Sehkraft oder Körpergröße, sondern weil die Größe der Riesen uns zu Hilfe kommt und uns emporhebt.“

Bernhard von Chartres, französischer Philosoph (12. Jahrhundert)

Innovation wird oft voller Ehrfurcht als etwas nie Dagewesenes gesehen, irgendwie magisch, plötzlich entstanden durch göttliche Eingebung oder den Geistesblitz eines kreativen Genies. Das mit der Erleuchtung mag eine gute Story abgeben, ist aber von der Realität ziemlich weit entfernt.[5] Die Entstehung des Neuen gleicht vielmehr einer recht chaotischen Reise voller Unwägbarkeiten und Risiken. Deren Initiatoren sind selten kreative Genies und dennoch bewundernswerte Vorbilder. Sich neue und bessere Lösungen auszudenken und umzusetzen ist eine zutiefst menschliche Fähigkeit. Kreativ sein können wir alle, es muss ja nicht immer eine Weltneuheit sein.

Für den Urvater des Innovationsbegriffs, den österreichisch-amerikanischen Ökonomen Joseph Schumpeter, waren Innovationen neuartige Kombinationen verschiedener Elemente, die es schon vorher gegeben hatte, also gar nicht so neu waren.[6] Die ersten Automobile waren im Grunde klassische Kutschen, aufgerüstet durch einen Motor. Heute entsteht *Agri-Photovoltaik,* wo landwirtschaftliche Acker- und Nutzflächen nicht nur zum Anbau von Getreide, Obst und Gemüse, sondern mit Solaranlagen überdacht zusätzlich zur Erzeugung von Strom genutzt werden. Smartphones sind im Grunde Handys mit Internetverbindung und Touchdisplay. Noch grundlegender gesehen wären sie nicht möglich ohne die vorherige Erfindung von Plastik, Strom, Batteriespeicher, Ladetechnik, menschlicher Sprache, Programmiersprache, Signalübertragung und vielem mehr.

Statt aus einer punktuellen großen Erleuchtung entstehen Innovationen meist aus vielen kleinen Erkenntnissen zahlreicher Wissenschaftlerinnen und Erfinder, die sich über die Zeit ansammeln, entmystifiziert Scott Berkun, Dozent für Kreatives Denken an der Universität Washington: „Jede größere Innovation oder Erkenntnis kann auf diese Weise betrachtet werden: Es ist einfach das letzte Teil eines komplexen Puzzles, das an seinen Platz gesetzt wird.“[7] Mit dem wesentlichen Unterschied, dass die einzelnen Teile auf unterschiedlichste Weise kombiniert werden können und vorher kaum feststeht, welches Bild am Ende herauskommt.

Die McDonald's-Brüder kopierten Henry Fords Fließbandkonzept und erfanden so das Fast Food. Als Henry Ford die Zerlegung von Schweinen in einem Schlachthof beobachtete, kam er auf die Idee, Autos arbeitsteilig und am Fließband herzustellen. Wer weiß, vielleicht haben diese Schlachter beim Erfinder der Arbeitsteilung Adam

Smith und seinem berühmten Beispiel mit der Herstellung von Stecknadeln abgekupfert. Warum auch nicht – statt das Rad neu zu erfinden, lieber klug kombinieren.

Als einer der größten Erfinder aller Zeiten soll Thomas Alva Edison gesagt haben, Genie sei zu einem Prozent Inspiration und zu 99 Prozent Transpiration. Tatsächlich entstehen Innovationen selten durch einen Geistesblitz, sondern sind meist das Ergebnis von leidenschaftlicher Arbeit und einem Quäntchen Glück. Statt auf eine spontane Erleuchtung zu hoffen, setzen wir uns lieber mit ungelösten Problemen auseinander und arbeiten voller Hingabe an möglichen Lösungen: Chancen erkennen, ausprobieren, Schlüsse ziehen, weitertüfteln. Am besten mit Vorsprung, indem wir aufbauen auf dem, was andere vor uns geleistet haben.

ZUM NACHDENKEN UND AUSPROBIEREN

Welche Erfindungen und (ihre Urheberinnen) haben besonders dazu beigetragen, dass du heute deinen Beruf ausüben kannst? Auf den Schultern welcher Riesen stehst du?

Wo hast du selbst schon einmal mehrere Dinge kombiniert und damit ein Problem gelöst?

1.1.2 *Neuheit liegt im Auge des Betrachters*

„Ich weiß nicht, ob es besser wird, wenn es anders wird. Ich weiß nur, dass es anders werden muss, wenn es besser werden soll."

Georg Christoph Lichtenberg, deutscher Physiker, Naturforscher und Schriftsteller (1742–1799)

Innovativ – wer schreibt sich diese Eigenschaft heutzutage nicht auf die Fahne? Als innovativ gilt, was sowohl „neu" als auch „besser" ist. Das von Heinz herausgebrachte grüne Ketchup mag neu gewesen sein, innovativ war es nicht. Dazu hätte das Neue auch einen echten Nutzen für die Kunden bringen müssen. Die allerdings erteilten dem grünen Zeug eine Absage, und es wurde zum Flop. Auch Waschmittel werden ständig mit „neuer Formel" beworben, die nun sogar den hartnäckigsten Flecken Paroli bieten soll. Wo der tatsächliche Mehrwert kaum erkennbar ist, können wir

„Innovation Washing“ vermuten: Wie beim *Greenwashing* steckt dahinter mehr Marketing-Blendwerk als realer Nutzen.[8]

Ebenso wenig innovativ sind die mittlerweile 24 „neuen“ Kollektionen pro Jahr, mit denen Bekleidungsriesen wie Zara den Markt schwemmen. Ob beige oder corall, Karotten- oder Schlaghosen, die meisten dieser kurzfristigen Modewellen und *Hypes* lassen uns bereits in der nächsten Saison alt aussehen. *Trends* im eigentlichen Sinne sind Wandlungsprozesse in Wirtschaft und Gesellschaft, die teils sehr langfristige und weitreichende Auswirkungen auf verschiedene Branchen und Lebensbereiche mit sich bringen. Wenn wir Signale solcher sich andeutenden Veränderungen frühzeitig erkennen und damit neue Lösungen entwickeln, werden Trends zur wichtigen Grundlage von Innovationen.

Vieles, was vom Hersteller „innovativ“ genannt wird, ist es bei näherem Hinsehen also gar nicht. Das schadet dem wirklich Neuen, denn vor lauter Innovationsgewäsch wird der Begriff hohl und bedeutungslos. Weil die Kunden das mittlerweile gemerkt haben, meidet selbst das Marketing den Begriff. Neu ist das nicht: „Innovativ ist das Gummiwort der neunziger Jahre; man sollte es zehn Jahre nicht verwenden“, schreibt die *Süddeutsche Zeitung* schon 2001.[9]

Statt „innovativ“ bevorzugt Scott Berkun deshalb den Begriff „bedeutsame positive Veränderung“.[10] Wenn das Neue jemandem einen Mehrwert bringt, dann ist es eine Innovation. Etwas sperrig, aber es zeigt, was damit gemeint ist: Echte Innovationen lösen (Kunden-)Probleme und eröffnen neue Möglichkeiten, sonst verdienen sie die Bezeichnung nicht. Innovationen sorgen für Fortschritt, indem sie das Bestehende positiv weiterentwickeln, ob in kleinen Schritten oder großen Entwicklungssprüngen.

Vielleicht hast du die in Abschnitt 1.1 erwähnte Liste mit den 50 größten Innovationen der Menschheit im Internet durchgelesen. An wie viele Errungenschaften aus den letzten 30 Jahren kannst du dich erinnern? Hier die Auflösung: An keine! Das Internet, beginnend in den 1960ern, und der PC aus den 1970ern sind noch am nächsten dran. Überaschenderweise haben es *Snapchat,* Carsharing und veganes Schnitzel nicht auf die Bestenliste der Innovationsexperten geschafft.

Im Vergleich zu früheren Innovationen wird der tatsächliche Fortschritt des digitalen Zeitalters überschätzt und künstlich aufgebauscht, argumentieren die Technologiehistoriker Lee Vinsel und Andrew L. Russell. Ihr Fazit: „Wir leben nicht in innovativen Zeiten, sondern im Zeitalter des Innovationstheaters.“[11] Marketing verbreitet die Illusion von Innovation, während echter Fortschritt objektiv gesehen seltener ist als zuvor.

Was für wen wann neu und nützlich ist, ist auch eine Frage der Perspektive.[12] Am eindeutigsten ist es, wenn eine Innovation neu für die Welt ist. Dass das Antiblockiersystem (ABS) schon bei Eisenbahnen (1903) und Flugzeugen eingesetzt wurde (1920), lange bevor es den Weg ins Auto fand (1966), macht es aus Sicht der Autofahrer und der Automobilfirmen nicht weniger neu und nützlich.[13] Ebenso gilt das für Karaoke-Bars, Sushi und Tamagotchis, die längst in Japan etabliert waren, bevor sie ihren Weg in westliche Gefilde fanden. Das Running-Sushi-Laufband ist vermutlich inspiriert vom Gepäckförderband am Flughafen, das wiederum von Henry Fords Fließband, und das, wie du schon weißt, seinerseits vom Schlachthof. Ob das Neue in seinem jeweiligen Kontext zahlende Kundinnen von seinem Mehrwert überzeugt und sich verbreitet, ist praktisch viel relevanter als akademische Diskussionen, ob es sich um etwas nie Dagewesenes handelt.

Wir sind bei Weitem nicht immer vorne – für Deutschland wäre es eine Innovation, wenn man alle Amtsgeschäfte bequem vom Smartphone aus erledigen könnte. Völlig normal ist das in der Heimat unserer neuen ukrainischen Mitbürger, die sich über den umständlichen Zettelwust auf deutschen Ämtern nur wundern.

Nützlichkeit ist nicht nur eine Frage der Perspektive, sondern auch des Zeitpunkts. Unser Urteil über eine Technologie kann sich ändern, wie bei der Atomkraft. Am Anfang als billige und saubere Energie bejubelt, dann (in manchen Ländern) wegen ihrer Risiken bekämpft, dann von einigen wegen ihrer Klimaneutralität in Zeiten des Klimawandels wieder gelobt. Offen bleibt indes, zu welchem Schluss Außerirdische kommen werden, wenn sie in ein paar Millionen Jahren auf unseren strahlenden Müll stoßen. Außer wir erfinden bis dahin noch eine innovative Methode, diesen zu neutralisieren statt zu begraben.

Bevor wir uns von tatsächlicher oder scheinbarer Innovation blenden lassen, sollten wir genauer hinsehen, ob etwas wirklich *neu und besser* geworden ist.

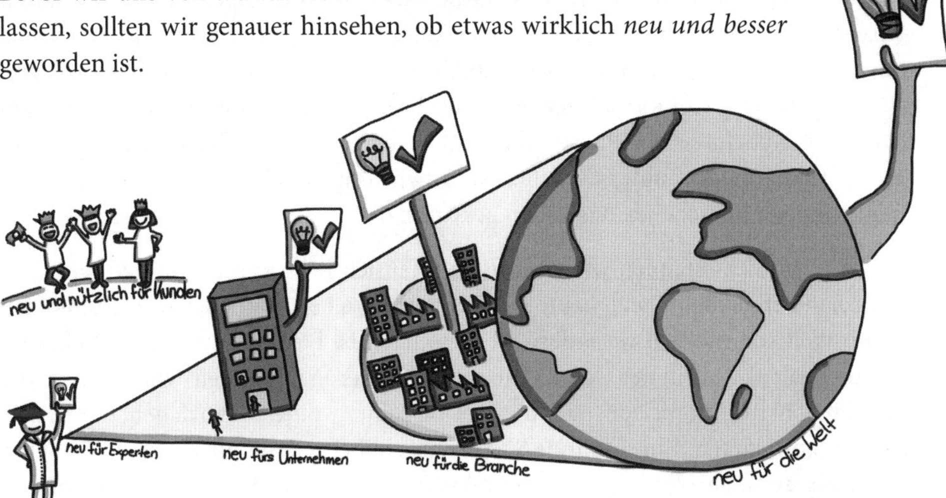

ZUM NACHDENKEN UND AUSPROBIEREN

Schau dich in deiner Umgebung um: Welche irgendwann einmal neuen Erfindungen entdeckst du, die heutzutage zum Standard gehören und völlig normal sind? Aus welcher Zeit stammen diese Dinge?

Überlege kritisch, wie viel sich in den letzten drei Jahren in deinem Alltag verändert hat, beispielsweise in puncto Wohnen, Mobilität oder Arbeit? Wie viel ist gleich geblieben?

1.2 Hinterher ist man meistens schlauer

„Prognosen sind schwierig, insbesondere wenn sie die Zukunft betreffen.“

Zugeschrieben unter anderem George Bernard Shaw, Winston Churchill und Niels Bohr

Ein Kind ist mit seinen Eltern beim Schuhkauf. „Es schwankt gerade zwischen zwei Größen? Keine Sorge, wir haben da ein ganz modernes Gerät, das hier Abhilfe schafft: Das Pedoskop.“ Das Kind steckt seine kleinen Füße mit den Schuhen in das Gerät. Die Eltern und der Verkäufer betrachten auf dem Monitor die Knochen des Kindes, die Umrisse der kleinen Füße und die Silhouette der Schuhe, bis es das passende Paar gefunden hat. Den Blick ins Innere des menschlichen Körpers zur Schuhauswahl ermöglicht eine Röntgenaufnahme, kein einzelnes Bild, sondern minutenlange Dauerbestrahlung.

Mit dem heutigen Wissensstand erscheint uns der risikoreiche Umgang mit Röntgenstrahlung völlig undenkbar. Dass der Einsatz von Pedoskopen gefährlich ist und sich Menschen den Strahlen nur aussetzen sollten, wenn notwendig, und dann auch nur so kurz wie möglich und mit Schutzkleidung, wusste man zwischen 1920 und 1960 noch nicht.[14] Conrad Röntgens X-Rays haben die Medizin revolutioniert, ihm den ersten Nobelpreis für Physik überhaupt eingebracht und Millionen Leben gerettet.[15] Ihre zunächst unterschätzten Nebenwirkungen haben aber auch Hunderte Mediziner und Forschende das Leben gekostet.

Aus heutiger Sicht staunen wir über diese offensichtliche Fehleinschätzung. Dabei übersehen wir, dass wir auch heute nur begrenzt absehen können, wie Technologien unsere Welt von morgen verändern werden. Irren ist bekanntlich menschlich, und Irrtümer gab es viele in der Geschichte menschlicher Erfindungen: Von solchen, die schlicht nicht funktionierten, über die, welche keiner wollte, bis zu denen, die großen Schaden anrichteten. Eine gesunde Skepsis gegenüber den möglichen Risiken neuer Technologien ist absolut angemessen und vernünftiger als blinder Technikglaube.

Zum Glück haben wir heute viel bessere Möglichkeiten, Risiken frühzeitig einzuschätzen. Gerade im medizinischen Bereich durchlaufen neue Medikamente oder Behandlungsmethoden und -ansätze umfassende Studien, bevor sie auf die Allgemeinheit losgelassen werden. Die *Technikfolgenabschätzung* hilft dabei zu analysieren, welche Chancen und Risiken neue Technologien für Umwelt, Gesellschaft und Wirtschaft mit sich bringen. Genau deswegen wird das *autonome Fahren* nur schrittweise eingeführt, immer nur so weit, wie die Technologie sicher genug ist.

„Die Entwicklung künstlicher Intelligenz könnte entweder das Schlimmste oder das Beste sein, was den Menschen passiert ist"[16], warnte 2017 der berühmte Physiker Stephen Hawking. Heutige KI-Größen sehen das ähnlich. Real ist die Gefahr, dass die Technologie neben vielen sinnvollen auch für schlechte Zwecke eingesetzt wird. Bevor wir die Büchse der Pandora öffnen und nicht mehr schließen können, sollten die Verantwortlichen in Forschung, Wirtschaft und Politik sich der Tragweite und Verantwortung bewusst sein. Niemals dürfen Wettbewerbsdruck und die Aussicht auf Marktvorteile dazu verleiten, mögliche Gefahren zu unterschätzen oder zu leugnen, statt Chancen und Risiken nach bestem Wissen und Gewissen gegeneinander abzuwägen.

Warum ist das so schwierig? Wir analysieren und interpretieren heute verfügbare Daten, leiten daraus Bilder von möglichen Zukunftsvarianten ab und bewerten, mit welcher Wahrscheinlichkeit diese eintreten, basierend auf Annahmen. Es handelt sich also mehr um einen Zukunftskorridor als um Gewissheit, dass es exakt so eintreten wird.

Der Umgang mit Wahrscheinlichkeiten liegt uns Menschen nicht besonders. So sehr wir uns eindeutige Wahr-oder-falsch-, Schwarz-oder-weiß-Aussagen auch wünschen, damit liegen wir mit Garantie daneben. Auch Zukunftsforschende haben keine Glaskugel: Mit Daten aus der Vergangenheit die Zukunft vorhersagen zu wollen, das geht nach wie vor nicht, gerade bei radikal neuen technologischen Entwicklungen. „Eine Prognose über die Nützlichkeit einer Technologie sagt nur etwas über uns heute aus. Über unseren heutigen Wissensstand. Aber wenig oder nichts über die Zukunft", so Armin Grunwald, Experte für Technikfolgenabschätzung.[17]

Was Prognosen auch schwierig macht, ist der Faktor Mensch: Wie das Neue genutzt wird und welche Folgen das hat, zeigt sich erst mit der Zeit, wie bei der Verbreitung der manchmal gar nicht so „sozialen" Medien.

Bei den Vorhersagen von Zukunftsforschenden geht es auch weniger um Wahrheit (man wird eh danebenliegen), sondern darum, auch angesichts von Ungewissheit handlungsfähig zu werden. Lieber auf Basis von vagen Wahrscheinlichkeiten über die Zukunft in die richtige Richtung loslaufen als mangels perfekter Prognose abwarten, Däumchen drehen und von Veränderungen unvorbereitet überrascht werden. Die beste Art, die Zukunft vorauszusagen, ist nach Alan Kay immer noch, sie zu erfinden, selbst in Zeiten von KI.

ZUM NACHDENKEN UND AUSPROBIEREN

Hast du schon einmal eine Entscheidung bereut? Wie beurteilst du sie rückblickend? Bedenke, dass du heute wesentlich mehr Informationen hast als in der damaligen Situation. Was kannst du daraus für zukünftige Entscheidungen lernen?

Lerne von Superprognostikern, die Zukunft besser einzuschätzen: Interessiere dich für viele verschiedene Disziplinen, sei dir deiner eigenen Denk- und Wahrnehmungsfehler bewusst, tue dich mit anderen zusammen und lerne aus deinen Irrtümern, um deine Prognosen zu korrigieren.[18]

1.2.1 Im Nebel vorwärtstasten

„Nichts geschieht ohne Risiko, aber ohne Risiko geschieht auch nichts."

Walter Scheel, deutscher Politiker (1919–2016)

Wenn wir heutzutage mit dem Zug unterwegs sind, sollten wir vor allem Geduld und gute Nerven im Gepäck haben, weil es häufig langsamer vorangeht als erhofft. Großen Mut brauchten noch die Passagiere der ersten Eisenbahn, bewegten sie sich doch mit schwindelerregender Geschwindigkeit – zumindest im Vergleich zum damaligen Standard, dem Pferd. Als die Lok „Adler" im Jahr 1835 ihre erste Fahrt zwischen Nürnberg und Fürth aufnahm, soll gar ein Gutachter des Bayrischen Medizinalkollegiums gewarnt haben: Wären die Passagiere schneller als mit 30 km/h unterwegs, riskierten sie eine Gehirnerkrankung namens „Delirium furiosum".[19] Heute bewegt man sich im *Shinkansen L0* mit 603 km/h durch Japan. Weltraumtouristen lassen sich von der *VSS Unity* ins All schießen, mit einer Geschwindigkeit bis zu

Mach 2,9 – das sind 3580 km/h. Dass den Pionierweltraumtouristen die Luft weggeblieben wäre, wurde nicht berichtet.

Mit einer Prognose danebenzuliegen ist leicht. Meist werden allerdings nicht die Risiken unterschätzt, sondern das positive Potenzial neuer Lösungen. Beispiele gibt es viele:

- „Es werden höchstens 5000 Fahrzeuge gebaut werden. Denn es gibt nicht mehr Chauffeure, um sie zu steuern." (Gottlieb Daimler, Ingenieur und Unternehmer, um 1895)
- „Alles, was erfunden werden kann, wurde bereits erfunden." (Charles H. Duell, U.S. Commissioner of Patents, 1899)
- „E-Mail ist ein Produkt, das man absolut nicht verkaufen kann." (Unternehmensgründer und Programmierer Ian Sharp, 1979)

Skepsis vor Neuerungen sollte uns nicht daran hindern, die möglichen Vorteile zu sehen und uns auf den Weg zu machen. Ohne Ungewissheit und ein gewisses Risiko sind Innovation und Fortschritt schlicht nicht zu haben. Stell dir vor, unsere Vorfahren hätten vor Angst, sich die Finger zu verbrennen, auf das Feuer verzichtet. Oder aus Sorge, sich die Zehen unter den neuartigen Steinrädern zu quetschen, nur das transportiert, was sie auf dem Rücken tragen konnten. Hätten sie auf die Neuheitsskeptiker in ihren Reihen gehört, würden wir womöglich noch heute in Höhlen wohnen. Innovatorinnen und Erneuerer wissen das und gehen mutig voran. Damit das Neue und Bessere eine Chance bekommt, sich zu beweisen, braucht es mehr Menschen, die mit offener Haltung fragen: „Warum nicht?" „Zukunft" ist nur eine Vorstellung. Wie es werden wird, hängt auch davon ab, was wir heute tun (oder unterlassen).

Leicht ist es, Einschätzungen und Entscheidungen, die sich im Nachhinein als fehlerhaft herausgestellt haben, zu verurteilen. Wer sich auf Neuland bewegt, macht zwangsläufig auch Fehler. Das ist völlig in Ordnung, solange wir es anerkennen und daraus lernen.

Fortschritt ohne Risiko ist nicht zu haben. Mehr noch: Aus Angst vor Risiken nichts zu wagen ist noch riskanter. Weder brauchen wir Panikmache und grundsätzliche Ablehnung neuartiger Technologien noch Sorglosigkeit und blinden Technikglauben, sondern Offenheit für die Möglichkeiten kombiniert mit dem vernünftigen Abwägen potenzieller Risiken. Abwarten und analysieren – und dann anpacken!

ZUM NACHDENKEN UND AUSPROBIEREN

Denke zurück an eine große Erfindung zur Zeit ihrer Markteinführung (PC, Smartphone, Facebook, die Europäische Union oder der Euro). Wie hast du die Chancen und Risiken im Vorfeld eingeschätzt? Wie würdest du es aus heutiger Sicht beurteilen?

Hast du eine bestimmte Tendenz, siehst du eher die Risiken oder eher die Chancen von Veränderungen?

In welche Richtung könntest du dich entwickeln – vorsichtiger abwägend oder etwas offener für Neues sein?

1.2.2 *Das Bessere ersetzt (oft) das Gute*

„Die Schwierigkeit ist nicht, neue Ideen zu finden, sondern den alten zu entkommen."

John Maynard Keynes, britischer Ökonom (1883–1946)

Gerade radikale Innovationen können auch eine Reihe weitreichender Nebenwirkungen mit sich bringen. Durch das Neue wird auch Altes überflüssig, weil die bessere Lösung die bisherige ersetzt:[20] Glühbirne ersetzt Kerze, Auto ersetzt Pferd, Farbfernseher ersetzt Schwarz-Weiß-Fernseher, Computer ersetzt Schreibmaschine, *Netflix* ersetzt Videothek. Je nach Kontext passiert das unterschiedlich schnell. In der Musikindustrie zum Beispiel vollziehen sich solche Ablösungen schnell und oft: Die Schallplatte ersetzt die Schellackplatte, CD ersetzt Schallplatte, MP3 ersetzt CDs, Streaming ersetzt MP3. Bis traditionelle Bankhäuser merken, dass günstige digitale Alternativen, sogenannte FinTechs, an ihrem Stuhl sägen, dauert es etwas länger. Erstaunlich lange überlebt das längst antiquierte Faxgerät in seinem nischenhaften Lebensraum deutscher Behörden. Weniger wegen seines Mehrwerts als vielmehr wegen des Unwillens, Altes gehen zu lassen, damit Platz für Neues entstehen kann.

Auch klassische Kaufhäuser haben ihre beste Zeit hinter sich. Die Konkurrenz der Internetversandhändler macht ihnen zu schaffen. Das liegt nicht nur am bösen Amazon, sondern in erster Linie am Kaufverhalten der Online-Kunden. Immer mehr Menschen schätzen bequemes Einkaufen von zu Hause bei größerer Auswahl und oft auch günstigeren Preisen. Wenn die verbleibenden Häuser eine Zukunft haben wollen, müssen sie sich neu erfinden, zum Beispiel indem sie Kundinnen mit besonderen Erlebnissen in die Innenstädte locken, die sie im Netz nicht bekommen. „Innovate or die", bleib am Puls der Zeit oder stirb – der Rat des Management-Vordenkers Peter Drucker an Unternehmen klingt hart, hat aber seine Berechtigung.[21]

Dabei geht es der Innovation gar nicht darum, das Alte zu zerstören. Vielmehr will sie aufzeigen, wo das derzeitige Vorgehen nicht mehr zeitgemäß ist und wie man es anders und besser lösen könnte. Oft gelingt das auch, und das Neue schafft mehr Vielfalt und Wahlmöglichkeiten als zuvor. Nostalgische Musikliebhaber können trotz Streaming immer noch Plattenspieler und Schallplatten kaufen. Jeder kann selbst entscheiden, ob er weiterhin zur Kuhmilch statt zur Hafermilch greift, an der sich so mancher gesellschaftlicher Konflikt entzündet. Es steht jedem frei, zur Reinigung seiner Kleidung ein traditionelles Waschbrett zu benutzen statt einer strom- und sockenfressenden modernen Waschmaschine.

Die Transformation von der alten zur neuen Ordnung löst bei vielen Menschen Angst aus. Die Sorge, abgehängt zu werden, zieht eine oft tief verankerte Skepsis vor allem gegenüber neuen Technologien nach sich. Wie wir in Kapitel 3 noch genauer beleuchten werden, ist es menschlich, an Bestehendem festhalten zu wollen, gerade wenn es um den eigenen Arbeitsplatz und den Platz in der Gesellschaft geht. Jobverlust ist zweifelsohne eine einschneidende und existenzbedrohende Erfahrung. Wenn wir nach Schock und Trauer nach vorne schauen, tun sich jedoch auch neue Möglichkeiten auf, die wir vorher gar nicht gesehen hatten. Bereits bei der Einführung des Fließbands gab es große Befürchtungen, die Erfindung würde zu Massenarbeitslosigkeit unter den Manufakturmitarbeitern führen, ebenso beim Computer. Stattdessen haben sich nach einer Findungsphase neue und würdigere Aufgaben für Menschen aufgetan. Die Chancen stehen gut, dass das auch bei den Einflüssen der künstlichen Intelligenz so sein wird.[22]

Es gilt, darauf zu vertrauen, dass Innovationen das Leben von immer mehr Menschen verbessern werden. Die Schattenseiten großer Veränderungen abzufedern und von Jobverlust Betroffene für neue Jobs zu qualifizieren, dafür haben wir auch das soziale Netz des Staats. Zum Glück schaffen viele Innovationen neue Problemlösungen und neue Märkte, die es vorher nicht gab, ohne bestehende Produkte und etablierte Firmen zu verdrängen.

Nichts spricht dagegen, festzuhalten an dem, was sich bewährt hat und seine Zwecke weiterhin erfüllt. Nur dass etwas „alt“ ist, macht es noch lange nicht überflüssig. Statt es neu zu erfinden, nutzen wir das Rad auch noch über 5000 Jahre nach seiner Erfindung, natürlich in vielfach weiterentwickelter Form.[23] Manchmal ist gerade das Erhalten des Alten modern, wie bei Plattenspielern, Repair-Cafés und Shabby-Chic-Möbeln. Neuheit ist also kein Mehrwert per se.

ZUM NACHDENKEN UND AUSPROBIEREN

Schau dich um, welche Dinge dich umgeben (zum Beispiel der Computer) ... Welche früheren Lösungen haben diese Dinge ersetzt (die Schreibmaschine)?

Welchen dieser nicht mehr erhältlichen Produkten trauerst du heute noch nach?

Was ist dank der neuen Lösungen heute bequemer, zeitsparender, günstiger als früher?

1.2.3 *Dank Innovationen geht es uns immer besser*

„Innovation ist der berechtigte Anlass für die Hoffnung, dass es besser wird. Der Beweis, dass Zukunft existiert. Dass es einen Fortschritt gibt, eine Perspektive.“

Wolf Lotter, deutsch-österreichischer Journalist und Autor (*1962)

Kein Strom, kein Internet, keine Gleichberechtigung. Dafür Bewegung mit dem Pferdewagen, ein Leben mit Ackerbau, Viehzucht und Plumpsklo. Betrachtest du den Alltag der Amish People, führst du dir bildhaft vor Augen, wie ein Leben ohne Innovationen aussehen würde. Die täuferisch-protestantische Glaubensgemeinschaft lehnt Technik ab und lebt freiwillig wie vor 300 Jahren.

Für die meisten von uns wäre der Verzicht auf die Errungenschaften von Wissenschaft und Technik nur schwer vorstellbar. Stell dir vor, du müsstest ein Jahr lang ohne Smartphone, Waschmaschine oder moderne Medizin zurechtkommen. Behauptet jemand ernsthaft, früher sei alles besser gewesen, ist das wohl romantische Verklärung.

Auch wenn wir es uns vor lauter negativen Schlagzeilen und Krisen kaum vorstellen können: Unsere Lebensbedingungen sind heute besser als je zuvor – Innovationen sei Dank! Das belegt Johan Norberg durch Zahlen, Daten, Fakten zu unterschiedlichsten Bereichen des Lebens. Sein Fazit: „Die guten alten Tage waren schrecklich.“[24]

Dramatische Berichte über Krieg, Terrorismus und Kriminalität beherrschen die Nachrichten – und täuschen darüber hinweg, dass es sich insgesamt betrachtet um Ausnahmen handelt. In früheren Zeiten, als Kreuzzüge, Folter, Sklaverei und Menschenopfer an der Tagesordnung waren, ging es wesentlich brutaler zu.

Schauen wir genauer hin: Weltweit ist die Kindersterblichkeit stark gesunken.[25] Dank moderner Landwirtschaft gibt es immer weniger Hungersnöte und unterernährte Menschen. Ein wachsender Anteil der Weltbevölkerung hat Zugang zu sauberem Wasser; sanitäre Anlagen und moderne Abwassersysteme sorgen für bessere Hygiene und verhindern die Verbreitung gefährlicher Krankheiten. Deswegen und dank der Fortschritte bei der medizinischen Versorgung leben wir heute länger als je zuvor. Und nicht nur länger, wir leben auch länger gesünder und mit mehr Lebensqualität.[26]

Dank weiterentwickelter Sicherheitstechnik sterben auch durch Autounfälle immer weniger Menschen, bis es in ferner Zukunft vielleicht dank autonomen Fahrens keine Unfälle mehr geben wird. Fließband und Robotik ersetzen anstrengende und langweilige Tätigkeiten in der Produktion. Dank Internet und Smartphones sind wir vernetzter, informierter und mit größeren Wahlmöglichkeiten ausgestattet als je zuvor. Innovationen machen das Leben bequemer, vielfältiger und angenehmer.

Große Innovationen wie Dampfmaschine, Eisenbahn, Elektrotechnik, Automobil oder Computer setzen außerdem Wellenbewegungen in Gang, die Wachstum von Wirtschaft, Wohlstand und Fortschritt nach sich ziehen. Ebbt die eine lange Welle ab (benannt nach ihrem Entdecker *Kondratieff-Zyklen*), bringt die nächste große Innovation den positiven Lauf der Dinge wieder in Schwung.[27] Auch Entwicklungs- und Schwellenländer profitieren davon und holen in Sachen Wohlstand auf. Dank des weltweit vernetzen Transport- und Kommunikationsgeflechts haben auch Menschen in ärmeren Ländern Zugang zu Wissen, Technologien und Kapital. Und das zahlt sich aus, so Norberg: „Das Ergebnis ist der stärkste Armutsrückgang, den die Welt je erlebt hat."[28] Innovativ zu sein lohnt sich.

Selbst den Ärmeren geht es heute besser als einem König vor 300 Jahren. Subjektiv glücklicher als er sind wir deswegen noch lange nicht. Weil wir uns nicht mit ihm vergleichen, sondern mit unseren Nachbarn. Deshalb merken wir oft gar nicht, wie privilegiert wir im Vergleich zu unseren Vorfahren sind.[29] Fakt ist: Dank Innovationen geht es uns objektiv besser als je zuvor.

ZUM NACHDENKEN UND AUSPROBIEREN

Finde heraus, wie es zu Zeiten deiner Großeltern (oder unserer Vorfahren im Mittelalter) um Gesundheit, Chancengleichheit, Ausbildung, Mobilität oder Freizeitgestaltung bestellt war. Stell dir vor, wie es wäre, in deren Zeit zu leben.

Mache dir bewusst, für welche Neuerung du dankbar bist.

Über welche Innovation könntest du dich immerzu aufregen? Was daran könnte dennoch positiv sein?

2. | Wie das Neue entsteht

2.1 Erfinden ist menschlich

„Es besteht kein Zweifel, dass Kreativität die wichtigste menschliche Ressource überhaupt ist. Ohne Kreativität gäbe es keinen Fortschritt und wir würden ewig die gleichen Muster wiederholen."

Edward de Bono, maltesischer Mediziner, Kognitionswissenschaftler und Schriftsteller (1933–2021)

Seit er das Feuer entdeckt hat, kocht der Mensch. Nichts weniger als das Kochen neu zu erfinden ist Ferran Adrià gelungen, dem innovativsten Koch der Welt. Als Erfinder der *techno-emotionalen Küche,* besser bekannt als *Molekularküche,* verwandelt der Spanier als Erster Gemüse in Schaum und Melonen in wabbelnde Kaviarkugeln. „Auf der Suche nach den Grenzen der Kreativität" stellt der temperamentvolle Spitzenkoch alles infrage und vieles auf den Kopf: von Konsistenz, Farbe und Geschmack von Speisen bis zur Anzahl und Reihenfolge von Gängen.[30] So will Adrià bei seinen Gästen überraschende Sinneserlebnisse schaffen und Emotionen wecken.

Das kommt an: Bis zu zwei Millionen Reservierungsanfragen im Jahr erhält sein Restaurant *El Bulli* an der spanischen Costa-Brava-Küste. Dabei ist es nur die Hälfte des Jahres geöffnet, während der anderen Hälfte kreieren der visionäre Koch und sein Team in der Chemieküche neue Gerichte, insgesamt 1846 an der Zahl. Wer bis zu 35 Gänge je Menü und nie ein Gericht aus der alten Saison serviert, der muss viel Neues erfinden. Gut für Adrià, denn das Forschen, Experimentieren und Kreieren macht ihn glücklich.

Keine Frage, Adrià ist ein besonders kreatives Exemplar. Doch der Drang zu erfinden ist so alt wie die Menschheit selbst. Europäische Höhlen bemalte der künstlerische Homo sapiens vor etwa 39.000 Jahren. Das Feuer beherrschen unsere Vorfahren seit einer Million Jahren. Behauene Steine als Werkzeug einsetzen, um Fleisch vom Knochen abzuschaben, auf diese Idee kamen sie vermutlich schon vor über unvorstellbaren zweieinhalb Millionen Jahren.[31] Kreativität ist eine zutiefst menschliche Fähigkeit: Ich erfinde, also bin ich (Mensch).

„Kreativität ist das Beste, was das Gehirn zu bieten hat", meint der Psychiater und Verhaltenswissenschaftler Daniel Lieberman.[32] Überraschend ist das nicht, ist doch der Denkapparat für die Spezies Mensch das wohl wichtigste Überlebenswerkzeug. Schließlich haben wir weder ein wetterbeständiges Fell noch große Fangzähne. Verglichen mit der Tierwelt schneidet der Mensch eher schlecht ab, wenn es darum geht, elegant zu schwimmen, geschickt zu klettern, schnell zu laufen oder gar zu fliegen.

Doch dank unseres Verstandes und den daraus hervorsprudelnden unzähligen Erfindungen sind wir schneller als der schnellste Gepard, erklimmen höhere Berge als jeder Steinbock und fliegen weiter als jeder Vogel.

Ob wissenschaftliche Forschung, praktische Erfindungen oder Kunst – gemeinsam ist schöpferischen Menschen oft die Freude am Kreativsein sowie der Antrieb und die Hoffnung, die Welt besser zu machen, als sie heute ist.

Das Potenzial, neuartige und nützliche Lösungen zu finden, ist allerdings nicht mit der Gießkanne verteilt, erklärt Mathias Benedek, der die neurowissenschaftliche Basis von Kreativität erforscht. Er unterscheidet drei Arten der Kreativität: Kreative Genies wie Pablo Picasso sind die absolute Ausnahme. Berufskreative gibt es schon wesentlich mehr, beispielsweise Künstlerinnen, Grafiker, Regisseurinnen, Schreibende, Ingenieurinnen, Designer, Architekten, Konditorinnen und Köche. Schließlich gibt es auch noch die Alltagskreativität, zu der wirklich jeder Mensch fähig ist.[33]

Viele Menschen bestätigen die Erfahrung, dass das in uns allen angelegte kreative Potenzial im Laufe der Schulzeit verschüttet oder abtrainiert wird.[34] Wir beschränken uns selbst, wenn unsere Umgebung Leistung, Ordnung und Gehorsam mehr belohnt als das Hinterfragen von Bestehendem, das Ausprobieren neuer Dinge (inkl. gelegentlichem Scheitern) und das Aus-der-Reihe-Tanzen. Ein antiquiertes Schulsystem bereitet uns auf eine Welt vor, die es längst nicht mehr gibt. Bei auswendig gelerntem Wissen und Routineaufgaben haben uns Maschinen längst überholt. In unserer immer komplexer werdenden Welt müssen wir uns vor allem an ständige Veränderungen anpassen, und zwar durch Innovationen. Dazu brauchen wir die Fähigkeit, auch Altbewährtes neu zu denken, statt Auswendiggelerntes wiederzukäuen.

Kreativität ist eine Mischung aus persönlichen Eigenschaften, förderlichen inneren Einstellungen und erlernbarem Handwerkszeug. Die gute Nachricht lautet daher: Wir können unser *kreatives Selbstbewusstsein* aktivieren und unsere Schöpferkraft gezielt trainieren[35]. Wie du dein mehr oder weniger schlummerndes kreatives Potenzial ausschöpfst und konkret im Alltag nutzt, erfährst du in Kapitel 4.

Apropos schlummern: Dass wir alle kreativ sein können, erleben wir beim Träumen. Wer hat sich noch nicht über völlig abwegige Gestalten, Geschichten und Verknüpfungen gewundert, die nachts in unserem inneren Kino auftauchen. Während des Schlafens fehlt der Realitätsfilter, der uns im Wachzustand allzu oft daran hindert, auf wirklich ungewöhnliche Gedanken zu kommen. Dies verdanken wir dem Hormon Dopamin, denn es unterdrückt die *Hier-und-Jetzt-Neurotransmitter,* die uns sonst zurück in die Realität holen würden. So können wir im Schlaf unbehelligt von selbst auferlegten Beschränkungen unserer Fantasie freien Lauf lassen. Bei tagsüber stark dopamingesteuerten kreativen Genies kann das auch Schattenseiten haben, so

Psychiater Lieberman. „Genie und Wahnsinn liegen nah beisammen", besagt das Sprichwort. Da ist offenbar etwas dran.[36]

Zum Glück steckt in den meisten von uns weder eine verkannte Technologie-Visionärin, noch ist an uns ein Künstlergenie verloren gegangen. Kreativ sein können wir trotzdem, und zwar jeder auf seine eigene Art: Indem wir neugierig forschend den Dingen auf den Grund gehen, uns durch Schreiben, Musik oder Kunst ausdrücken oder auf neue Weise Alltagsprobleme lösen. Mit der zutiefst menschlichen Fähigkeit, kreativ zu sein, ist jeder von uns in der Lage, unsere Umwelt anders zu gestalten und besser zu machen.

Übrigens: Trotz des großen Erfolgs schloss Ferran Adrià sein Restaurant *El Bulli* im Juli 2011, weil ihm langweilig sei und er mal wieder etwas Neues dazulernen wolle. Der Innovator des Kochens widmet sich nun leidenschaftlich der Grundlagenforschung und befüllt die *Bullipedia,* ein Online-Lexikon des Essens. Nicht nur das Kochen, auch sich selbst hat er damit neu erfunden.

ZUM NACHDENKEN UND AUSPROBIEREN

Hältst du dich selbst für kreativ? Vielleicht zögerst du und denkst, „ein Albert Einstein bin ich kaum, und malen kann ich auch nicht". Wir hängen die Messlatte zu hoch, wenn wir kreative Genies zum Maßstab nehmen.

Versuchen wir es also anders: Hast du als Kind fantasievolle Spiele erfunden? Ist in deinem Alltag schon einmal etwas schiefgegangen, woraufhin du eine improvisierte Lösung gefunden hast? Hast du geschickt einen Stau umfahren oder dir ein ausgefallenes Faschingskostüm ausgedacht? Womöglich hast du bei der Arbeit eine Möglichkeit gefunden, trotz vieler kranker Kolleginnen das volle Arbeitsprogramm über die Bühne zu bringen. Na also, hältst du dich nun für kreativ?

Die Übergangsphasen zwischen Wach- und Schlafzustand können wir nutzen, um auf besonders kreative Einfälle zu kommen. Denke dazu im Dämmerzustand – bevor du einschläfst oder richtig aufwachst – über eine Fragestellung nach.

2.2 Es kommt oft anders, als man denkt

„Menschen, die verrückt genug sind zu denken, sie könnten die Welt verändern, sind diejenigen, die es auch tun."

Steve Jobs, US-Amerikanischer Unternehmer (1955–2011)

Anfang der 1990er-Jahre in Ostheim vor der Rhön, in einem kleinen und verschlafenen Dorf: Seniorchef Leipold und den Kowalsky-Brüdern ist klar, dass nur eine völlig neue Idee die Brauerei, die sich seit Jahren in Familienbesitz befindet, vor der drohenden Insolvenz würde retten können. Den Geistesblitz hatte der Seniorchef bereits 1960: Gesunde Limonade für Kinder, gebraut, aber ohne Alkohol und mit wenig Zucker, das gab es noch nie! Erst später sollten sie herausfinden, dass die weniger süße Limo Kindern gar nicht schmeckt, dafür aber bei jungen Erwachsenen gut ankommt.

Von der Idee zum Produkt ist es jedoch ein langer und steiniger Weg: Jahrzehntelang tüftelt der Senior am innovativen Herstellungsprozess durch Fermentation, gegen den Widerstand der Behörden, der Geldinstitute und sogar der eigenen Mitarbeitenden, die von der Idee wenig überzeugt sind. Die Hoffnung, dass 1994 mit dem marktreifen Produkt alle Probleme verschwinden würden, stellt sich bald als Irrtum heraus, berichtet Braumeister Peter Kowalsky. Mangels Bekanntheit und Absatz, fehlendem Budget für das Marketing und entsprechendem Know-how ist die neuartige *Bionade* unverkäuflich.[37] Die Brauerei steht vor dem Aus. Nur dem unerwarteten Lottogewinn von Leipolds Frau Siegrid verdankt der Familienbetrieb, dass es dennoch weitergeht.[38]

In dieser wenig aussichtsreichen Lage wendet sich das Blatt erneut unverhofft, als ein Hamburger Getränkegroßhändler die Bionade entdeckt und deren Potenzial erkennt. Ein echter Glücksfall: ein umweltfreundliches, gesundes und cooles Produkt aus einer kleinen, authentischen Biobrauerei mit Underdog-Image – das kommt an in der Hamburger Kneipenszene, auch weil in der Großstadt zu dieser Zeit immer mehr Menschen ihr ökologisches Bewusstsein entdecken. Durch Mundpropaganda verbreitet sich das neue Kult-Getränk rasant. Der Rest ist Geschichte: Medien werden auf die gesunde Limonade aufmerksam, sie wird bei großen Handelsketten gelistet und bald deutschlandweit und international erfolgreich.

Wie lässt sich erklären, dass es immer wieder völlig anders lief, als die Öko-Pioniere sich vorgestellt hatten, und sie trotzdem erfolgreich waren? Zunächst standen sie durch die drohende Insolvenz mächtig unter Druck. Hinzu kam der richtige Zeitpunkt für das gerade aufkeimende Umwelt- und Gesundheitsbewusstsein. Unerlässlich war der Mut der Innovatoren, bestehende Konventionen zu hinterfragen und zu brechen. Geleitet wurden sie durch eine Vision, an die das Kernteam zu jeder Zeit fest glaubte. Nicht zu vergessen die Sturheit der Pioniere, die sich durch nichts vom Weitermachen abbringen ließen. Neben diesen wichtigen Faktoren machte eine entscheidende Geheimzutat die Bionade zur Erfolgsgeschichte: glücklicher Zufall.

Das Beispiel Bionade zeigt idealtypisch: Wie Innovationen entstehen und sich verbreiten ist chaotisch, kaum vorhersehbar und auf keinen Fall beherrschbar. Mehr als systematische Planung und zielgerichtetes Umsetzen gleicht es dem „Navigieren am Rande des Chaos".[39] Man stellt sich darauf ein, dass man nichts weiß, probiert aus, lernt und passt flexibel seinen Kurs an. Das haben die Bionade-Gründer instinktiv richtig gemacht. Unverzichtbar auf dieser abenteuerlichen Reise ist die Bereitschaft, mit Ungewissheit und Risiko umzugehen, sowie angesichts von Durststrecken, Rückschlägen und Widerständen nicht aufzugeben.

Ganz schön anstrengend, oder? Stimmt! Noch ein Grund mehr, Innovatoren wie den Bionade-Gründern dankbar zu sein!

ZUM NACHDENKEN UND AUSPROBIEREN

Wie gehst du mit Unwägbarkeiten um, z. B. wenn es anders kommt als geplant?

Hast du selbst schon einmal erlebt, dass sich der Weg in eine neue Richtung erst beim Gehen genauer abzeichnet und du unterwegs öfter abbiegen musstest?

Erinnerst du dich an eine Situation, vor der du im Vorfeld sehr angespannt warst, und nach dem „Sprung ins kalte Wasser" stellte sich heraus, dass es halb so wild war?

2.2.1 Den richtigen Zeitpunkt erwischen

„Alles, was man tun muss, ist, die richtige Taste zum richtigen Zeitpunkt zu treffen."

Johann Sebastian Bach, deutscher Komponist und Musiker (1685–1750)

Aus der Zeitung erfährt Uğur Şahin von einem neuartigen Virus, das erstmals in Wuhan, China, aufgetreten ist. Als einer der Ersten ahnt der Mediziner und Forscher schon im Januar 2020, dass dies der Beginn einer weltweiten, tödlichen Pandemie sein könnte. Schnell wird Uğur Şahin mit seiner Frau und Geschäftspartnerin Özlem Türeci klar: In ihrer Forschung zur neuartigen *mRNA*-Technologie liegt die Chance für einen Impfstoff.

Sofort legen die Wissenschaftler los. Bis dahin hatte der Rekord für die schnellste Impfstoffzulassung fünf Jahre betragen. Viel zu lang angesichts der verheerenden Auswirkungen des Virus. Das muss schneller gehen! Mit dem „Projekt Lightspeed" entwickelt das Team um die beiden BioNTech-Gründer in Mainz seinen Impfstoff gegen das neuartige Corona-Virus, und das innerhalb der Rekordzeit von elf Monaten bis zur Zulassung. Der Name „Lichtgeschwindigkeit" war Programm.[40]

Selten ist die Bedeutung von Schnelligkeit so augenscheinlich wie bei der Entwicklung von Corona-Impfstoffen. Doch auch sonst ist einer der wichtigsten Faktoren, die bei Innovationen über Top oder Flop entscheiden, das richtige Timing, um mit dem Neuen an den Markt zu gehen.[41]

Einen günstigen Zeitpunkt für das Neue zu erwischen ist gar nicht so einfach. Es ist so ähnlich wie bei Avocados: Von außen ist es schwer zu beurteilen, wann die Frucht reif ist. Wenn du sie zu früh aufschneidest, ist sie noch hart und schmeckt nicht. Wenn du zu lange wartest, wird sie matschig und braun. Ob der Zeitpunkt richtig war, wissen wir mit Sicherheit erst nach dem Aufschneiden.

Der Erste zu sein ist nicht immer besser. Erinnerst du dich an *Archie*? *Archie* (wie *archivieren*) ist die erste Suchmaschine der Welt. Durchgesetzt hat sie sich offensichtlich nicht, doch weshalb? Als der Pionier im Jahr 1990 auf den Markt kommt, gibt es kaum Material zu durchforsten, wer braucht da schon eine Suchmaschine? In den folgenden Jahren steigt die Anzahl der Websites rapide. Das lockt immer mehr Nutzende ins World Wide Web, die sich im wachsenden Urwald an Webseiten zurechtzufinden wollen. Jede Menge Suchmaschinen schießen wie Pilze aus dem Boden, an deren Namen erinnert man sich heute kaum. Erst 1997 betritt ein Spätzünder die Arena, dafür mit einer wesentlich ausgereifteren Suchmaschine: *Google*. Schnell, übersichtlich, relevante Suchergebnisse bietend. Im Nachhinein erweist sich Googles Markteintritt als genau richtig, und der Name des Unternehmens wird gleichbedeutend mit dem Suchen im Internet.[42] Schwer tut sich, wer heute gegen die Vormachtstellung des Riesen ankommen will, trotz seines mittlerweile zweifelhaften Rufs als Datenkrake.

Copycats haben keinen guten Ruf. Wer nur kopiert statt innoviert, ist dennoch oft erfolgreich, nicht selten sogar erfolgreicher als das Original. *AirBnB* war nicht die erste Vermittlungsplattform für private Unterkünfte, dafür die mit dem besseren Timing. Im Gegensatz zu seinem Vorgänger ging das Start-up in Zeiten der Finanzkrise an den Markt. Verglichen mit „normalen" Zeiten waren Reisende eher auf der Suche nach günstigen Unterkünften und Wohnraumbesitzer eher bereit, ihr Wohnzimmer an zahlende Gäste zu vermieten. Gutes Timing also.

Meist klauen die Nachfolger nicht einfach die Idee des Pioniers. Während die erste neue Lösung am Markt noch Kinderkrankheiten hat, ist die Version der Nachfolger schon technisch ausgereifter oder erfüllt die Bedürfnisse ihrer Kundinnen besser.

Alles hat seine Zeit, auch das Neue. Ein günstiges Zeitfenster zu erwischen ist für den Erfolg von Innovationen entscheidend. Das eine Mal braucht es Geduld, bis die Zeit reif ist für das Neue. Ein anderes Mal gilt es zu sprinten, um im Innovationsrennen die Nase vorn zu haben.

ZUM NACHDENKEN UND AUSPROBIEREN

Hast du selbst schon einmal eine gute Gelegenheit verpasst, weil du zu früh dran warst oder zu lange gezögert hast (nicht nur mit einer Geschäftsidee, auch bei einem Jobwechsel, einem Umzug, bei der Urlaubsbuchung oder dabei, jemanden anzusprechen ...)?

Was kannst du beim nächsten Mal besser machen?

2.2.2 *Erfolg macht träge*

„Wer nichts verändern will, wird auch das verlieren, was er bewahren möchte."

Gustav Heinemann, deutscher Politiker (1899–1976)

Als Kodak 2012 Insolvenz anmeldet, geht eine Ära zu Ende, Tausende Menschen verlieren ihre Jobs. Jahrzehntelang war der US-amerikanische Fotokonzern unangefochtener Marktführer und gleichbedeutend mit Farbfotografie gewesen. Was war geschehen? Auf den ersten Blick ist es dem früheren Vorzeigeunternehmen zum Verhängnis geworden, dass es zu spät auf die revolutionäre Technologie der Digitalfotografie aufgesprungen war und schließlich selbst von dieser überrollt wurde.

Hat das Unternehmen tragischerweise den Trend verschlafen? Keineswegs, denn die erste Digitalkamera der Welt wurde im Hause Kodak erfunden, und der Kern des Problems liegt wesentlich tiefer.

Blicken wir zurück auf das Jahr 1975: Steven Sasson, ein 25-jähriger Elektroingenieur bei Eastman Kodak, bastelt in seinem Labor in Rochester, einem verschlafenen Nest im nördlichen Teil des Staats New York. Nach einem Jahr des Tüftelns ist sein „Baby" fertig, ein klobiger Kasten, mit dem man digitale Aufnahmen auf einem Fernsehbildschirm anschauen kann – ohne Film, ohne Drucker. Die Reaktion seiner Vorgesetzten auf seine Erfindung fällt denkbar ernüchternd aus: Um das einträgliche Geschäft mit gedruckten Fotos nicht zu gefährden, wird Sasson zum Schweigen verdonnert, der Prototyp der ersten Digitalkamera landet in der Schublade.[43]

Über Jahrzehnte hinweg läuft im Hause Kodak die Entwicklungsarbeit an verbesserten Digitalkameras weiter, doch im Kern hält das (wechselnde) Management an seiner ablehnenden Haltung fest: Digitalfotografie bedroht das etablierte Geschäft mit Film und Papier. In der Zwischenzeit erobert die Konkurrenz mit immer besseren eigenen Digitalkameras den Markt (denn Kunden schätzten die Vorteile des Neuen!) und verdrängt mehr und mehr die analoge Fotografie. Als Kodak schließlich selbst in den Markt einsteigt, ist es viel zu spät.

Die Geschichte von Kodak ist besonders eindrücklich, aber bei Weitem kein Einzelfall. Des Pudels Kern ist: Der Erfolg in der Vergangenheit macht stolz, ignorant und bequem. „Das haben wir schon immer so gemacht" (und zwar erfolgreich!). Er bestärkt uns darin, das Verhalten, das uns erfolgreich gemacht hat, auch zukünftig an den Tag zu legen.[44] Das Problem dieser Haltung: *Die Risiken des Veränderns sieht man, Risiken des Bewahrens (zunächst) nicht.* Wenn sich die äußeren Umstände ändern, kann die in der Vergangenheit bewährte Strategie zukünftig in den Abgrund führen.[45] Unpraktischerweise verändern sich die Umstände heutzutage ständig; das Schwierige ist zu erkennen, ob nur ein bisschen oder grundsätzlich, wie bei Kodak.

„Wie können die Manager bei Kodak nur so ignorant gewesen sein?", mögen wir denken, und ertappen uns im nächsten Augenblick dabei, dass wir selbst erst dann regelmäßig Sport machen, wenn der Blutdruck schon hoch ist oder der Rücken schmerzt. Es hat ja bisher auch so funktioniert. Statt gleich zu handeln, gehen wir eine überfällige Veränderung oft erst dann an, wenn sich die Konsequenzen des Nichthandelns bereits schmerzhaft bemerkbar machen und es fast zu spät ist. So lange machen wir lieber weiter wie bisher.[46]

Wenn viele (Einzelne wie Unternehmen) am Bewährten festhalten, tut sich auch auf gesellschaftlicher Ebene recht wenig. Wie viele Jahre schien virtuelle Zusammenarbeit und Homeoffice – obwohl längst möglich – für die meisten von uns wie ein ferner Traum. Erst Corona hat uns gezeigt, dass es geht und sogar viele Vorteile hat (besser mit Privatleben zu vereinbaren, konzentrierteres Arbeiten, spart Arbeitsweg etc.).[47]

Nicht nur erfolgsverwöhnte Unternehmen können träge werden, sondern auch wir als Personen, Nationen und Weltgemeinschaften (Stichwort Klimawandel, mehr dazu in Kapitel 7). Auch wenn wir bisher erfolgreich waren, ein gesundes Maß an Demut wirkt der Selbstzufriedenheit entgegen, die uns träge werden lässt. Das klare Bewusstsein, dass Veränderung überlebensnotwendig ist, ist die Grundvoraussetzung dafür, dass wir tatsächlich etwas verändern – ausreichend ist es noch lange nicht.

ZUM NACHDENKEN UND AUSPROBIEREN

Hast du dich selbst schon für eine grundlegende Veränderung eingesetzt (bzw. deren Nutzen oder Notwendigkeit bezweifelt)?

Wie waren die Reaktionen in deinem Umfeld?

Wie denkst du heute darüber?

2.3 Wie Platzhirsche sich neu erfinden

„Hören Sie jedem zu, der eine originelle Idee hat, egal wie absurd sie zunächst auch klingen mag. Wenn man Zäune um Leute baut, bekommt man Schafe. Geben Sie den Menschen den Raum, den sie brauchen."

William McKnight, US-amerikanischer Geschäftsmann (1887–1978)

Mit einer Idee zu scheitern ist bei *Netflix* mitnichten ein Kündigungsgrund; wohl aber, wenn man keine eigenen Ideen voranbringt. Beim Unternehmen hinter der bekannten Streaming-Plattform haben Mitarbeitende enorme Freiheiten, ihre Vorschläge eigenverantwortlich umzusetzen, sogar gegen die Meinung des Managements. Wozu das gut ist, erklärt Reed Hastings, Gründer und zwei Jahrzehnte der CEO von Netflix: „Auf lange Sicht ist unser größtes Risiko nicht, dass wir einen Fehler machen, sondern ein Mangel an Innovation. Das Risiko ist, dass es uns nicht gelingt, kreative Ideen zu entwickeln, um unsere Kunden zu unterhalten, was zwangsläufig dazu führen wird, dass wir irrelevant werden."[48]

Um sich immer wieder neu zu erfinden, geht das Unternehmen radikal andere Wege. Bei Netflix gibt es so gut wie keine Vorschriften für Urlaub, Bestellungen oder

Reisespesen. Jeder kann Urlaub nehmen, so lange er möchte, ohne Freigabe durch Vorgesetzte. Für Regelungs- und Normierungswut gewohnte Deutsche schwer vorstellbar. Das funktioniert, weil Netflix ausschließlich Top-Talente einstellt und dann auf Eigenverantwortung setzt statt auf Regeln und Kontrolle – oder wie die *Huffington Post* es ausdrückt: „Es behandelt seine Mitarbeiter wie Erwachsene."[49] Führungskräfte haben die Rolle von „Ermöglichern": Sie regen Mitarbeitende zu Innovationen an, beseitigen Hindernisse, gehen aus dem Weg und lassen die eigenverantwortlich handelnden Talente einfach machen.

Die Strategie geht auf: Netflix gelingt mehrfach, was die meisten Unternehmen oft nicht ein einziges Mal schaffen – ihr eigenes Geschäft komplett neu zu erfinden: vom DVD-Verleih (online bestellen, per Post erhalten) zum Online-Streaming-Dienst, von alten Inhalten zu Originalproduktionen, von Kooperationen zu eigenen Studioproduktionen, vom regionalen Anbieter zum Global Player.[50] Außerdem heimst Netflix über 200 Auszeichnungen und über 900 Nominierungen für die Emmy-Awards[51] sowie 23 Oscars und 135 Oskar-Nominierungen ein.[52] Mit seiner ungewöhnlichen Art zu arbeiten ist Netflix bemerkenswert kreativ, erfolgreich und anpassungsfähig.

Seltsam eigentlich, dass die allermeisten von uns seit den Zeiten der Industrialisierung in weitestgehend unveränderten Organisationen arbeiten und ernsthaft glauben, man könne damit die Entwicklung der Zukunft fördern. Würdest du entspannt in ein Flugzeug einsteigen, das auf dem technischen Stand von vor 100 Jahren ist?

Zu Zeiten der Industrialisierung war die Erfindung des deutschen Soziologen Max Weber genau richtig. Entscheidungen nach Gutdünken wurden ersetzt durch unbestechlich neutrale Beamtenmentalität. Wo vorher Kraut und Rüben herrschte, brachte sein Organisationsmodell – *Bürokratie* genannt – Ordnung, Verlässlichkeit, Qualität und Effizienz in die massenhafte Herstellung von Gütern. Der Kern seiner Idee: Durch eine stabile Über- und Unterordnung wird geregelt, wer wem etwas zu sagen hat, die Hierarchie. Außerdem gewährleisteten abgegrenzte Abteilungen und klar beschriebene Abläufe und Rollen, dass die Rädchen im Getriebe optimal ineinandergriffen.[53] Das hat hervorragend funktioniert und tut es noch immer – mit dem Nachteil, dass klassische Organisationen Innovationen verhindern und in unserer dynamischen Welt von heute zum Hemmschuh werden.

Die Lösung: Entweder in klassischen Organisationen mit *Innovationsmanagement* einen geschützten Raum schaffen oder Organisationen selbst neu erfinden, sodass neue Ideen geschätzt und gefördert werden. Neue und für ungewisse Zeiten besser geeignete Modelle der Zusammenarbeit gibt es schon länger, mittlerweile mit zahlreichen erfolgreichen Beispielen: Netflix mit seinem Credo *die einzige Regel ist „keine Regeln"*; die Belegschaft bei *Haufe Umantis* wählt ihre Chefs in jährlichen demokratischen Wahlen; beim holländischen Pflegedienst *Buurtzorg* arbeiten über 10.000 Pflegekräfte in 850 selbstorganisierten Teams zusammen; die Chirurgische Abteilung des Klinikum Aschaffenburg zeigt mit ihrem Projekt „Meine Station", dass es selbst in Krankenhäusern funktioniert.

Innovation braucht Freiräume, Mut, die Bereitschaft, Fehler zuzulassen und aus ihnen zu lernen. Die wichtigste Aufgabe von Führung ist es, ein förderliches Klima zu schaffen, wo möglichst viele sich für das Neue einsetzen und die Hürden aus dem Weg zu räumen. Das erfordert oft auch, die Organisation selbst im Innersten zu verändern. Wichtig ist, was gelebt wird: ob man sich unabhängig von der Position auf Augenhöhe begegnet, anderen Vertrauen schenkt, Freiräume schafft und das Bewusstsein teilt, dass Innovation unerlässlich für die eigene und gemeinsame Zukunft ist. Alles eine Frage der inneren Haltung, oder neudeutsch: des „Mindsets".

Warum das relevant ist? Jeder von uns ist im Alltag Teil von zahlreichen Organisationen, ob in der Schule, dem Verein, dem Unternehmen oder in der Politik. Deswegen ist auch jeder beeinflusst von mehr oder weniger innovationsfreundlichen oder -feindlichen Strukturen und hat selbst die Möglichkeit, positiv Einfluss darauf zu nehmen, dass diese sich weiterentwickeln, relevant bleiben, Probleme lösen und sinnvolle Neuerungen in die Welt bringen.

ZUM NACHDENKEN UND AUSPROBIEREN

Wird in deiner Umgebung erwartet, dass du Neues voranbringst? Wie stehst du dazu?

Du musst nicht alles verändern. Überlege dir, wo du dir nur sprichwörtlich die Hörner abstoßen würdest und wo sich dein Einsatz für Veränderung zum Besseren lohnt.

Wie kannst du andere unterstützen, sich neue Ideen auszudenken und diese umzusetzen?

2.3.1 *Vom Wert des (frühen) Scheiterns*

„Ich bin nicht gescheitert – ich habe 10.000 Wege entdeckt, die nicht funktioniert haben."

Thomas Alva Edison, US-amerikanischer Erfinder und Unternehmer (1847–1931)

Käseschokolade oder die erste Fischschokolade der Welt – manche der Kreationen Josef Zotters erscheinen abenteuerlich. Dank seines Schichtungsverfahrens kombiniert der Erfinder der handgeschöpften Schokolade eine große Vielfalt an verschiedenen Geschmacksrichtungen, allesamt außergewöhnlich.

Nicht alle dieser Ideen erweisen sich als erfolgreich. Für Zotter kein Problem, im Gegenteil: Er zelebriert sein Scheitern und begräbt seine „Ex-Schokosorten" und gescheiterten Ideen auf dem *Ideenfriedhof*, dem selbst ernannten „kuriosesten Friedhof der Welt".[54] „Kornelkirsche und Schweineblut 2011–2012" steht auf einem Grabstein. Kein Wunder, dass das gescheitert ist, mag man sich da denken und erschaudern. Warum Schokoladensorten aus dem Sortiment genommen werden, hat allerdings nicht nur damit zu tun, wie gut sie sich verkaufen. Darauf weisen auch die Grabsteine hin: „Erdbeer-Hummer – damit der Hummer nicht sterben muss, ist die Idee gestorben." Oder auch: „Zigarrenbrand mit Cognac – als Idee gestorben, weil Tabak ungesund ist." Eine Prise Humor hat noch keinem Innovator geschadet.

Zotter und seine Tochter Julia experimentieren gerne. Der ständige Wandel des Sortiments gehört beim erfinderischen Chocolatier dazu. Altes macht Platz für Neues: „Wir kreieren jedes Jahr 60 bis 80 neue Sorten, also müssen auch 60 bis 80 alte weg. Denn wir haben ja insgesamt schon 500 Sorten."

Nicht nur bei Zotter, auch bei großen Konzernen und dynamischen Start-ups ist es völlig normal, dass neuartige Ideen scheitern. Genau genommen floppen bis zu 95 Prozent der neuen Produkte im Markt.[55] Das hat auch sein Gutes: Die meisten Ideen waren schlicht (noch) nicht gut genug, um verwirklicht zu werden. Je früher die Innovatorinnen das feststellen, desto besser. Dann können sie ihre Zeit und Energie auf veränderte oder andere Ideen richten, die später hoffentlich erfolgreich werden. Finden wir heraus, warum eine Idee gescheitert ist, können wir es beim nächsten Versuch besser machen.

Auch Chocolatier Zotter sieht Fehler als Lernchance: „Wenn ich ‚Fehler' mache, dann stehe ich dazu. Das ist überhaupt das Wichtigste, man muss die Fehler erkennen, neue Wege einschlagen und weitergehen. (…) Die ganze Natur, die Evolution und der Mensch basiert auf dem Trail-and-error-Prinzip. Ohne ‚Fehler' keine Entwicklung!"[56]

Leider hat das Scheitern hierzulande keinen guten Ruf. Dabei brauchen wir eine Kultur des

Scheiterns, damit sich mehr Menschen trauen, Neues auszuprobieren und aus ihren Fehlern zu lernen. Wer neue Wege geht, kommt zwangsläufig an der einen oder anderen Sackgasse vorbei, das ist völlig normal und sogar hilfreich. Je mehr wir das verinnerlichen, desto freier können wir von der Norm abweichen und durch Vorwärtsexperimentieren unseren eigenen Weg finden.

ZUM NACHDENKEN UND AUSPROBIEREN

Jeder macht Fehler. Erinnere dich an deine eigenen Fehlschläge oder Fehler. Was konntest du daraus lernen? Was wurde dir dadurch möglich?

Tipp: Veranstalte doch mal, wie in der Gründerszene üblich, eine Fuck-up-Night im Kolleginnen- oder Familienkreis: Jeder erzählt ein (aus heutiger Sicht wahrscheinlich lustiges) Missgeschick. Vom Unterhaltungswert abgesehen lernt ihr aus den Fehlern anderer und übt, gelassener mit der eigenen Fehlbarkeit zu leben.

2.3.2 Von Tüftlern und Geschäftsleuten – Innovationen sind Teamarbeit

„Kreativität ist das Ausdenken neuer Dinge. Innovation bedeutet, neue Dinge zu tun."

Theodore Levitt, deutsch-amerikanischer Wirtschaftswissenschaftler (1925–2006)

Erinnerst du dich an den *Discman*? Der Nachfolger des ikonischen *Sony Walkman* war ein unhandliches ufo-förmiges Gerät, mit dem man CDs unterwegs abspielen konnte. Unfassbar unpraktisch, das musste doch besser gehen! „Die Idee von Musik in der Hosentasche lag schon seit vielen Jahren in der Luft", und zwar bei einer Handvoll Forschern am Fraunhofer Institut für integrierte Schaltungen im fränkischen Erlangen. In den 1990er-Jahren tüftelte das Team rund um Karlheinz Brandenburg daran, Musik so stark zu komprimieren, dass man sie bequem überallhin mitnehmen kann, und zwar ohne hörbare Qualitätsverluste. Was der Vater des Audioformats nicht zu träumen gewagt hätte: *MP3* wird zum durchschlagenden Erfolg und eine der bedeutendsten Erfindungen aus Deutschland der letzten Jahrzehnte.[57]

Bis sich dieser Erfolg einstellt, ist es jedoch ein weiter Weg: Die MP3-Erfinder versuchen zunächst erfolglos, ihr neues Audioformat zu vermarkten. Sie stoßen bei großen Firmen nur auf geringes Interesse. Das ändert sich mit dem US-Unternehmen *Apple,* dessen Chef Steve Jobs im Jahr 2001 in einer seiner gewohnt großspurigen Präsentationen den ersten *iPod* vorstellt. Dieser ist zwar bei Weitem nicht der erste

Player, dafür aber mit dem besten Design, intuitiv bedienbar und verbunden mit einem überzeugenden Marketing-Slogan („1000 Songs in deiner Hosentasche").

Den größten Unterschied aber macht die *iTunes*-Plattform. Bis dahin musste man komplette CDs kaufen, auch wenn die meisten Lieder nicht gefielen. Die hörte man dann meistens zu Hause an, weil tragbare CD-Player viel zu unhandlich und die Zahl der CDs, die man mit sich herumschleppen wollte, begrenzt war. Im iTunes Store kann man fortan einzelne Songs im MP3-Format downloaden und auf dem handlichen und schicken iPod überall abspielen. Das überzeugt dann doch: Wenn auch mit ein paar Jahren Verzögerung, wechseln die Musikhörenden scharenweise zu iTunes. 2004 schafft der iPod den Durchbruch und rettet damit den angeschlagenen Apple-Konzern aus der Schieflage. Mit der Fraunhofer-Erfindung als Basis gelingt dem US-Konzern ein Megaerfolg, der das Hörerleben für unterwegs revolutioniert und den CD-Markt weitestgehend bedeutungslos macht.

Heute ist die Fraunhofer-Gesellschaft stolz auf ihre erfolgreichste Erfindung aller Zeiten, die ihr Lizenzgebühren von über einer halben Milliarde Euro eingebracht hat. Im Vergleich zu den gewieften Geschäftsleuten von Apple haben die MP3-Erfinder allerdings nur ein kleines Stück vom Kuchen abbekommen. Die nämlich haben bis 2017 ca. 400 Millionen iPods[58] verkauft und knackten 2014 die Rekordmarke von 35 Milliarden verkauften Songs auf der iTunes-Plattform[59], undenkbar ohne MP3-Technologie.

Es geht nicht darum zu behaupten, Apple sei besser als Fraunhofer, damit würden wir Äpfel mit Birnen vergleichen. Vielmehr soll es verdeutlichen, dass es zu einer erfolgreichen Innovation weit mehr braucht als eine Erfindung. Oft wird unterschätzt, wie groß die Leistung ist, Neues erfolgreich in den Markt zu bringen und Akzeptanz unter oft zögerlichen Nutzenden zu schaffen.

Durch Forschung und Entwicklung neues Wissen zu schaffen und zugleich mit dessen Umsetzung Geld zu verdienen ist ein ziemlicher Spagat. Der Namensgeber der gleichnamigen Gesellschaft, Joseph von Fraunhofer, war ein solches Ausnahmetalent, das beides vereinte: Während er an Licht und Linsen forschte, verdiente er sein Geld mit der Herstellung von Glas und optischen Instrumenten. Die meisten von uns haben dagegen eine natürliche Tendenz, was uns mehr liegt: kreativ austüfteln oder praktisch umsetzen. Erfolgreiche Innovation braucht jedoch beides. Hinter erfolgreichen Unternehmen stecken daher oft (Gründer-)Teams, die sich in ihren Stärken perfekt ergänzen: Bill Gates und Paul Allen bei Microsoft, Steve Jobs und Steve Wozniak bei Apple, Larry Page und Sergey Brin bei Google. Der einsame Erfinder in irgendeiner Garage ist längst als Mythos entlarvt – Innovation ist heute Teamarbeit.[60]

Die Forschenden bei Fraunhofer erhalten inzwischen professionelle Unterstützung in Sachen Vermarktung. Das Problem liegt jedoch noch tiefer: In unserer Kultur werden bescheidene und fleißige Tüftler mehr geschätzt als gewiefte Geschäftsleute. Ganz anders in den USA, wo der Traum „vom Tellerwäscher zum Millionär" Teil des nationalen Selbstverständnisses ist.

Machen wir uns bewusst, dass wir auch von der nützlichsten Erfindung nichts haben, wenn wir von ihrer Existenz nichts wissen. Nützlich und wertvoll wird sie erst, wenn sie in der Realität umgesetzt und auf dem Markt angeboten wird. Nur wenige von uns sind begnadete Tüftler und zugleich gute Verkäufer. Dieses Doppeltalent müssen wir auch nicht leisten, denn Innovationen brauchen das Zusammenwirken unterschiedlicher Menschen und ihrer sich ergänzenden Stärken.

ZUM NACHDENKEN UND AUSPROBIEREN

Wo bist du in deinem Element: Überlegst du dir lieber mögliche Konzepte und Lösungen? Oder bist du eher die Praktikerin, die Dinge pragmatisch umsetzt?

Was hat diese Fähigkeit dir und anderen schon ermöglicht?

Gibt es Menschen, mit denen du dich besonders gut ergänzt? Woran liegt das?

2.3.3 *Innovation ist, wenn die Nutzenden Hurra rufen*

„Der Kunde ist der wichtigste Besucher in unserem Hause. Er ist nicht von uns abhängig. Wir sind von ihm abhängig. Er unterbricht unsere Arbeit nicht, sondern er ist Ziel und Zweck unserer Arbeit."

Mahatma Gandhi, indischer Rechtsanwalt und Freiheitskämpfer (1869–1948)

Nach jahrelanger Arbeit ist der Industriedesigner Doug Dietz stolz auf sein „Baby", einen neuen Magnetresonanztomographen (MRT), mit dem man auf der Suche nach Krankheiten Bilder vom Körperinneren macht. Bei einem Besuch in einem Krankenhaus beobachtet er ein kleines Mädchen, das zu seiner Untersuchung gebracht wird. Beim Anblick des monströsen Kastens mit dem Loch in der Mitte erstarrt es vor Angst. Als der charakteristische Lärm einsetzt, beginnt das Mädchen heftig zu weinen. In 80 Prozent der Fälle müssen den Kindern Beruhigungsmittel verabreicht werden, um überhaupt gescannt werden zu können.[61]

Doug Dietz ist tief bewegt, als er das MRT-Erlebnis das erste Mal durch die Augen des Mädchens betrachtet. „Ich hab's vermasselt", denkt der Entwickler und beschließt, ein Scanner-Erlebnis zu schaffen, das Kinder lieben werden. Unterstützung holt er sich an der Standford University, wo David und Tom Kelley ihn mit dem Innovationsansatz *Design Thinking* vertraut machen. Zunächst beobachtet er Kinder in einer Kindertagesstätte, spricht mit Ärzten, Pflegekräften und Eltern. Mit neuen Einsichten entwickelt er den ersten Prototypen des späteren „Adventure Series"-Scanners.[62]

Der neu gestaltete MRT-Raum ist kaum wiederzuerkennen: Beim „Piraten-Abenteuer" erstreckt sich unter strahlend blauem Himmel eine Südseelandschaft mit Meer, Schiffen, einer Sandburg und einer Beach-Bar. Auch der Scanner selbst ist bunt bemalt: Das „Loch" wird zum Steuerrad eines Segelboots, die Liegefläche zur Planke. Betritt das Kind den Raum, wird es zum Helden einer Geschichte. Darin eingebettet sind auch der Lärm und das notwendige Stillhalten. (Wer will schon von der Planke ins Meer rollen?) Durch die neue Bedeutung und die positive Ablenkung verlieren die kleinen Patienten die Angst vor der Untersuchung und sind bei der Untersuchung (freiwillig) starr wie Statuen. Seit dem Einsatz des neuen Abenteuer-MRTs werden kaum noch Kinder sediert, ein voller Erfolg. Noch deutlicher wird das dem Industriedesigner, als eine kleine Patientin nach ihrem Scan fragt: „Mama, können wir morgen wiederkommen?"

Die fast schon obsessive Orientierung am späteren Nutzenden des Neuen ist ein zentrales Merkmal und Erfolgsfaktor des bekannten Innovationsansatzes *Design Thinking,* den auch Doug Dietz verwendet hat. Mit ästhetischem Design oder oberflächlicher Optik hat das denkbar wenig zu tun. Vielmehr geht es darum, sich die Vorgehensweise von Designern zunutze zu machen, die beim Entwerfen eines Möbelstücks, Küchengeräts oder einer Industriemaschine immer schon fest im Blick haben, wie Nutzende mit dem Neuen umgehen. Was logisch klingt, ist in der Praxis keine Selbstverständlichkeit. Die Mehrheit der möglichen „Innovationen" und Start-ups scheitert, weil sie Kunden ignoriert und etwas entwickelt haben, was keiner braucht.

Kunden direkt zu fragen, was sie wollen, kann allerdings tückisch sein: Die meisten sind in der Gegenwart verhaftet, sodass sie die Vorteile einer wirklich neuen Lösung kaum erkennen und daher ablehnen. Henry Ford soll gesagt haben: „Wenn ich die Leute gefragt hätte, was sie wollen, hätten sie gesagt: ein schnelleres Pferd!“ Auch Steve Jobs und Josef Zotter geben nicht viel auf Kundenfeedback. Dabei verstehen und bedienen sie sehr wohl die Bedürfnisse ihrer Kundinnen, statt sie zu ignorieren: Henry Ford, so argumentiert Wolf Lotter, „lieferte ein zuverlässiges ‚Arbeitstier‘, das wenig Pflege brauchte und rund um die Uhr zur Verfügung stand – das Model T war das real existierende bessere Pferd“.[63]

Der entscheidende Unterschied besteht darin, die Nutzenden wie die kleinen Patientinnen und Patienten ernst zu nehmen und die Welt durch ihre Brille zu betrachten. Wer zunächst offen, interessiert und vorurteilsfrei ergründet, welche (oft unbewussten) Probleme und Bedürfnisse es überhaupt gibt, wird mit der späteren Lösung einen echten Mehrwert schaffen.

ZUM NACHDENKEN UND AUSPROBIEREN

Zielgruppen hat im Grunde jeder: Lehrkräfte richten sich an ihre Schülerinnen, Pflegekräfte an ihre Patienten, Politikerinnen an ihre Wähler. Wer sind deine „Nutzerinnen“ und „Kunden“?

Beobachte im Alltag, wie sich Familienmitglieder verhalten. Höre in Gesprächen mit Freunden oder Kolleginnen aufmerksam zu und frage ggf. nach. Welche ungelösten Probleme und Bedürfnisse erkennst du, die dir früher gar nicht aufgefallen sind?

2.3.4 *Menschlichkeit macht innovativ*

„Wir brauchen Anführer, die nicht ins Geld verliebt sind, sondern in die Gerechtigkeit. Die nicht in Ruhm verliebt sind, sondern in die Menschlichkeit.“

Martin Luther King Jr., US-amerikanischer Pastor und Bürgerrechtler (1929–1968)

Irgendwo in einer namenlosen deutschen Kleinstadt: In einer kleinen und engen Drogerie-Filiale irren wenige Kunden zwischen den Regalen herum, um das Nötigste „mal eben um die Ecke“ zu besorgen. Eine Mitarbeiterin mit Kittel hetzt zwischen Kasse, Lager und genervten Kunden hin und her. Zeit, zur Toilette zu gehen, hat sie kaum. Selbstverständlich ist sie allein in der Filiale, schließlich gelten Mitarbeitende in ihrem Unternehmen als Kostenfaktor, und Kosten müssen minimiert werden. Seit ihr Arbeitgeber wegen Lohndumpings verurteilt wurde, bekommt sie zumindest den Mindestlohn. Auf den Gedanken, etwas zu stehlen, käme sie nie. Wohl aber ihr Chef, der sie mithilfe von Kameras und Detektiven kontrolliert.[64]

Was die Drogeriemitarbeiterin erlebt, ist ein Betriebsklima geprägt von Druck, Misstrauen und Kontrolle. Kannst du dir vorstellen, dass sich hier jemand mit Leidenschaft einsetzt und eigenständige Vorschläge zur Weiterentwicklung des Unternehmens macht? Das ist ebenso unwahrscheinlich wie die Möglichkeit, dass ein Unternehmen mit einer derartigen negativen Kultur auf lange Sicht erfolgreich sein wird. Die Drogeriemarktkette *Schlecker* ist mittlerweile kollabiert, doch sie bleibt in Erinnerung als Musterbeispiel einer vergifteten Unternehmenskultur.

„Angst macht dumm", sagt ein bekanntes Sprichwort, „… und unkreativ", könnten wir treffend ergänzen. Denn unter Stress verengt sich unser Aufmerksamkeitsfokus, um die drohende Gefahr zu erkennen und ihr zu entkommen (wie dem bösen Chef). Was wir in diesem psychischen und körperlichen Alarmzustand nicht gut können, ist frei und kreativ denken und auf ungewöhnliche Möglichkeiten kommen. Nun heißt es erst mal überleben!

Ein Umfeld, das (psychologische) Sicherheit ausstrahlt, ist daher wichtig, um kreativ zu sein: Im beruflichen Kontext meint das das Gefühl, einen sicheren Job zu haben und berechenbare und faire Vorgesetzte, die wir zumindest nicht zu fürchten brauchen, die optimalerweise sogar inspirierende Vorbilder sind. Unser kreatives Potenzial entfalten wir nur, wenn wir die Erfahrung machen, dass wir unsere (ggf. auch abweichende) Meinung offen sagen dürfen, unkonventionelle Ideen einbringen können und Scheitern erlaubt ist.[65]

Der Schlecker-Wettbewerber *dm-drogerie markt* gilt als Musterbeispiel einer positiven Unternehmenskultur, in der menschliche Entwicklung und Innovationen gefördert werden. Sie basiert auf der Grundannahme, dass Menschen Leistung bringen können und wollen, Verantwortung übernehmen, eigeninitiativ handeln und sich weiterentwickeln. Vom ersten Tag an spürt der „Lernling" (wie man Auszubildene hier nennt), dass er nicht nur Ressource ist, sondern als Mensch zählt. Gemeinsam mit anderen Lernlingen übernimmt er sogar die Verantwortung für eine ganze Filiale. Ohne persönliches Wachstum gibt es kein unternehmerisches Wachstum, davon ist dm-Gründer und langjähriger Geschäftsführer Götz Werner überzeugt. Was gut für die Mitarbeitenden ist, ist auch gut fürs Unternehmen – langfristig erfolgreich ist es nur mit motivierten, eigenverantwortlichen Menschen, die sich geschätzt und gebraucht fühlen und die ihr Potenzial entfalten.[66]

Innovation ist wichtig, daran lässt Werner keinen Zweifel: „Jeden Tag müssen wir das Unternehmen neu erfinden, jeden Tag!" Dazu gehört, Dinge zu hinterfragen, zu erkennen, was nicht rundläuft, mutig neue Ideen vorzuschlagen und alte Gewohnheiten abzulegen. In der Tat wird das Einkauferlebnis bei dm von den Kunden her gedacht und ständig kreativ weiterentwickelt. Das erkennt man an den vielen kleinen Verbesserungen von der Fotobox über die Wickelstation und die Trinkstationen bis hin zu Sitzecken zum Ausruhen. Nicht vom Chef oder der zentralen Innovationsabteilung ausgedacht, sondern von den Menschen an der Basis, die am nächsten an den Kunden und deren Bedürfnissen dran sind und angstfrei sagen können: „Ich habe da eine Idee!"[67]

Was machen dann überhaupt noch die Chefs? Vor allem, diese innovationsfreundliche Haltung unter den Mitarbeitenden fördern: „Die wichtigste Aufgabe von Menschen mit Führungsverantwortung ist es, das Unternehmen so zu gestalten, dass es Innovationen anzieht – das bedeutet, Initiative weckende Rahmenbedingungen zu gestalten. Alle Beteiligten müssen den Freiraum haben, selbst Ideen entwickeln und einbringen zu können", so Götz Werner.[68] Wo Wandel sein soll, muss es den Menschen gut gehen.

ZUM NACHDENKEN UND AUSPROBIEREN

Hast du schon mal ein Umfeld erlebt, in dem du dich mit Begeisterung eingesetzt und eigene Ideen eingebracht hast? Was hat dieses Umfeld ausgemacht, was war dort besonders?

Ob bei der Arbeit, im Verein oder in der Familie – Amy Edmondson, amerikanische Wissenschaftlerin für Führung, Teams und organisationales Lernen, rät, zunächst den Rahmen abzustecken: Bei welchen Themen darf wer mitreden, wer mitentscheiden?

Dann gilt es, mit guten Fragen zum Mitgestalten einzuladen: Welche weiteren Möglichkeiten seht ihr? Was könnten wir anders machen? Wie genau könnten wir das umsetzen?

Wichtig ist außerdem, wertschätzend auf Beiträge der anderen zu reagieren, um sie zu bestärken und zu ermutigen, sich einzubringen.[69]

2.4 Die Verbreitung des Neuen

„Die Zukunft ist bereits hier – sie ist bloß nicht gleich verteilt."

William Gibson, US-amerikanischer Science-Fiction-Autor (*1948)

Man könnte meinen, das größte Problem von Elon Musk sei mit der Markteinführung des ersten Tesla-Elektroautos gelöst (übrigens benannt nach dem genialen Erfinder und Elektrotechniker Nikola Tesla). Als Branchenneuling den Status quo über den Haufen zu werfen, ein revolutionäres E-Auto – schick und mit großer Reichweite – zu entwickeln und herzustellen ist eine Mammutaufgabe, die Musk (vermutlich abgesehen von ihm selbst) lange Zeit kaum jemand zugetraut hätte. Doch Pustekuchen! Das Elektroauto zeigt das Drama, mit dem viele Innovatoren konfrontiert sind, bis sich das Neue wirklich im Markt durchsetzt: Von den überzeugten Entwicklern wird oft unterschätzt, wie zögerlich sich potenzielle Kunden dem Neuen gegenüber zeigen und wie langsam es sich bisweilen verbreitet.[70]

Das Problem dabei ist, dass Innovationen nicht für alle gesellschaftlichen Gruppen gleichzeitig interessant werden, für einen Großteil kommt das Neue erst mal gar nicht infrage (Sie wissen nichts davon, wozu soll das gut sein? Zu riskant, zu teuer ...). Nur eine kleine Gruppe besonders offener, experimentierfreudiger und gut verdienender Trendsetterinnen schnappt sich gleich nach der Markteinführung die neue Lösung wie das schicke Elektroauto: Die *Innovatoren* sind die Pioniere unter den Käufern, die aus Neugierde und Prestigegründen immer das neueste „heiße Ding" haben wollen.

Bei den egozentrischen Innovatoren sehen die *frühen Adoptoren* bald die Vorteile des Neuen. Auch sie sind grundsätzlich offen für Veränderung und springen schnell auf den Zug auf, wenn auch nicht sofort. Während die ersten beiden Gruppen dem Neuen gegenüber sehr aufgeschlossen sind, zeigen sich die nachfolgenden Gruppen zunehmend skeptisch. Hier klafft ein gähnender Abgrund, der sich für viele Innovationen als unüberwindbar erweist und die Markteroberung jäh abbremst.

Grundsätzlich setzt sich die *frühe Mehrheit* durchaus mit dem Neuen auseinander, wenn auch mit einer gewissen Vorsicht. Haben die Meinungsführer unter den frühen Anwendern gute Erfahrungen gemacht, lässt sich diese Gruppe durchaus gewinnen.

Die *späte Mehrheit* ist deutlich zögerlicher bei der Übernahme von Innovationen. Lockmittel (Wechselprämie) oder Drohungen („Verbrenner werden bald verboten, kauf dir bloß keinen mehr!") können den Ausschlag geben, sie doch zu überzeugen.

Ab hier wird es richtig zäh. Denn die skeptischen *Nachzügler* haben auf Innovationen überhaupt keine Lust. Misstrauisch, vergangenheitsorientiert und weitgehend unempfänglich für Argumente jeglicher Art werden sie sich erst bewegen, wenn es kaum mehr anders geht (teilweise Fahrverbote für Verbrenner, untragbare Mehrkosten, gesellschaftlicher Druck).

Zugegeben, die Entscheidung ist in diesem Fall kompliziert: Es kann besser für die Umwelt und den Geldbeutel sein, einen modernen Verbrenner weiter zu fahren, als ihn zugunsten eines neuen E-Autos zu verschrotten. Die Botschaft bleibt hingegen die gleiche: Die Verbreitung einer neuen und besseren Lösung ist keineswegs selbstverständlich. Große Teile der Bevölkerung begrüßen das Neue nicht mit offenen Armen, sondern nur sehr zögerlich.

Ob und ab wann wir ein neuartiges Angebot nutzen möchten, ist uns in den allermeisten Fällen selbst überlassen. Wie viele das Neue annehmen, entscheidet darüber, ob es sich verbreitet, durchsetzt und zum neuen Standard wird.

Im Nachhinein, wenn das ursprünglich mal Innovative erst mal normal geworden ist, erscheint es uns wie selbstverständlich. Fast alle nutzen ein Smartphone, wie konnte es je anders sein? Viele vergessen, wie lange sie sich gesträubt haben und aus welchen aus heutiger Sicht fragwürdigen Gründen. Als Gesellschaft übersehen wir oft die Mühen der Innovatoren und dass der Status quo nicht selbstverständlich ist.

Für die Zukunftsgestalter und Vorreiterinnen, die auf neuen Wegen vorangehen, kommt der Widerstand der Skeptiker oft überraschend. Ohne langen Atem und Frustrationstoleranz kämen sie nicht weit. Schon Mark Twain wusste: Von einem Großteil der Bevölkerung werden sie so lange für Spinner gehalten, bis ihre Idee sich schließlich durchgesetzt hat.

ZUM NACHDENKEN UND AUSPROBIEREN

Wo verortest du dich üblicherweise: sofort auf jeden neuen Zug aufspringen, erst mal abwarten, bis sich Innovationen bewährt haben, oder erst dann Neues wagen, wenn es sich nicht mehr vermeiden lässt?

Welche Vorteile bringt das aus deiner Sicht?

Gibt es Beispiele, wo es anders war? Was hat dort den Unterschied gemacht?

3. | Mit dem Neuen leben

3.1 Vorwärts in die Vergangenheit

„Früher war mehr Lametta.“

Opa Hoppenstedt alias Loriot in „Weihnachten bei Hoppenstedts“,
Vicco von Bülow, deutscher Humorist (1923–2011)

Stell dir vor, du hättest wie Marty im Film *Zurück in die Zukunft* eine Zeitmaschine und könntest wählen ... Würdest du im Heute bleiben oder dich lieber in die Zukunft oder die Vergangenheit beamen? Vielleicht ins Jahr 2357, wo Menschen ihre perfekten Klonkörper wie Kleidungsstücke wechseln und ewig leben, dafür allerdings in einer Mondsiedlung, weil die Erde längst nicht mehr bewohnbar ist. Oder würdest du doch lieber zurück in die (rückblickend) gute alte Zeit deiner eigenen Jugend? Als Hippie eine neue Ära der Popmusik genießen und von einer besseren Welt träumen, geprägt von „Love, Peace and Happiness“?

Wenn du lieber in der Vergangenheit leben würdest, dann bist du damit nicht allein: Unter den Älteren ab 55 wünschen sich gut zwei Drittel die Vergangenheit zurück. Auch mehr als die Hälfte der jungen Menschen in Deutschland zwischen 18 bis 34 Jahren sehen das so – eine Erkenntnis, die selbst Ulrich Reinhardt, den wissenschaftlichen Leiter der Stiftung für Zukunftsfragen, erstaunt und besorgt.[71] Woran liegt das? Als Gründe genannt wurden „Angst vor der Zukunft“, „weniger Krisen“ oder „mehr Beständigkeit“. Die häufigste Begründung über die Altersgruppen hinweg lautet: Früher sei der Zusammenhalt größer gewesen. Ein Gefühl der Zugehörigkeit zu einer Gemeinschaft und der Zusammenhalt in der Gruppe fehlen gerade den Jüngeren, berichtet der Zukunftswissenschaftler Reinhardt. Kontakte in der virtuellen Welt können offenbar keinen wirklichen Halt bieten, was uns in Zeiten großer Krisen und Unsicherheit schmerzlich bewusst wird.

Coronakrise, Klimakrise, Flüchtlingskrise – der dauerhafte Krisenmodus hat bei der Bevölkerung psychische und soziale Spuren hinterlassen. Viele fühlen sich belastet, hilflos und erschöpft. Laut Sozialforscher Klaus Hurrelmann sind das die Symptome einer posttraumatischen Belastungsstörung.[72] Der Mensch sehnt sich nach Ordnung und Vorhersehbarkeit, doch die werden in unserer komplexen und schnelllebigen Welt immer seltener.

Zugegeben, es gibt sie, die beängstigenden Entwicklungen wie den Klimawandel oder den gesellschaftlichen und politischen Rechtsruck in vielen Ländern. Bei Betrachtung der Faktenlage zeigt sich jedoch, dass auch viele Veränderungen für Verbesserung gesorgt haben. Die Frage ist, ob wir das neben den dominanten Negativschlagzeilen auch so wahrnehmen. Der schwedische Professor für globale Gesundheit und „Superstar der Statistik" Hans Rosling zeigte anhand von Daten aus verschiedensten Lebensbereichen: Wir sehen die Welt durch eine düstere Brille, die negative Ereignisse größer und häufiger erscheinen lässt, als sie in Wirklichkeit sind.[73] Hinderlich ist dabei, dass der Negativ-Fokus zu unserer Werkseinstellung als Mensch gehört: Von klein auf neigen wir dazu, negative Informationen viel stärker zu beachten und zu nutzen als positive Informationen.[74]

Unheil hat es früher auch schon gegeben, doch durch die digitale Vernetztheit der Medien bekommen wir es heute noch wesentlich eindrücklicher mit. Noch verstärkt wird es dadurch, dass negative Nachrichten am meisten gehypt werden, das Positive bekommt schlicht weniger Klicks.

Da hilft nur bewusstes Gegensteuern, empfiehlt Rosling: Die Fakten zu checken verschafft uns ein realistischeres und oft positiveres Bild der Lage. Dadurch sind wir weniger gestresst und sehen neben all den Schwierigkeiten auch die Chancen der Zukunft. Machen wir uns also ab und zu bewusst, welch hohe Lebensqualität wir im Vergleich zu unseren Vorfahren dank technologischer, medizinischer und gesellschaftlicher Fortschritte genießen dürfen. Könnten wir uns tatsächlich in die Vergangenheit beamen, würden wir feststellen, dass früher vieles schlechter war als heute: die Menschen mussten mehr arbeiten und konnten sich weniger leisten, die Gesundheitsversorgung war schlechter und man starb früher.

Den Sittenverfall der Jugend haben schon die alten Griechen beklagt, das ist nichts Neues. Doch woher kommt dann die Einschätzung, früher sei alles besser gewesen? „Nichts trägt mehr zur guten alten Zeit bei als ein schlechtes Gedächtnis", bringt es Franklin Pierce Adams, US-amerikanischer Journalist, Übersetzer und Radiosprecher, auf den Punkt. Tatsächlich hat die menschliche Psyche die praktische Eigenheit, negative Erlebnisse schneller zu vergessen als positive. Zugleich bauen wir unsere Erinnerung über die Vergangenheit ständig um und machen sie positiver, als sie tatsächlich war. *Rosige Rückschau* nennen Psychologen diese verzerrte Wahrnehmung, die einseitige Tendenz, mit der wir die Schwierigkeiten und Mängel der Vergangenheit verharmlosen. Es ist, als würden wir die Vergangenheit durch eine rosa Brille sehen und sie deshalb besser bewerten als die Gegenwart.[75]

Was war die beste Zeit in deinem Leben? Mensch halten oft die Zeit für am glücklichsten, in der sie selbst aufgewachsen sind – nostalgisch verklärt und unbeeindruckt von den tatsächlichen Umständen.[76] Logisch, da war man eben noch jung, fit und unbelasteter von der Schwere des Lebens. Nostalgie hat außerdem eine Reihe von sinnvollen Funktionen, erklärt die Nostalgie-Forscherin Krystine Batcho: Sie fördert nicht nur das Gefühl der Verbundenheit mit anderen und mit uns selbst, Nostalgie kann uns in schwierigen Zeiten beruhigen: Mag die Zukunft auch ungewiss und bedrohlich wirken, so erinnern wir uns gerne zurück an eine frühere Zeit in unserem Leben, als wir uns angenommen und sicher gefühlt haben.[77]

Ob früher alles besser war, ist also mehr als fraglich. Je düsterer die Gegenwart, desto größer die Anziehungskraft der Vergangenheit, könnte man sagen. Ein kurzer Ausflug in frühere Zeiten mag eine amüsante Erfahrung sein. Ob wir dauerhaft dort leben möchten, sollten wir uns gut überlegen. Ohnehin hat Jean-Paul Sartre recht, wenn er sagt: „Vielleicht gibt es schönere Zeiten, aber diese ist die unsere." Machen wir also das Beste aus der einzigen Zeit, die wir haben.

Wie wir Veränderungen zum Positiven gestalten können – als Einzelne und als Gesellschaft –, wird in den Kapiteln 4 bis 7 beleuchtet. Im Folgenden erfährst du zunächst, warum Menschen sich mit Veränderung oft schwertun, warum wir als Spezies dennoch recht anpassungsfähig sind und warum es sich lohnt, offen für Neues zu sein.

ZUM NACHDENKEN UND AUSPROBIEREN

In welcher Zeit würdest du gerne leben und warum? Was schätzt du an der Gegenwart?

War unsere Kindheit ohne Handy und Internet wirklich glücklicher? Wie wäre es, die Abschlussarbeit auf der Schreibmaschine zu tippen?

Hast du dir schon einmal gewünscht, die Zeit zurückdrehen zu können? Was kannst du daraus für die Zukunft lernen?

Tipp: Einen weniger dramatischen Blick auf die Ereignisse bekommen wir, wenn wir lokale Medien einer geografisch überschaubaren Region konsumieren, empfiehlt der schwedische Schriftsteller Johan Norberg. Häufiger als bei überregionalen Zeitungen und Sendern werden dort normale (wenn auch teils skurrile) „Belanglosigkeiten" berichtet, die neben den (negativen) Extremereignissen eben auch auf der „Tagesordnung" stehen.[78]

3.1.1 Mit Steinzeitgehirn im Zeitalter der Hyperveränderung – warum wir uns mit Veränderung schwertun

„Das älteste und stärkste Gefühl der Menschheit ist die Angst, und die älteste und stärkste Art der Angst ist die Angst vor dem Unbekannten.“

H. P. Lovecraft, US-amerikanischer Schriftsteller (1890–1937)

Beim Beerensammeln im Wald findet Herr Homo sapiens unverhofft einen unbekannten Pilz. Ob man den wohl essen kann? Er schnuppert und betrachtet ihn prüfend von allen Seiten. Zu gefährlich, denkt er, wirft den Pilz achselzuckend ins Gebüsch und geht mit seinen Beeren nach Hause. Zur selben Zeit ist seine Schwester Frau Homo sapiens auf der Jagd und verfolgt gerade ein Rudel Rehe durch die Steppe. Hochkonzentriert behält sie ihre Beute im Blick. Dem unbekannten Geräusch hinter ihr misst sie keine Bedeutung zu („Bestimmt nur der Wind!“). Ein fataler Fehler: Beim Anblick des Säbelzahntigers reagiert sie blitzschnell, aber im Kampf hat sie keine Chance. Sie versucht zu fliehen, doch es ist zu spät.

Die frühen Menschen, die zu offen für Neues waren, mussten ihren Mut oft mit dem Leben bezahlen – und sich aus dem menschlichen Genpool verabschieden. Die heutigen Menschen stammen daher überwiegend von den vorsichtigen Vorfahren ab. In der (beständigen Phase der) Steinzeit hat es sich für sie als förderlich für das Überleben erwiesen, bei neuen Dingen erst mal skeptisch zu sein und beim Bewährten (dem, was das Überleben bisher gesichert hat) zu bleiben, denn Veränderungen waren damals riskant. Diese Vorsicht dem Neuen gegenüber haben wir also von unseren Ahnen geerbt.[79] Doch unser heutiges Lebensumfeld ist ein ganz anderes. Vom Säbelzahntiger droht keine Gefahr mehr, dafür müssen wir mit Veränderung als Normalzustand klarkommen, etwa mit den immer neuen Windows-Versionen, Social-Media-Kanälen und zahlreichen Krisen gleichzeitig. Ungünstig dabei ist, dass die Hardware in unserem Oberstübchen noch immer weitgehend die gleiche Werkseinstellung hat wie in der Steinzeit. Für ständige Veränderung sind wir Menschen schlicht nicht gemacht.

Im Gegensatz zu Tieren sind wir Menschen vernunftgesteuerte Wesen. Rational und faktenbasiert wägen wir Argumente ab und treffen wohlüberlegte Entscheidungen – meinen wir zumindest. Seit Daniel Kahneman ist von unserem Selbstbild als meist logisch und rational entscheidender *Homo oeconomicus* nicht mehr viel übrig. Der Psychologe und Träger des Wirtschaftsnobelpreises zeigt: Weil das Gehirn auf diese Weise viel weniger Energie braucht, sind wir die meiste Zeit im geistigen Autopiloten unterwegs, statt bewusst abzuwägen.[80]

Wie das genau funktioniert, erklärt der Psychologe Jonathan Haidt mit einem eingängigen Bild: Wir haben zwei ungleiche Denkweisen, vergleichbar mit einem Reiter, der auf dem Rücken eines massigen Elefanten unterwegs ist und diesen lenkt.[81] Der Reiter steht für das bewusste, rationale Denken. Er braucht viel Selbstkontrolle und Energie, entscheidet langsamer, dafür aber zuverlässiger. Daher greifen wir auch nur auf den Reiter zurück, wenn es sein muss, zum Beispiel um komplexe Überlegungen anzustellen: In welche Aktien soll ich investieren? Soll ich mieten oder kaufen? Was müssen wir heute tun, um unsere Erde für zukünftige Generationen bewohnbar zu halten?

Weil das auf Dauer viel zu anstrengend ist, überlassen wir das Ruder die meiste Zeit dem Elefanten, der für intuitives und instinktgesteuertes Denken steht. Der Elefant in unserem Kopf entscheidet schnell, spontan und aus dem dicken Bauch heraus:

„Eis? Mag ich." → „Her damit."
„Brokkoli? Mag ich nicht." → „Weg damit."
„Schlingerndes Auto – gefährlich!" → „Schnell ausweichen!"
„Süßes Katzenvideo – „ungefährlich." → „Entspannen."
„Böse Person + stark?" → „Flüchten oder erstarren!"
„Böse Person + schwach." → „Kämpfen!"
Usw.

Ohne großen Aufwand und viel schneller als der Reiter scannt der innere Elefant die Umgebung und lässt uns blitzschnell auf registrierte Impulse reagieren. Der Nachteil ist, dass die schnellen Entscheidungen des Elefanten fehleranfällig sind. *Autofahren? – Mag ich, weil bequem. Weiter so, wird schon gut gehen.* Der logische Reiter vernimmt die Prognosen der Wissenschaftlerinnen und Wissenschaftler zum Klimawandel und versucht, den Elefanten umzulenken: *Bahnfahren wäre besser für die Umwelt, heute mal das Auto stehen lassen?* Doch der Reiter tut sich schwer damit, den massigen und schwerfälligen Elefanten umzulenken, wenn dieser bereits mit vollem Tempo unterwegs ist. Logisch und faktenbasiert zu denken ist so anstrengend. Und so übernimmt im Alltag schnell wieder unser geistiger Autopilot im Energiesparmodus.

Was der Elefant wohl von Innovationen und dem technischen Fortschritt hält? Angesichts des Neuen wittert er leicht Gefahr: *Das kenne ich nicht, also Vorsicht!* Die Reaktion des dazugehörigen Menschen ist erst mal Skepsis. Wenn die Angst vor dem Ungewissen gewinnt, hat das oft Nachteile: Wir lassen uns (durchschnittlich) stärker von den möglichen Risiken des Neuen abschrecken als von den grandiosen Chancen begeistern. Meist muss es schon richtig wehtun, bevor wir notwendige Veränderungen angehen.

Für unser Innovationsstreben eine große Hürde: Als Erfinderin wie als Abnehmer von Neuentwicklungen gewichten wir mögliche Verluste wesentlich stärker als mögliche Gewinne. Was wir einmal haben, das wollen wir auf keinen Fall wieder hergeben, auch nicht mit der ungewissen Aussicht auf mögliche Vorteile, die eine Neuerung mit sich bringen könnte. Unsere verlustvermeidende Werkseinstellung bestärkt uns darin, bei dem zu bleiben, was wir schon haben und kennen, anstatt die Risiken der Veränderung einzugehen. Die bedrohlichen Folgen des „Weiter-so" sind meist nicht akut spürbar und nicht nah genug an uns persönlich dran, als dass sie unsere heutigen Entscheidungen maßgeblich beeinflussen würden, eine abstrakte, ferne Gefahr, die wir allzu gerne ausblenden.

Das Unbequeme daran ist: Wir ahnen in vielen Fällen zumindest, dass das Festhalten am Status quo doch nicht so sinnvoll sein könnte. Dieser Widerspruch erzeugt inneren Stress. Weil der für uns unangenehm ist, hat unser Geist eine Reihe von Strategien entwickelt, um ihn loszuwerden: Wir leugnen beispielsweise die Existenz negativer Konsequenzen oder reden uns unser gewohntes Verhalten schön, z. B. dass wir allein ohnehin keinen Unterschied bewirken könnten. Von außen betrachtet mag das unsinnig erscheinen, aber in unserem Geist ist alles schön harmonisch, und wir können ohne schlechtes Gewissen weitermachen wie bisher.

Zum Glück fließt in unseren Adern auch das Blut einiger mutiger Vorfahren, die Neues gewagt und überlebt haben. So können wir uns Angst und Mut als inneres Wechselspiel vorstellen und uns gleichermaßen als vorsichtig und offen für Veränderungen erleben. Mehr über den „inneren Elefanten" und wann du seiner Führung vertrauen solltest, erfährst du in Abschnitt 5.3.4.

ZUM NACHDENKEN UND AUSPROBIEREN

Erinnere dich an eine Situation, in der du blitzschnell und intuitiv eine Ahnung hattest, die sich später bestätigt hat.

Wo hat dein Bauchgefühl dich schon einmal fehlgeleitet?

Überlege, wann du Angst vor Veränderung gespürt hast und wann Mut, Neues auszuprobieren. Mache dir bewusst, dass auch in dir beides vorhanden ist: der vorsichtige und der waghalsige Homo sapiens. Beiden Anteilen in dir darfst du dankbar sein. Sie wollen nur dein Bestes, auch wenn sie dir gefühlt manchmal im Weg stehen.

3.1.2 Im Hamsterrad der Veränderung

„Die Zeit vergeht nicht schneller als früher, aber wir laufen eiliger an ihr vorbei."

George Orwell, englischer Schriftsteller und Journalist (1903–1950)

Ich erfinde, also bin ich. – Der Mensch erfindet schon, seit es ihn gibt. Neu ist allerdings die Geschwindigkeit, mit der sich neuartige Lösungen verbreiten und zum Mainstream werden. Während es beim Festnetztelefon 39 Jahre dauerte, bis der Bevölkerungsanteil mit Anschluss in den USA von 10 Prozent auf 40 Prozent gestiegen war, wurde der gleiche Anteil beim Smartphone in nur 2,5 Jahren erreicht.[82] *ChatGPT* brach alle Rekorde: Die Applikation erreichte weltweit eine Millionen Nutzende in nur fünf Tagen.[83]

Es ist schwierig, sich der zunehmenden Geschwindigkeit und Informationsdichte unserer Zeit zu entziehen, die Internet, E-Mail und Smartphone uns beschert haben. Schickte man früher einen Brief, hatte man anschließend ein paar Tage Zeit, bis die Empfängerin geantwortet hatte und man selbst wieder am Zug war. Durch die heutige Kommunikation in Echtzeit steigt der (gefühlte) Druck, sofort antworten zu müssen. Ständig erreichbar zu sein, auch außerhalb der normalen Arbeitszeit, führt zusätzlich zu Stress.

Man könnte meinen, dass wir durch Technologisierung und Digitalisierung immer mehr Zeit gewinnen und uns mehr entspannen können, doch das Gegenteil ist der Fall. Was viele aus eigener Erfahrung berichten können, bestätigt der Soziologe Hartmut Rosa[84]: Obwohl wir durch Computer und Co. Zeit einsparen, fühlen wir uns nicht entlastet, sondern zunehmend gehetzt. Statt die gesparte Zeit zur Entspannung zu nutzen, fühlen wir uns unter Druck, noch mehr tun zu müssen. „Wir machen viermal so viel und sind nur doppelt so schnell."[85]

Unzählige Reize buhlen um unsere Aufmerksamkeit. Je mehr wir mit Informationen überschüttet werden, desto schwerer fällt es uns zu erkennen, was davon relevant oder überhaupt wahr ist. Ungebremster Social-Media-Konsum kann unzufrieden und sogar krank machen.[86] Diese Gefahren rechtzeitig zu erkennen und den eigenen Medienkonsum zu dosieren ist zu einer wichtigen Kompetenz geworden.

Nicht nur wir selbst, auch die Gesellschaft trägt zu dem Druck bei, immer schneller immer besser zu werden. Um unseren Wohlstand und Lebensstandard zu halten, so Rosa, haben wir ständig Innovationen zu liefern. Davon hängen schließlich Wirtschaftswachstum, Arbeitsplätze, Wohlstand und Renten ab. Können wir die überbordenden Erwartungen an uns nicht erfüllen, meinen wir, nicht gut genug zu sein, und fühlen uns unzulänglich.

Völlig entziehen können wir uns dem ständigen Wandel kaum, als Individuen und Gesellschaft einen gesunden Umgang mit ihm finden dagegen schon.

ZUM NACHDENKEN UND AUSPROBIEREN

Was tut dir gut? Worauf richtest du deine Aufmerksamkeit? Ohne die Augen vor dem Leid auf der Welt völlig zu verschließen, empfiehlt es sich, den Konsum von negativen Nachrichten zu begrenzen und für positiven Ausgleich zu sorgen.

Um den nie enden wollenden Nachrichtenstrom zu dosieren, kannst du digitalfreie Zeiten oder begrenzte Zeitfenster für Mails, Smartphone- oder Social-Media-Nutzung einrichten.

Wie viel (Leistungs-)Druck machst du dir selbst? Gib dir selbst die Erlaubnis, nicht immer produktiv sein zu müssen.

3.1.3 Erneuerung braucht Vielfalt statt Einfalt

„Der Irrsinn ist bei Einzelnen etwas Seltenes – aber bei Gruppen, Parteien, Völkern, Zeiten die Regel.“

Friedrich Nietzsche, deutscher Philologe und Philosoph (1844–1900)

Im Konferenzraum im obersten Stock ist es still. So still, dass man eine Stecknadel fallen hören könnte. Gebannt richten sich die Blicke der Männer zu Seiten des großen Konferenztischs auf den älteren Herrn am Kopf des dunklen Mahagonitisches, dem Vorstandvorsitzenden. Gerade hat der Experte aus der Marktforschung seinen Vortrag zu den Auswirkungen des autonomen Fahrens auf die Automobilindustrie beendet. Die Männer, einander gleichend – weiß, mittleren Alters, im dunklen Anzug –, scannen jede Regung ihres Chefs. Was er wohl davon hält? War die Kopfbewegung die Andeutung einer Zustimmung? Oder der leicht angehobene Mundwinkel ein Anzeichen von Verachtung?

Bevor die Position des Firmenchefs nicht klar ist, wagt keiner der Herren, eine eigene Meinung vorzubringen. Endlich ergreift der Vorstandsvorsitzende das Wort. Wenn er den Experten richtig verstanden habe, dann würden Autos wohl bald fliegen! Ein Witz! Der Chef findet die Ausführungen also lächerlich, damit ist der Marktforscher zum Abschuss freigegeben. Unisono stimmen die Manager in das Gelächter ein. „Ja, genau, fliiiiiiegen!“, ruft einer und macht mit dem Armen flatternde Bewegungen. Der Experte blickt betreten zu Boden. Die Menge johlt. Das Thema ist damit wohl geklärt.

Der Mensch ist ein soziales Herdentier. Die Zugehörigkeit zu einer Gruppe gibt uns Sicherheit, macht uns zufrieden und ermöglicht Fortschritte, zu denen Einzelne nie in der Lage wären. Doch der Wunsch dazuzugehören hat auch Schattenseiten. Wenn der Gruppenharmonie zuliebe nur selten jemand den Status quo infrage stellt oder unbequeme neue Informationen auf den Tisch bringt (bewusst oder unbewusst), läuft die Gruppe Gefahr, die Notwendigkeit von Veränderungen zu übersehen.

Besonders anfällig für fehlende Offenheit sind Gruppen, deren Mitglieder ähnliche Hintergründe haben (gleiche Ausbildung oder ähnliche Branchenerfahrungen), wie es bei Expertinnenrunden oder Top-Manager-Zirkeln der Fall ist. Je einheitlicher, desto einfältiger, desto anfälliger.[87]

Nicht nur die Entwicklung von Innovationen, auch deren Verbreitung in der Gesellschaft wird ausgebremst, wenn wir Veränderungen grundsätzlich ablehnen, ohne uns eine eigene Meinung zu bilden. Noch verschärft wird das durch digitale Blasen, in denen wir uns zunehmend bewegen. Verbinden wir uns in den sozialen Medien vorwiegend mit Gleichdenkenden, die unsere eigenen Ansichten bestätigen, bekommen wir kaum mit, wenn wir auf den Holzweg abgebogen sind.

Was können wir dagegen tun? Sind wir uns im Alltag der Gefahr gleichförmiger Bewegungen, Meinungen und Ansichten bewusst, ist schon viel gewonnen. Gegen Einfalt hilft zudem Vielfalt: Verantwortliche in Organisationen können bunt gemischte Teams zusammenstellen, den Elfenbeinturm verlassen und Austausch schaffen zwischen den eigenen Leuten und „der Welt da draußen“ sowie eine Kultur fördern, in der abweichende Meinungen und Diskussion geschätzt werden.

Und als Einzelperson? Verlassen wir ab und zu die eigene digitale Blase und tauschen wir uns im echten Leben mit Menschen aus, die ganz anders „drauf sind“ als wir selbst. Unseren eigenen Standpunkt aus einem anderen Blickwinkel zu betrachten und ihn vielleicht sogar um neue Aspekte zu ergänzen verhilft uns zu neuen Einsichten und ausgewogeneren Entscheidungen.

ZUM NACHDENKEN UND AUSPROBIEREN

Hast du schon mal als Einziger in einer Runde eine andersartige Meinung vorgebracht? Wie ging es dir dabei?

Erinnerst du dich, dass du im Familien- oder Kollegenkreis deine abweichende Meinung zurückgehalten hast, um nicht allein dazustehen, aus Selbstzweifel oder um die Gruppenharmonie nicht zu stören?

Tipp: Benennt ein Gruppenmitglied zum „Advocatus Diaboli“ (Anwalt des Teufels), der gezielt gegenteilige Standpunkte in die Diskussion einbringt und so den Horizont der Gruppe erweitert.

Tipp: Zu Beginn einer Diskussion schreibt jeder seinen Standpunkt auf eine Karte, dann stellen alle ihre notierten Argumente vor. Macht sich jeder erst einmal für sich Gedanken, lassen wir uns weniger von den Meinungen anderer beeinflussen, als wenn wir direkt losdiskutieren.

3.2 Wir sind anpassungsfähiger, als wir glauben

„Ich habe mich durch eigene Erfahrung daran gewöhnt, alle Misere dieses Lebens als unbedeutend und vorübergehend zu betrachten und fest an die Zukunft zu glauben.“

Gottfried Keller, Schweizer Dichter und Politiker (1819–1890)

Der Mensch gewöhnt sich an (fast) alles, und das ganz schön schnell und oft unbemerkt. Dass es in den letzten Jahren immer wärmer geworden ist, finden wir ganz normal („Der Klimawandel, was soll man machen!“). Auch die zunehmenden Extremwetterereignisse überraschen uns nur kurz. Schnell haben wir uns auch an deren Auftreten gewöhnt.[88] In China und Japan Sturmfluten, in Tunesien und andernorts brennen die Wälder – das nehmen wir zur Kenntnis. Rhodos brennt, deutsche Touristen werden in Turnhallen untergebracht – das ist schon näher an uns dran, schlimm. Starkregen, Sturm, Hagel und Erdrutsche in Norditalien? – Blöd, gerade in der Urlaubszeit! Temperaturrekord, das wärmste Jahr seit Beginn der Wetteraufzeichnungen? Erwärmung der Meere so hoch wie nie? Auf die nächste und übernächste Katastrophenmeldung reagieren wir immer weniger. Erschreckend schnell gewöhnen wir uns an schlechte Nachrichten und stumpfen ab, solange es uns nicht direkt betrifft.

Endlich Frühlingsonne, wir freuen uns auf das erste Eis im neuen Jahr. Und dann der Schock: Schon wieder 20 Cent teurer! Die Preissteigerung in der Eisdiele fällt uns besonders auf. Weil der Preis für eine Kugel Eis nicht übers ganze Jahr verteilt jeden Monat ein paar Cent ansteigt, sondern von Saison zu Saison, dann aber gleich deutlich. Zu Beginn der Saison sind wir noch erbost, am Ende daran gewöhnt. Wie sehr wir uns selbst verändern – unser Körper, unser Denken und Handeln –, fällt uns weit weniger auf. Weil wir jede Sekunde dabei sind und die ständigen mikroskopisch kleinen Veränderungen übersehen, glauben wir irrtümlich, wir blieben gleich.

Die meisten Dinge, die uns zustoßen, werfen uns nur kurzfristig aus der Bahn, im Guten wie im Schlechten. Unsere Freude über die Gehaltserhöhung währt nur kurz, denn auch die eigenen Ansprüche und Ausgaben steigen. Die Folge: Nach kurzer Zeit pendeln wir uns auf dem gleichen Zufriedenheitslevel ein wie vor der Gehaltserhöhung.[89]

Nicht mal ein Lottogewinn vermag dauerhaft glücklich zu machen. Eine Studie zeigt, dass die Glückspilze schon ein Jahr nach ihrem Gewinn wieder zurück auf ihrem ursprünglichen Glücksniveau angekommen waren.[90] Indem wir soziale Kontakte pflegen oder für das Positive in unserem Leben dankbar sind, nehmen wir wesentlich größeren Einfluss auf unsere Zufriedenheit. Mehr dazu in Kapitel 6.

Lohnt es sich da überhaupt, nach der Erfüllung großer und womöglich unerreichbarer Wünsche zu streben und uns dadurch die Gegenwart zu vermiesen? Wenn grundlegende Bedürfnisse erfüllt sind, macht uns die Strategie „Passt schon!“ glücklicher als das Streben nach immer mehr.[91]

Genauso könnten wir die Furcht vor schlimmen Ereignissen im Leben lockerer nehmen. Auch die meisten „normalen“ Schicksalsschläge werfen uns nur zeitlich begrenzt aus der Bahn, bis wir uns auch mit ernsten Krankheiten und persönlichen Verlusten arrangiert haben. Die meisten Veränderungen, positiv oder negativ, haben auf unsere Lebenszufriedenheit viel weniger Einfluss, als wir gemeinhin glauben, zeigt der Blick auf die Statistik.[92]

Kein Grund also, Veränderungen im Leben oder technische Innovationen zu fürchten, denn wir sind als Spezies ganz schön anpassungsfähig. Für das Überleben ist das ein Riesenvorteil, wie Darwin uns gezeigt hat: „Es ist nicht die stärkste Spezies, die überlebt, auch nicht die intelligenteste, sondern diejenige, die am besten auf Veränderungen reagiert.“[93] Zugegeben, es kommt auf den Vergleich an. Mit der Wandelbarkeit der Bakterien, die – im Gegensatz zu den Dinosauriern – den großen Meteoriteneinschlag überlebt haben, können wir nicht mithalten. Dafür können wir unsere Kreativität nutzen, um uns durch neue Lösungen noch besser an veränderte Lebensbedingungen anzupassen. Ein erster Schritt ist, unsere Skepsis dem Neuen gegenüber zu überwinden und neugierig zu bleiben.

Unsere schnelle Gewöhnung hat allerdings einen großen Haken: Zu schnell haken wir Ereignisse als normal ab und kehren zurück zum Tagesgeschäft, obwohl sie eigentlich deutlich Handlungsbedarf signalisieren. Knieschmerzen als Nachricht unseres Körpers, dass wir abnehmen sollten. Sinkende Umsätze als Warnsignal für unzufriedene Kunden und veraltete Produkte. Sich häufende Extremwetter wie Stürme, Waldbrände und Erdrutsche als Wink mit dem Zaunpfahl, weniger CO_2 in die Atmosphäre zu pusten.

Unsere Fähigkeit zur Gewöhnung ist (neben dem träge machenden Erfolg und der menschlichen Tendenz zur „Passt schon"-Haltung) also ein weiterer Grund, warum wir lieber am Status quo festhalten, als notwendige Veränderungen anzugehen.

Ist Anpassungsfähigkeit als Fluch oder Segen? Beides! Und so nehmen wir am besten mit Gelassenheit die Dinge hin, die nicht zu ändern sind, und haben den Mut, die Dinge zu ändern, die wir sehr wohl ändern können. [94] Die Weisheit, das eine vom anderen zu unterscheiden, ist zum Glück kein Privileg weniger Erleuchteter. In den folgenden Kapiteln findest du zahlreiche bewährte Strategien und praktische Hinweise, um deinen Alltag, deine persönliche Entwicklung und gesellschaftliche Probleme aktiv anzupacken, aber auch, um gelassen abzuwarten und Einsichten reifen zu lassen, anstatt in blinden Aktionismus zu verfallen.

ZUM NACHDENKEN UND AUSPROBIEREN

Suche Bilder aus deinem Leben heraus, die du schon lange nicht mehr angesehen hast. Was fällt dir auf?

Was war zunächst etwas Ungewohntes in deinem Leben, was im Laufe der Zeit ganz selbstverständlich für dich geworden ist?

Hast du selbst schon mal die Erfahrung gemacht, dass ein unangenehmes Ereignis in deinem Leben nach einiger Zeit an Schrecken verloren hat?

3.2.1 Gemeinsam sind wir widerstandsfähiger

„Jeder Einzelne ist ein Tropfen, aber gemeinsam sind wir ein Meer."

Ryunosuke Satoro, japanischer Dichter und Schriftsteller (1892–1927)

Verängstigt kauert der Affe sich in seinem Käfig zusammen, sein Herz rast, er atmet schnell. Keine Sekunde lässt er die Augen von dem bedrohlich knurrenden Hund, der lauernd seinen Käfig umrundet. Bis ein zweiter Affe in den Käfig gesteckt wird. Die beiden kennen sich, denn sie stammen aus derselben Kolonie. Im Gegensatz zum eingeschüchterten ersten Affen bleibt der zweite Affe beim Anblick des knurrenden Kläffers gelassen, da ihm die Leiter des Experiments zuvor ein Beruhigungsmittel verabreicht hatten. In Gesellschaft des gelassenen Gefährten entspannt sich auch der verängstigte Affe sichtlich. Am nächsten Tag setzen die Wissenschaftler zwei Affen zusammen in den Käfig. Verblüfft beobachten sie, wie sich die beiden vom bedrohlichen Knurren des Hundes gänzlich unbeeindruckt lausen – und das ganz ohne

Beruhigungsmittel! Einige Jahre später finden andere Forschende die Erklärung: Durch die Anwesenheit des Kumpels wird ein Bindungshormon ausgeschüttet, das das Angstsystem im Gehirn beruhigt. Wenn wir verunsichert oder ängstlich sind, wirkt Zugehörigkeit also wie ein Beruhigungsmittel.[95]

Auch bei uns Menschen funktioniert dieser soziale Stresspuffer.[96] Stell dir vor, du musst spontan einen Vortrag vor Fremden halten. Stress pur! Weit weniger Stresshormone schütten wir aus, wenn unsere Freunde dabei sind. Gemeinsam sind wir nicht nur weniger allein, sondern auch weniger gestresst.[97]

Doch warum ist das so? Sozial isoliert hatten unsere Vorfahren keine Chance, sich mit Nahrung zu versorgen und sich vor Gefahren zu schützen. Die Zugehörigkeit zu einer Gemeinschaft war überlebensnotwendig. Unser Gehirn verbucht soziale Unterstützung daher noch heute als Belohnung. Und die wirkt sich auch langfristig positiv aus: Wer gut in die Gemeinschaft integriert ist, lebt gesünder, länger und erfüllter.[98]

Obwohl es uns objektiv gesehen wesentlich besser geht als früher, erleben die Menschen ihr Dasein heute als belastender: Das gefühlte Stresserleben hat seit Beginn des 19. Jahrhunderts zugenommen.[99] Wie lässt sich dieser scheinbare Widerspruch erklären? Der Schweizer Experte für Psychiatrie und Psychotherapie Gregor Hasler vermutet, dass es nicht an den Belastungen selbst liegt, sondern daran, dass unsere Fähigkeit, damit umzugehen, heute schlechter ausgeprägt ist.

Der wesentliche Unterschied liegt darin, dass die Menschen früher stärker in die Gemeinschaft eingebunden waren, mehr sozialen Rückhalt hatten und so Belastungen besser abpuffern konnten. Das gilt auch für Stress durch neumodische Erfindungen: Solange einer in der Familie sich mit der Bedienung von innovativen Geräten wie Telefonen auskannte, waren die anderen von der Verantwortung entbunden.

Heute haben viele Menschen weniger vertrauenswürdige Personen, mit denen sie ihre Sorgen teilen und auf deren Hilfe sie hoffen dürfen. Sie verlieren an sozialer Unterstützung, weil sie häufiger umziehen und häufiger in anonymeren Städten leben, erklärt Hasler.[100] Zwar gestalten wir unser Leben heute selbstbestimmter, wählen aus einer großen Bandbreite an Möglichkeiten und streben danach, uns selbst zu verwirklichen. Doch für die Vorteile der individualistisch geprägten Gegenwart zahlen wir einen Preis: Wir mögen allzeit mit der ganzen Welt vernetzt sein, trotzdem fühlen wir uns dabei weniger mit anderen verbunden.

Gerade in schwierigen Zeiten brauchen wir Menschen, die uns Halt geben. Das Gefühl, mit dem Unbekannten allein klarkommen zu müssen, vergrößert den Stress, die Angst vor Veränderung und lässt uns weniger optimistisch in die Zukunft blicken. Statt Belastungen aus dem Weg zu gehen, rät Gregor Hasler, unsere psychische Widerstandskraft zu stärken, und zwar durch Gemeinschaft, Sinnerleben und Fokus auf das Positive.[101]

Nicht nur für unser Wohlbefinden ist das gut, sondern auch für Innovation und Fortschritt. Gemeinsam mit anderen macht uns Ungewissheit weniger aus, wir handeln risikofreudiger und mutiger.[102] Wenn wir gemeinsam ein neues Produkt erfinden oder ein eigenes Unternehmen gründen, lassen wir uns von Unwägbarkeiten und Risiken weniger abschrecken.

ZUM NACHDENKEN UND AUSPROBIEREN

Erinnere dich an Situationen, in denen du eine bedrohliche Nachricht erhalten oder eine unangenehme Lage erfahren hast – allein oder in Gesellschaft anderer. Wie ging es dir jeweils dabei?

Für welches Amt, Projekt oder Hobby bist du allein und für welches mit einer anderen Person gemeinsam verantwortlich? Welche Unterschiede nimmst du wahr?

Wer ist dein „Affenkumpel", der dir hilft, Stress besser abzufedern? Vielleicht hast du je nach Thema auch unterschiedliche? Wie hilft dir der Kontakt zu diesen unterschiedlichen Personen?

3.2.2 *Offenheit für Veränderung lohnt sich*

„Die Zukunft hat viele Namen: Für die Schwachen ist sie das Unerreichbare, für die Furchtsamen ist sie das Unbekannte, für die Tapferen ist sie die Chance."

Victor Hugo, französischer Schriftsteller und Politiker (1802–1885)

Stell dir vor, das Wetter wäre jeden Tag gleich; über Jahre hinweg immer blauer Himmel bei 25 Grad und Sonnenschein. Wäre das nicht langweilig? Wissen wir den Sonnenschein nicht erst dadurch richtig zu schätzen, dass es auch mal grau, regnerisch oder sogar eisig und stürmisch ist? Und auch das geht vorüber, zum Glück! Auch das Leben erachten wir als wertvoll, weil es nur von begrenzter Dauer ist, wie ein schöner Urlaub, der irgendwann zu Ende geht. Würden wir es genauso schätzen, wenn wir unendlich viele Jahre zur Verfügung hätten?

Alles verändert sich ständig, vieles sogar unerwartet zum Positiven! Ob wissenschaftliche, technische, künstlerische oder soziale Neuerungen – sie lösen Probleme und schaffen mehr Möglichkeiten, machen unser Leben angenehmer und abwechslungsreicher. Zumindest wenn wir bereit sind, diese Entwicklungen mit Neugier zu betrachten, die Chancen darin zu erkennen und neue Lösungen auszuprobieren. Wir müssen nicht jeden oberflächlichen Hype mitmachen. Wir können auswählen, welche sinnvollen Neuerungen wir in unser Leben integrieren möchten.

Was Populisten eint, ist, dass sie sich die Angst der Menschen vor der Zukunft zunutze machen. Blicken Menschen nicht ängstlich, sondern zuversichtlich nach vorne, dann sind sie auch weit weniger anfällig für die einfachen Schwarz-weiß-Versprechen populistischer Parteien.

Bringen wir sogar selbst Veränderungen voran, dann tun wir etwas und erleben uns als wirksam. Es fühlt sich nicht nur besser an, selbst aktiv zu gestalten, als über die Umstände zu jammern, abzuwarten und gestaltet zu werden. Wir sind auch optimistischer und machen eher das Beste aus der jeweiligen Situation. Noch dazu macht schöpferisches Tun Freude, wir sind im Flow, voller Energie, frei von Gedanken, ganz bei uns und im Moment. Unabhängig davon, ob das Ergebnis unseres kreativen Tuns eine neuartige oder brauchbare Lösung ist oder in den Papierkorb wandert. Wahrscheinlich wird eine kreative künstliche Intelligenz in absehbarer Zeit besser zeichnen, komponieren und erfinden können als wir – und wenn schon! Potenzialentfaltung ist ein menschliches Grundbedürfnis. Unsere Welt zu entdecken und zu gestalten liegt tief in unserer menschlichen Natur. Kreativität gibt uns außerdem Hoffnung, dass das Leben und die Welt besser werden können, als sie es heute sind.

Schließlich ist Wandel überall und ständig, unbeeindruckt davon, ob wir ihn mögen oder ablehnen. Ist es da nicht besser, uns auf Veränderung einzustellen und auch das Gute an ihr zu erkennen sowie ihre Chancen zu nutzen, anstatt am Unvermeidbaren zu leiden?

ZUM NACHDENKEN UND AUSPROBIEREN

Beobachte, wie die Pflanzen in deinem Garten oder im Park sich verändern, von Jahreszeit zu Jahreszeit, von Tag zu Tag.

Welche Veränderungen – in deinem Leben oder in der Weltgeschichte – haben sich rückblickend als Glücksfall herausgestellt? Was haben Menschen dazu beigetragen, dass es so eintreten konnte?

Hast du schon einmal erlebt, dass eine beängstigende Situation an Macht über dich verloren hat, als du proaktiv begonnen hast, etwas zu tun?

4. Wie du deinen Alltag kreativ veränderst

4.1 Kreativität braucht Regeln

„Große Ideen sind kleine Ideen, die nicht rechtzeitig gekillt worden sind."

Seth Godin, US-amerikanischer Autor und Unternehmer (*1960)

„Überraschungsgäste" waren in der Einladung zur Faschingsfeier des Würzburger *Robert Krick-Wohnstifts* zwar angekündigt, doch mit diesem fulminanten Auftritt hatte wirklich niemand gerechnet – das war etwas völlig Neues!

Einige Wochen zuvor war die Heimleitung auf die Idee gekommen, die Senioren des betreuten Wohnens mit einer Playback-Showeinlage des Personals zu überraschen. Sie selbst würde mit selbst gehäkelter weißer Mütze als DJ Ötzi auftreten, eine Mitarbeiterin mit griechischen Wurzeln könnte als Nana Mouskouri „Weiße Rosen aus Athen" zum Besten geben.

Während einige Mitarbeiterinnen zunächst skeptisch dreinblicken, sind andere sofort Feuer und Flamme. Nicht nur das, sie spinnen den Vorschlag auch enthusiastisch weiter und machen ihn durch zahlreiche eigene Ideen immer besser: „Ja, super, und dann noch die Wildecker Herzbuben, die roten Westen habe ich schon!", schlägt die eine Kollegin vor. „Genau, und mit Kissen ausgestopft stimmt auch die Figur!", ergänzt die andere begeistert. Immer länger wird die Liste der „Stars", immer ausgefeilter die Choreografie. Im Geheimen wird geprobt, völlig freiwillig und mit großem Spaß.

Genau diese Begeisterung ist es, die sich beim großen Auftritt von den Mitarbeiterinnen auf die Bewohner des Wohnstifts überträgt. Die überraschende Show haut die Senioren schier vom Hocker. „Grandios, unglaublich tolle Ideen!", das positive Feedback ist überwältigend. Wer dabei war, ist noch Tage danach getragen von der positiven Stimmung.

Es ist alles andere als selbstverständlich, dass ungewöhnliche Ideen offen aufgenommen und weiterentwickelt werden, das weißt du bestimmt aus eigener Erfahrung. Argumente gegen das Neue gibt es viele: „Das haben wir schon immer so gemacht!" „Es gibt keinen Grund, etwas zu verändern, es läuft doch gut." „Das haben wir schon versucht, und es hat nicht funktioniert." „Viel zu teuer, dafür haben wir kein Budget." Würde man diese Phrasen auf ein Ideenkiller-Bingo schreiben, könnte man in

Besprechungen und privaten Gesprächen andauernd „Bingo“ rufen. Gerade hierzulande gehört Meckern fast schon zum guten Ton, nach dem Motto „Nicht geschimpft ist genug gelobt“.

„Ja, aber …“ entspringt unserer Vorliebe für das Negative. Du erinnerst dich, Risiken zu erkennen hat unseren Vorfahren beim Überleben geholfen. Heute ist es umgekehrt, als Unternehmen und Gesellschaft brauchen wir unbedingt innovative Lösungen, um uns zum Besseren zu entwickeln.

Bei noch jungen Ideen ist das Potenzial oft noch nicht klar erkennbar, während sich unzählige Gegenargumente finden lassen. Leider sind Ideen empfindlich wie ein winziger Funke. Wird der noch junge unausgereifte Gedanke mit dem Gegenwind der Kritik konfrontiert, erlischt er sofort. Damit Ideen sich zunächst einmal in einem geschützten Raum entwickeln können, ist in der frühen Phase der Ideengenerierung **Kritik streng verboten**.

Auch Ideengeber reagieren mitunter empfindlich auf Kritik. Wenn wir „verrückte“ Ideen vorschlagen, machen wir uns verletzbar. Dazu brauchen wir das Vertrauen, dass wir eine unausgereifte Idee äußern dürfen und diese von unseren Kolleginnen, Führungskräften oder Freunden grundsätzlich erst einmal wohlwollend aufgenommen wird.

Auch wir selbst schränken uns unnötig ein, indem wir uns im Kopf selbst zensieren. „Nein, das geht gar nicht, viel zu abgefahren …“ Wer weiß, vielleicht geht es etwas abgewandelt ja doch? Unkonventionelle, ja wilde Ideen sind oft die wertvollsten. Auf die langweiligen, offensichtlichen sind andere sicher auch schon gekommen. Erwischen wir also uns oder andere dabei, wilde Ideen zu harsch zu bewerten, tun wir gut daran, mit offener Haltung zum Ideensammeln zurückzukehren.

„Der beste Weg, eine gute Idee zu haben, ist, viele Ideen zu haben und die schlechten wegzuwerfen“, wusste schon der US-Chemiker und Nobelpreisträger Linus Pauling.[103] **Quantität vor Qualität** lautet daher eine weitere Regel bei der Entwicklung kreativer Ideen. Sammeln wir also munter drauflos, die Qualität der Ideen braucht uns zunächst nicht zu kümmern.

Allein kommen wir zwar in einem Brainstorming durchschnittlich auf mehr und originellere Ideen, weil wir uns nicht von anderen beeinflussen lassen.[104] Ohne hilfreiches Feedback von außen laufen wir allerdings Gefahr, früher oder später im kreativen Prozess stecken zu bleiben. Erst durch den **Austausch mit anderen** werden aus guten auch exzellente Ideen, wie beim Faschingsauftritt im Wohnstift.

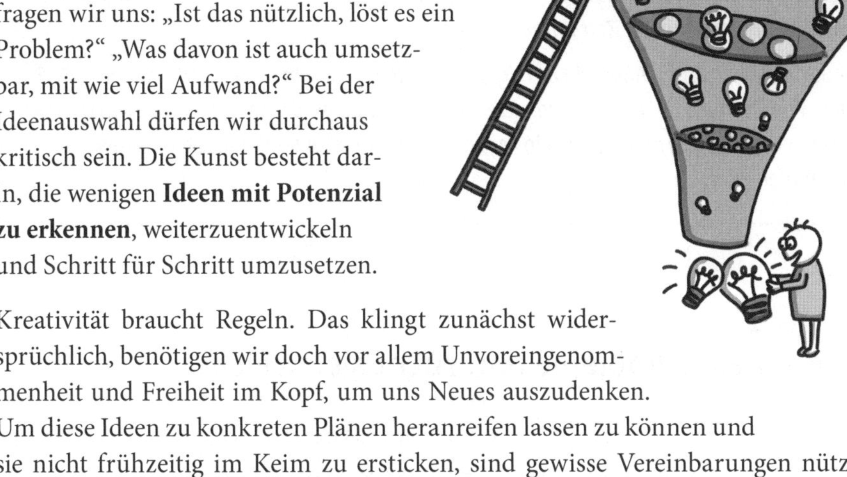

Natürlich sind nicht alle Ideen auch gute Ideen, die es verdienen, umgesetzt zu werden. Deshalb wird der kreative Prozess oft wie ein Trichter dargestellt. Wie beim Goldschürfen wird das Ideenmaterial von grob nach fein immer weiter ausgesiebt, bis nur noch die wertvollen Nuggets übrig bleiben. Dazu fragen wir uns: „Ist das nützlich, löst es ein Problem?" „Was davon ist auch umsetzbar, mit wie viel Aufwand?" Bei der Ideenauswahl dürfen wir durchaus kritisch sein. Die Kunst besteht darin, die wenigen **Ideen mit Potenzial zu erkennen**, weiterzuentwickeln und Schritt für Schritt umzusetzen.

Kreativität braucht Regeln. Das klingt zunächst widersprüchlich, benötigen wir doch vor allem Unvoreingenommenheit und Freiheit im Kopf, um uns Neues auszudenken. Um diese Ideen zu konkreten Plänen heranreifen lassen zu können und sie nicht frühzeitig im Keim zu ersticken, sind gewisse Vereinbarungen nützlich: Keine Kritik in der frühen Phase, wilde Ideen zulassen, Masse vor Klasse, auf die Ideen anderer aufbauen und erst später die besten Ideen auswählen. Wenn Neues nicht verhindert wird, ist schon viel gewonnen.

Diese „Regeln" brauchen nicht eingerahmt an der Wand zu hängen. Entscheidend ist, was im Alltag gelebt wird. Wie im Robert Krick-Wohnstift: Der fulminante Faschingsauftritt ist gerade erst über die Bühne gebracht, da gibt es schon neue Motto-Ideen und Freiwillige für die Showeinlagen der nächsten Jahre. Selbst der zunächst noch skeptische Hausmeister ist überzeugt: „Nächstes Mal bin ich auch dabei, als Helene Fischer!" Begeisterung für das Neue ist eben ansteckend.

Für dich zum Einstieg: Zu Beginn eines Kreativprozesses brauchst du erst einmal ein lösenswertes Problem. Statt Aktionismus bringt oft Abwarten (und Tee trinken) die erhoffte Erleuchtung. Verschiedene Impulse hierzu findest du in den folgenden Abschnitten. Danach lernst du eine Reihe von Techniken kennen, mit denen du deiner natürlichen Kreativität aktiv auf die Sprünge helfen kannst.

ZUM NACHDENKEN UND AUSPROBIEREN

Um auf neue und nützliche Ideen zu kommen, mache dich frei von Einschränkungen. Achte auf die eigene Sprache und vermeide negative Urteile. Statt „Warum sollten wir das machen?", frage: „Warum nicht?" Statt „aber" sage „und ..."!

Bei Besprechungen hilft ein „Killerphrasen-Schwein": Wer bei einem „Ja, aber ..." erwischt wird, wirft einen festgelegten Betrag in die Kasse. So werden die Beteiligten sensibilisiert und Killerphrasen mit der Zeit immer seltener.

Mit welcher Haltung schaust du auf das, was andere gemacht haben: „Wo ist der Fehler?" oder „Wie kann ich dazu beitragen, dass es noch besser wird?"? Mache dir bewusst, dass es einen Unterschied macht, ob dein Feedback als unterstützend oder entmutigend wahrgenommen wird.

4.2 Wer keine Probleme hat, sucht sich welche

„Probleme sind Gelegenheiten zu zeigen, was man kann."

Edward Kennedy Duke Ellington, US-amerikanischer Jazzmusiker (1899–1974)

Das ist gründlich schiefgelaufen, muss der Chemiker Spencer Silver sich eingestehen. Im Labor der berühmten Innovationsschmiede *3M*, einem Technologiekonzern mit Sitz im US-Bundesstaat Minnesota, hatte er einen ultrastarken Klebstoff entwickeln wollen. Das Ergebnis seiner Experimente haftet sicher auf Oberflächen, so weit, so gut. Ungünstigerweise lässt sich der Kleber aber auch leicht und ohne Rückstände wieder lösen – das genaue Gegenteil von dem, was er beabsichtigt hatte!

Statt den Fehlschlag einfach im Mülleimer zu entsorgen, fragt sich Silver in den folgenden Jahren immer wieder, welches Problem mit seiner Entdeckung gelöst werden könnte. Wegen seiner Sturheit verpassen ihm seine Kollegen sogar den Spitznamen „Mr. Persistant", zu Deutsch „Herr Ausdauernd".

Die Erleuchtung kommt schließlich Silvers Kollege Arthur Fry, und das auch noch im Gottesdienst! Wie so oft findet er beim gemeinsamen Singen die zuvor markierten Lieder nicht wieder, weil ihm seine Lesezeichen aus dem Gesangbuch gefallen waren. Würde das Papier dank der Entdeckung des Kollegen Silver am Gesangbuch haften, wäre das nervige Problem gelöst!

Ein weiterer Vorteil der Erfindung wird den beiden erst später bewusst. Als Silver und Fry sich gegenseitig Nachrichten auf den klebenden Zetteln hinterlassen, wird das zur Geburtsstunde der Haftnotiz als neuartiges Kommunikationsmittel.[105] Welchen Triumphzug die bunten Zettel durch die Verbreitung von Kreativitätsmethoden noch nehmen würden, hätten sich die beiden Innovatoren damals nicht träumen lassen.

Probleme haben kein gutes Image. Gemeinhin gelten sie als unangenehm und wenig wünschenswert. Manchmal werden wir sogar angehalten, die Worte „Problem“ oder „Schwierigkeiten“ zu meiden und stattdessen von „Herausforderungen“ zu sprechen. Fraglich, ob das die Sache besser macht und den Blick mehr auf die Lösbarkeit des Negativen lenkt oder nur den Druck zu handeln mindert.

Auf den ersten Blick wären die meisten von uns lieber frei von Problemen. Dabei übersehen wir, dass wir nur eine Seite der Medaille betrachten. Bestimmt hast du schon gehört, dass das chinesische Wort für „Krise“ aus zwei Schriftzeichen besteht, eines bedeutet „Gefahr“, das andere „Chance“. In diesem Sinn soll Winston Churchill einmal gesagt haben, man solle niemals eine gute Krise verschwenden. Das sind mitnichten hohle Phrasen. Probleme sind die wichtige Grundzutat für neue und bessere Lösungen, ob in Politik und Gesellschaft, im Unternehmen oder dem eigenen Leben!

„Necessity is the mother of invention“, weiß der Volksmund, „Not macht erfinderisch“. Das Leiden unter einem Problem oder ein möglicher Nutzen, den wir uns von seiner Lösung versprechen, ist ein starker Antreiber für Veränderung. Um zu vermeiden, dass unser Fahrrad verrostet oder gestohlen wird, entwerfen und bauen wir einen Unterstand. Nicht immer können wir Lösungen schon gebrauchsfertig im Baumarkt kaufen. Weil sie es leid war, mit der Hand abzuspülen, erfand Josephine Cochrane den Geschirrspüler. Weil die damals üblichen Fahrräder auf felsigem Offroad-Untergrund ständig beschädigt wurden, erfanden technisch versierte Biker unverhofft das Mountainbike – und wurden zu sogenannten Nutzer-Innovatoren. Es ist gar nicht so selten, dass das Neue nicht von Unternehmen, sondern von unzufriedenen Anwendern entwickelt wird. Genau deswegen, weil sie am meisten unter einem Problem leiden und sich besonders viel von seiner Lösung erwarten.

Not macht erfinderisch, das haben wir auch während des Corona-Lockdowns gesehen. Wären ihnen nicht von einem Tag auf den anderen die Umsätze weggebrochen, hätten viele kleine Betriebe wohl kaum in kürzester Zeit angepasste und völlig neue Geschäftsideen in die Realität umgesetzt. Wie die Gärtnerei in Wien, die Sträuße von arbeitslos gewordenen Profisängern überbringen ließ, Ständchen für die Empfängerinnen inklusive.

Nicht immer ist die neue Lösung für alle besser: Das Tanzverbot am stillen Osterfeiertag Karfreitag ließ gelangweilte Autofans kreativ werden: Den *Karfreitag* deuteten sie kurzerhand um zum *Car Friday* – statt in Clubs unterhalten sie sich nun mit (fragwürdigen) Autorennen.

Innovative Technologien bergen großartige Chancen. Doch nützlich werden sie erst, wenn sie auch echte Probleme lösen. Hätten die beiden Entwickler Silver und Fry für den neuartigen Kleber nicht so ausdauernd nach einem passenden Anwendungsproblem gesucht, wären die bunten Haftnotizen nie zur Innovation geworden.

Ein Problem ist also bei Weitem nicht nur negativ: Indem wir Unzulänglichkeiten erkennen, von allen Seiten beleuchten und in der Tiefe verstehen, schaffen wir die unerlässliche Grundzutat für erfolgreiche neue Lösungen! Werden wir also aufmerksamer für die Probleme, die uns im Alltag begegnen: „Wow, ein Problem … – Was kann ich damit anstellen?" Zugegeben, das mag uns erst einmal schwerfallen, aber mit etwas Übung wird es leichter. Ohne Zitronen keine Limonade. Ohne Problem keine Innovation.

ZUM NACHDENKEN UND AUSPROBIEREN

Erkenne Probleme als Grundlage für neue und bessere Lösungen: Wenn beispielsweise etwas kaputtgeht, frage dich, wie du es kreativ reparieren könntest, statt es einfach auszutauschen.

Haben außer mir noch mehr Menschen dieses Problem oder Bedarf an dieser Lösung? Das könnte die Basis für eine gute Geschäftsidee werden! Trainiere deinen Blick, um im Alltag Chancen für neue Produkte oder Dienstleistungen zu erkennen.

4.3 Die besten Ideen kommen beim Duschen

„Die Chance klopft öfter an, als man meint, aber meistens ist niemand zu Hause.“

Will Rogers, US-Amerikanischer Cowboy, Komiker und Schauspieler (1879–1935)

So konzentriert der brillante Erfinder und Universalgenie der Antike Archimedes auch über das Problem nachdenkt, er kommt einfach nicht auf die Lösung. Der König hatte ihn beauftragt zu überprüfen, ob seine Krone wirklich aus reinem Gold bestünde. Archimedes zuckt die Achseln, beschließt, eine Pause einzulegen, und steigt in die heiße Badewanne, deren Wasser an den Rändern überläuft. Beim Entspannen in der Wanne kommt ihm unverhofft der Geistesblitz. „Heureka!“, ruft er, „ich habe es gefunden!“ Splitterfasernackt und euphorisch rennt er durch die Stadt. Durch die Menge des verdrängten Wassers lässt sich die Dichte des Gegenstands erschließen. Der betrügerische Goldschmied ist entlarvt und das Archimedische Prinzip entdeckt. Ob der geniale Naturwissenschaftler wohl auch darauf gekommen wäre, hätte er bis tief in die Nacht in seinem Labor am Problem gegrübelt, statt beim Baden zu entspannen?

Nicht produktiv genutzte Zeit gilt heute vielen als verschwendet. Auch in der Freizeit sind wir im Stress, man könnte ja etwas „Like-Fähiges“ verpassen oder sterben, bevor man alle „Places before you die“ abgehakt hat. Nicht zuletzt durch unsere Smartphones sind wir permanent abgelenkt. Langeweile, Zeit des Leerlaufs, in der wir Tagträumen oder Kinder sich kreative Spiele ausdenken, all das ist selten geworden. Auf dem Weg zur Arbeit, beim Warten auf den Zug, in den Wartezimmern von Ärzten etc. sind die gesenkten Blicke fast ausnahmslos auf das Smartphone gerichtet. Erst recht gilt das bei der Arbeit: In Ruhe über ein Problem nachzudenken ist schon schwierig, viel mehr noch, träumend aus dem Fenster zu schauen. Besser von einem Termin zum anderen hetzen und beschäftigt sein (oder zumindest so tun), sonst denken die Vorgesetzten noch, man sei unproduktiv oder nicht ausgelastet.

Dabei sind solche Momente des gedanklichen Leerlaufs wertvoll. Die Gedanken schweifen zu lassen kann den Einfallsreichtum fördern. Nicht umsonst kommen den meisten Menschen ihre besten Ideen nicht bei der Arbeit, wo sie oft sehr fokussiert oder im Stress sind. Erst in der Freizeit kommt der kreative Einfall, in der Natur, beim Sport oder in Gesellschaft von Freunden und Familie – oder tatsächlich beim Duschen.

Wie das funktioniert? Auch wenn wir uns nicht bewusst mit dem Problem beschäftigen, arbeitet unser Gehirn weiter an Themen, die uns bewegen. Im geschützten Raum des Unbewussten vermischen sich Gedanken und Erfahrungen, es entstehen andere Sichtweisen und Verknüpfungen und entwickeln sich zu Ideen, bis am Ende des Rei-

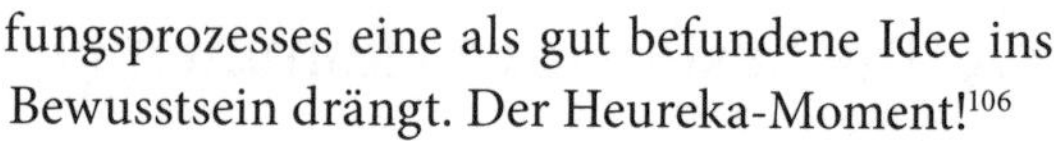

fungsprozesses eine als gut befundene Idee ins Bewusstsein drängt. Der Heureka-Moment![106]

Vielleicht kennst du die Erfahrung, dass dir in der Übergangsphase zwischen Wachsein und Tiefschlaf plötzlich eine wertvolle Einsicht kommt, die du unbedingt festhalten willst, damit du sie auf keinen Fall vergisst. Der berühmte Neurologe Oliver Sacks berichtet von zahlreichen Geschichten über plötzliche wissenschaftliche Erkenntnisse, die ihren Entdeckern im Traum gekommen waren.[107]

Tagträumen kann grundsätzlich jeder, und wir können diese Fähigkeit bewusst üben. Was brauchen wir dazu? Zunächst einmal ein Problem oder eine Aufgabe, z. B. die wichtige Präsentation in zwei Wochen oder das Geburtstagsgeschenk für die Schwiegermutter nächsten Monat. Indem wir uns mit einem Problem gedanklich auseinandersetzen, bekommt das Unterbewusstsein Futter, mit dem es arbeiten kann. Rechtzeitig anfangen ist wichtig, denn wenn bis zur Deadline zu wenig Zeit bleibt, verhindert der Druck oft die nötige Muße für diesen Prozess. Wenn du das Gefühl hast, nicht mehr weiterzukommen, lasse die Sache ruhen, nehme Abstand und mache etwas anderes, gehe spazieren oder joggen, schau aus dem Fenster oder döse vor dich hin. Aber Achtung: Ablenkung durch Fernsehen, Instagram oder TikTok stört den Prozess. Dadurch wird das Unterbewusste vom Problem weggelenkt und beschäftigt sich statt mit der Vorstandspräsentation lieber mit Katzenvideos.

Manchmal ist Abwarten und Tee trinken besser als blinder Aktionismus, um mit den Herausforderungen des Lebens umzugehen. Sei geduldig, ohne etwas erzwingen zu wollen. Mal klappt es, mal nicht, mal früher, mal später, mal ist die Einsicht ein Durchbruch, mal ein kleiner Impuls, der noch etwas braucht, sich zu entwickeln. Sich regelmäßig Pausen zu gönnen und ein entspannendes Bad zu nehmen lohnt sich – mit Geistesblitz oder ohne.

Übrigens: Einsichten reifen zu lassen ist nicht zu verwechseln mit Däumchen drehend darauf zu warten, dass sich Probleme von allein lösen. Hätte Archimedes nur in der Wanne entspannt, ohne zunächst intensiv über das Problem nachzudenken, wäre ihm seine bahnbrechende Erkenntnis sicher nicht gekommen.

Weitere Impulse zum einsichtsfördernden „Abwarten“ lernst du in den folgenden Abschnitten kennen.

ZUM NACHDENKEN UND AUSPROBIEREN

Welche Tätigkeiten helfen dir, einen freien Kopf zu bekommen? Spazieren gehen, Fahrrad fahren, Musik hören, Tiere beobachten, Rasen mähen, mit Freunden unterhalten …?

Wo kommen dir die besten Ideen und Einsichten? In der Wanne wie Archimedes, beim Duschen wie dem Erfinder des Spreizdübels Artur Fischer, auf dem Berg wie einem Eremiten, im Zug oder an einem Ententeich wie Walt Disney …?

Sei immer auf spontane Einfälle vorbereitet, indem du einen Schreibblock neben deinem Bett platzierst oder unterwegs die Notiz-App auf dem Handy nutzt, um deine Ideen festzuhalten.

4.3.1 Den Fokus richtig einstellen

„Die Dinge verstehen wollen heißt, sie aus der Nähe betrachten und aus der Ferne beurteilen."

Georg von Oertzen, deutscher Diplomat und Schriftsteller (1829–1910)

Wie eine Nadel ragt die Felssäule über den Wald hinaus in die Höhe. Auf der Spitze des 40 Meter hohen Monolithen thront eine Kapelle, mit überwältigender Fernsicht auf die grün-grauen Landschaften der zentral-georgischen Ebene. Kaum vorstellbar, doch in einer kleinen Hütte neben der Kapelle wohnt der orthodoxe Mönch Maxime Qavtaradze. Bereits seit 30 Jahren lebt er dem Himmel so nah wie auf Erden möglich. Viel Besuch hat er nicht, die schwindelerregende Felsspitze ist nur in 20-minütiger Kletterei über eine schmale Leiter erreichbar. Versorgt wird der Mönch von Dorfbewohnern, die ihn über einen Flaschenzug mit Lebensmitteln versorgen.

Ein (Säulen-)Heiliger war Mönch Qavtaradze nicht immer. Erst als er sich wegen Alkohol und Drogen im Gefängnis wiederfand, beschloss er, sein Leben grundlegend zu ändern. Heute hilft er anderen Männern in Schwierigkeiten, die ratsuchend das Kloster am Fuße des Felsens aufsuchen.[108]

Hast du dich schon einmal gefragt, warum weise Eremiten und Mönche im Retreat oft zurückgezogen auf den Gipfeln hoher Berge leben? Vermutlich, weil man dort wenig Ablenkungen hat und in Ruhe nachdenken kann. Vielleicht auch, weil man von oben auf die Dinge schauen kann, weit weg von den Verstrickungen des hektischen Alltags, und dieser freie Blick zu besseren Einsichten verhilft. Und das ist ja das Alleinstellungsmerkmal von weisen Eremiten wie Qavtaradze.

Wir selbst machen das oft ganz anders. Wir drehen und wenden die Dinge, wägen ab, denken pausenlos an das Problem, grübeln und machen uns selbst Druck. Es muss doch eine Lösung geben! Dabei verstricken wir uns in dem Problem und sehen den Wald vor lauter Bäumen nicht mehr. Was dann hilft, ist, Abstand zu nehmen, geistig und auch räumlich.

Vielleicht hast du selbst schon festgestellt, dass du in stressigen Situationen, wie bei einer Prüfung, nicht gut denken kannst, während du hinterher die Lösung glasklar vor Augen hast. Das ist normal, denn bei Stress geraten wir durch einen Hormoncocktail automatisch in den Zoom-Modus und denken nur noch von Wand bis Tapete. Warum? Stress bedeutete für unsere Vorfahren vor allem existenzielle Not. Da blieben ihnen nur drei Optionen, um die Gefahr abzuwenden: Kampf, Flucht oder Totstellen. In diesem Modus ist die volle Aufmerksamkeit auf die akute Gefahr gerichtet, damit diese möglichst effektiv gebannt und überlebt werden kann. Beim Angriff eines Säbelzahntigers oder bei einer Kneipenschlägerei mag diese Werkseinstellung des Menschen nützlich sein. Bei einer Prüfung sind Kampf, Flucht oder Erstarren leider keine hilfreichen Optionen. Mehr noch, unser evolutionäres Programm hindert uns daran, andere Möglichkeiten zu sehen. Daher ist es empfehlenswert, erst einmal aus der stressigen Situation herauszugehen, Emotionen runterzukochen und unsere inneren Systeme wieder einpendeln zu lassen. Später, mit hoffentlich wieder weiterem Gedankenfokus, loten wir unsere Möglichkeiten aus und treffen eine Entscheidung.

Im Grunde ist es wie bei einer Kamera: Um Dinge in den Fokus zu nehmen und Details festzuhalten, stellen wir den Zoom ein. Um möglichst viel auf das Bild zu bekommen, nutzen wir die Weitwinkelfunktion. Ähnlich funktioniert es bei Kreativität: Wenn wir den Bildschirm fixieren, verengt sich der Aufmerksamkeitsfokus. Es fällt uns dann schwer, verschiedene Gedankenverbindungen herzustellen, das zeigt auch die Forschung. Wandert unser Blick hingegen frei im Raum herum, kommen wir durchschnittlich auf doppelt so viele unterschiedliche Ideen.[109] Wollen wir kreativ sein, lohnt es sich also, öfter mal vom Schreibtisch aufzustehen, im Raum herumzugehen und aus dem Fenster zu blicken. Ist unser Büro ein fensterloser Kabuff, können wir immerhin ein Landschaftsbild aufhängen und unserem Geist so etwas Weite vorgaukeln.

Noch besser ist es, regelmäßig Pausen einzulegen, die Dinge ruhen zu lassen und nach draußen zu gehen. Auf einen Berg oder Hügel in der Umgebung (oder zumindest einem Gebäude mit Aussicht) lassen wir, wie der georgische Eremit, den Blick in die Ferne schweifen und die Gedanken gleich mit.

ZUM NACHDENKEN UND AUSPROBIEREN

Erinnerst du dich an eine Situation, in der du den Wald vor lauter Bäumen nicht mehr sehen konntest, weil du so auf Einzelheiten fokussiert und mit Nebensächlichkeiten beschäftigt warst?

Bist du stark in Grübeleien verstrickt, dann nimm bewusst die „Metaposition" ein. Das heißt, begebe dich gedanklich in eine hoch gelegene Beobachterposition und versuche, neutral auf die Angelegenheit zu schauen, als wärst du gar nicht daran beteiligt.

Dann frage dich: Was würdest du dir selbst da unten raten? Wie würde jemand anderes, beispielsweise ein guter Freund, die Lage beurteilen? Welche Möglichkeiten würde eine unbeteiligte Person noch sehen?

4.3.2 *Die Dinge ruhen lassen*

„Man trinkt Tee, um den Lärm der Welt zu vergessen."

T'ien Yiheng, chinesischer Gelehrter (1491–1570)

Lass uns eintauchen in die japanische Teezeremonie, eine Welt voller rätselhafter, detaillierter Rituale. Durch den Garten gehen wir auf einem gewundenen Pfad, der uns zu einem alten Teehaus aus Holz und Papier führt. Bevor wir den Teeraum betreten, reinigen wir uns. Wir waschen Mund und Hände und reinigen uns symbolisch von unseren negativen Worten und Taten. Durch seine geringe Höhe zwingt uns der Kriecheingang *(Nijiriguchi)*, gebeugt hindurchzugehen und voller Demut und Respekt den Teeraum zu betreten. Spätestens hier lassen wir alles Weltliche hinter uns, mit allen Sinnen genießen wir die Zusammenkunft auf einer anderen geistigen Ebene.

Nun begrüßt der Gastgeber die Gäste und serviert uns zunächst eine mehrgängige Mahlzeit. Dann legt er Holzkohlen auf das Feuer, um das Teewasser zu erhitzen. Während er weiter die eigentliche Teezeremonie vorbereitet, ruhen wir Gäste uns im Garten aus, bis ein Gong den Beginn des Hauptteils ankündigt. Während die Gäste nacheinander den Teeraum betreten, arrangiert der Gastgeber seine Teeutensilien auf eine genau festgelegte Art und Weise, damit seine Bewegungsabläufe bei der anschließenden Zubereitung möglichst harmonisch sind.

Beim japanischen *sadō/chadō* (Teeweg) oder auch *cha-no-yu* (heißes Wasser für Tee) wird oft *Matcha* gereicht, ein zu feinem Pulver gemahlener Grüntee. Da wir die Blätter mittrinken, nehmen wir die volle Ladung Nährstoffe auf. Um die Vorteile des Matcha weiß man in buddhistischen Klöstern schon lange: Denn neben seiner gesundheitsförderlichen Wirkung hilft er den Mönchen, während der langen Meditationszeiten ihre Konzentration zu halten oder schlichtweg wach zu bleiben.

Zuerst wird *Koicha* (ein dickflüssiger und starker Tee) zubereitet, serviert und schweigend genossen. Die Zubereitung des Tees folgt einem genau festgelegten und für Außenstehende äußerst kompliziert erscheinenden Ablauf. Die stark reduzierte Kurzversion dauert immer noch Stunden: Der Gastgeber gibt Teepulver in die gereinigte und vorgewärmte Teeschale, gießt heißes Wasser aus dem Kessel dazu und schlägt die kräftig-grün gefärbte Mischung mit einem Bambusbesen schaumig. Die Schale mit dem Tee wird reihum einem Gast nach dem anderen gereicht (und dazwischen natürlich gereinigt). Beim anschließend kredenzten *Usucha* (einem dünnen Tee) geht es etwas lockerer zu: Wir Gäste genießen ihn bei leichter Unterhaltung rund um den Tee, seine Zubereitung und die Bewunderung der besonderen Utensilien (Alltagsthemen bleiben draußen). Nach der Verabschiedung durch den Gastgeber kehren wir über den Gartenweg zurück in den Alltag.[110]

„Abwarten und Tee trinken" – so lautet in unseren Breitengraden der Rat an Kranke, sie mögen geduldig auf ihre Genesung warten und derweil Kräutertee trinken. Ebenso treffend beschreibt die Volksweisheit die traditionelle Teezeremonie, ursprünglich aus China, verfeinert in Japan. Sie wurzelt in der Philosophie des Zen-Buddhismus und dient der inneren Einkehr. Gastgeber und Gäste kommen im Teehaus zur Ruhe und nehmen etwas davon wieder mit hinaus in den meist hektischen und lauten Alltag. Abstand von weltlichen Ablenkungen kann uns sogar zu wertvollen Einsichten verhelfen und unsere Kreativität anregen.

„Anpacken" oder „Abwarten" und Tee trinken sind im Übrigen kein Widerspruch. Im Teehaus verbringt man in Japan bis zu vier Stunden. Nach diesem Abwarten geht es dann mit geklärtem Geist und frischer Energie wieder ans Anpacken. Wer weiß, vielleicht hat sich in der Zwischenzeit das Problem schon erledigt oder in deinem Unterbewusstsein ist ein kreativer Gedanke entstanden, der zur Lösung beiträgt. Zur Ruhe kommen, innere Einkehr und Meditation sollen schließlich die Kreativität fördern, uns dabei helfen, unseren Geist zu leeren und offener für neue Ideen zu werden. Meditierende können sich außerdem besser fokussieren, Ideen durchdenken und kommen so auf originellere Ideen.[111] Mehr zu Achtsamkeit und Meditation in Kapitel 6.

Hast du gewusst, dass sich im Hamburger Park *Planten un Blomen* der größte japanische Garten Europas befindet? Auch im dortigen Teehaus werden manchmal öffentliche Vorführungen japanischer Teezeremonien angeboten. Um eine Teezeremonie zu erleben, brauchst du also nicht einmal nach Japan zu reisen. Ähnliche Angebote gibt es in vielen anderen Städten, wenn auch zum Hineinschnuppern meist deutlich kürzer als das traditionelle Original. Auch gut, so kannst du früher wieder anpacken!

Mit diesen Möglichkeiten des Abwartens können wir nützliche Gedanken und Einsichten gewinnen und ihnen Raum geben, sich weiter zu entfalten. Statt nur geduldig auf eine Eingebung zu warten, gehen wir in den folgenden Abschnitten über zum aktiven Anpacken – um unsere Kreativität mit zahlreichen Methoden gezielt zu aktivieren.

ZUM NACHDENKEN UND AUSPROBIEREN

Mit einer einfachen Version der Teezeremonie kannst du auch zu Hause eine kleine Auszeit vom Alltag nehmen. Es ist nachrangig, ob du dabei Matcha, frische Pfefferminze vom eigenen Fensterbrett oder Kräutertee im Teebeutel benutzt.

Nimm den Tee bewusst wahr, wie dir sein Geruch in die Nase steigt, seine Wärme über die Tasse zu deinen Händen übergeht. Nimm einen Schluck und spüre den Tee in Mund und Kehle. Nimm Wärme und Geschmack wahr, kannst du verschiedene Facetten herausschmecken? Nimm dir Zeit, den Tee zu genießen und gedanklich in die Welt eines Teehauses abzutauchen.

4.4 Aktiv um die Ecke denken

„In einem Anfängergeist gibt es unzählige Möglichkeiten, im Geist eines Experten nur wenige."

Shunryu Suzuki, japanischer Zen-Meister und Autor (*1971)

Ein Mönch fragt den Meister Joshu: „Hat ein Hund die Buddha-Natur oder nicht?" Joshu sagt: „Mu!" (was in etwa *nicht(s)* oder *Nichtsein* bedeutet).[112] Wahrscheinlich runzelst du die Stirn und fragst dich, was das wirre Gerede wohl bedeuten mag. Dann geht es dir wie den Schülern, die bei einer Lehrstunde im Zen-Kloster ebendieser Erzählung der Meisterin lauschen. Es handelt sich um einen traditionellen Kōan, eine Kurzgeschichte in Form einer paradoxen Denkaufgabe.

Nachdem die Gruppe gemeinsam zu dem Kōan meditiert hat, sind die Schüler an der Reihe. Im Einzelgespräch mit der Meisterin drückt einer nach dem anderen spontan seine eigene Erfahrung zu dem Kōan aus. Solange die Schüler sich getrennt von der beschriebenen Situation sehen und versuchen, die Aufgabe mit dem Verstand und logischen Denkmustern zu lösen, werden sie scheitern. Eine Lösung ist nur jenseits des Intellekts möglich. Erst wenn sie sich selbst verbunden mit einem großen Ganzen erfahren, erkennen sie auch die Lösung des Rätsels, eine kleine Erleuchtung sozusagen. Diese Haltung nennt Suzuki Roshi den „Anfängergeist“.[113]

Dieser vorurteilsfreie Anfängergeist ist auch zur Entwicklung von Innovationen wichtig. Solange wir die Scheuklappen im Sinne von „Das geht nicht!“ und „Das haben wir schon immer so gemacht“ tragen, schränken wir unsere Möglichkeiten ein und werden kaum neue Wege beschreiten. In Japan, wo Zen allgegenwärtig ist, hat man den Nutzen des „Anfängergeists“ erkannt. Wie der Japankorrespondent Martin Fritz berichtet, setzt die Firma Yamato Transport bei der Innovationsarbeit Kufū ein, das mit dem Nachdenken über Kōan verwandt ist.[114]

Ein ähnliches Prinzip findet man auch im Westen im Rahmen der Anwendung von Kreativitätstechniken: das von Edward de Bono geprägte *Laterale Denken.*[115] Gewohnheitsmäßig versuchen wir Probleme durch logisches, lineares Denken zu lösen. Auf ungewöhnliche Lösungen kommen wir damit selten. De Bonos Ansatz soll helfen, die ausgetretenen Pfade in unserem Kopf zu verlassen, indem wir bewusst um die Ecke denken (das oft geforderte *Outside-the-Box-Denken*). Notiz am Rande: Früher sagte man dazu auch *Querdenken.* Leider wurde der Begriff inzwischen von eindimensional Denkenden gekapert und mit einer negativen Bedeutung versehen. Um Verwechslungen zu vermeiden, sprechen wir lieber von *um die Ecke denken.*

Stell dir vor, es wohnen zwei Erfinderinnen in unserem Kopf: Frau Logik, eine dominante und laute Erfinderin, die rational und analytisch vorgeht. Meist übertönt sie sofort die leisere Erfinderin, Frau Unkonventionell, die ganz anders unterwegs ist, nämlich sprunghaft, intuitiv und spielerisch. Um Frau Logik öfter mal zum Schweigen zu bringen und Frau Unkonventionell das Wort zu erteilen, tricksen wir unser Gehirn aus: indem wir bewusst Widersprüche provozieren, übertreiben, gegenteilige Annahmen treffen oder ungewöhnliche Gedankenverknüpfungen herstellen.

Um die Ecke zu denken können wir bewusst trainieren, dazu gibt es zahlreiche Rätsel. Beispiel gefällig? *Ein Mann geht an Bord einer Fähre. Diese legt pünktlich ab und erreicht wenig später ihr Ziel. Dennoch dauert es danach noch über sechs Stunden, bis der Mann die Fähre verlässt und wieder festen Boden unter den Füßen hat. Warum?*

Die Lösung: *Es handelt sich um die erste Mondlandung, bei der nach der Landung der Mondfähre noch etwa sechs Stunden bis zum Ausstieg gewartet wurde.* Frau Logik nimmt automatisch an, der Mann müsse mit einer Fähre auf der Erde unterwegs gewesen sein, und führt uns damit auf den Holzweg. Die Lösung liegt in einer anderen Richtung; nur mit Frau Unkonventionell kommen wir ihr auf die Spur.

Das Kernprinzip des Lateralen Denkens lautet: Das Rätsel kann nur gelöst werden, wenn wir gängige Denkmuster und Vorannahmen überwinden, andere Perspektiven einnehmen und lernen, intuitiv zu denken. Kommt dir das bekannt vor? Genau, sowohl das laterale Denken als auch Zen-Kōans zielen auf Erkenntnisgewinn. Hier zur Problemlösung, dort zur Einsicht über die Natur der Dinge, hier mit dem Ziel der äußeren Transformation, dort zur inneren Transformation.

Logisches Denken und Um-die-Ecke-Denken ergänzen sich. Zusammen helfen sie uns, zu besseren Einsichten zu gelangen und mehr Möglichkeiten auszuschöpfen. Falls du auf die Auflösung des Mu-Rätsels wartest … – sie wird hier nicht verraten. Denn damit würde dir die Möglichkeit genommen, selbst darauf zu kommen und einen Aha-Effekt zu erleben. Da hilft nur meditieren oder laterales Denken trainieren.

ZUM NACHDENKEN UND AUSPROBIEREN

Kreativ um die Ecke denken kannst du mit folgender Methode[116]:

1. *Wähle dein Fokusthema, ein bestimmtes Problem, ein Ziel oder einen Gegenstand, zum Beispiel einen Weihnachtsbaum.*
2. *Dann unterbrichst du den logischen Gedankenfluss, indem du zum Beispiel einen Weihnachtsbaum annimmst, der keine Nadeln verliert. Das ist eigentlich ein Widerspruch, denn früher oder später nadeln gefällte Bäume. Beides passt also nicht zusammen. Die dadurch entstandene „Lücke“ dient als Reiz für die Kreativität: Wie kann das sein?*
3. *Nun sammelst du kreative Ideen, um die Lücke zu schließen, sodass der Zusammenhang wieder logisch ist, beispielsweise ein lebendiger Baum mit Wurzelballen, ein Weihnachtsbaum aus Kunststoff oder Metall, ein projizierter oder virtueller Weihnachtsbaum … – lauter Ideen für Weihnachtsbäume, die nicht nadeln.*

Welches Thema möchtest du angehen?

4.4.1 Durch Reize kreativer werden

„Kreativität ist, wenn einem bei dem, was einem auffällt, etwas einfällt."

Gerhard Uhlenbruck, deutscher Mediziner und Schriftsteller (1929–2023)

Wir schreiben das Jahr 1990, die berühmte irische Band *U2* steckt tief in der Krise. Frustriert stellen die Mitglieder fest, dass sie kaum Fortschritte machen und ihre Ideen nicht zu fertigen Songs werden. Meinungsverschiedenheiten entwickeln sich zum handfesten Streit bis hin zur Überlegung, die Band aufzulösen. In dieser verfahrenen Situation zeigt der Musiker und Produzent Brian Eno den Musikern, dass ihre unterschiedlichen Vorstellungen sehr wohl vereinbar sind. Als sie schließlich den Song *One* zu Papier bringen, wird dieser zum kreativen Durchbruch und das spätere Album *Achtung Baby* ein voller Erfolg.

Wie hat Eno das nur geschafft? Zunächst einmal ist er selbst ein musikalischer Visionär, Vorreiter der elektronischen Musik und Begründer des Ambient-Genres. Bekannt dafür, den Status quo infrage zu stellen, zu experimentieren, um so immer wieder die Grenzen des Bekannten zu verschieben. Dadurch, dass er selbst vor kreativer Energie nur so sprüht, inspiriert er auch andere – neben U2 bringt er auch weitere Musikgrößen voran wie David Bowie, Depeche Mode, Genesis und Coldplay.

Seine inspirationsfördernden Tipps und Tricks behält Brian Eno nicht für sich. Zusammen mit dem Künstler Peter Schmidt entwickelt er daraus eine Methode, um kreative Blockaden zu überwinden: *Oblique Strategies* (auf Deutsch etwa: „schräge Strategien"), eine Kreativitätsmethode in Form eines Kartensets. Auf jeder Karte steht eine Anregung, die helfen soll, kreative Blockaden zu durchbrechen. Einige Beispiele lauten: „Wiederholung ist eine Form von Veränderung", „Wasser" oder „Stell dir die Musik als Raupe vor". Was auf den ersten Blick seltsam oder gar widersprüchlich anmuten mag, hilft, die üblichen Denkbahnen zu verlassen und auf ungewöhnliche Einfälle zu kommen, erklärt Eno: „Oblique Strategies ist ein Versuch, den Schalter im Inneren umzulegen."[117]

Wenn wir den Lösungsraum überhaupt nicht einschränken, ist der Geist überfordert. Da es keine Anhaltspunkte gibt, kommen wir auf weniger Ideen als eigentlich möglich. Besser ist es, wenn unsere Gedanken durch gewisse „Leitplanken" auf einen begrenzten Lösungskorridor geführt werden. Genau das erreicht Brian Eno mit seinen Inspirationskarten. Das kannst du ganz einfach selbst ausprobieren:

1. Nimm dir fünf Minuten Zeit, um möglichst viele weiße Gegenstände zu notieren.
2. Nimm dir ebenfalls fünf Minuten Zeit, um möglichst viele weiße Gegenstände *im Badezimmer* zu sammeln.

In welcher Runde hast du mehr Wörter gefunden? Wahrscheinlich in der zweiten, denn durch die Einschränkung *im Badezimmer* war der Lösungsraum eingeschränkt und deine Aufmerksamkeit fokussierter als zuvor.

Um aus den gewohnten Denkbahnen auszubrechen, benötigst du nicht unbedingt dieses Kartenset. Lass dich einfach von Begriffen inspirieren, die gar nichts mit deiner Fragestellung zu tun haben. Man nennt das die *Reizworttechnik*. Willkürlich gewählte Worte, die auf den ersten Blick weder mit dir noch mit deiner Fragestellung zusammenhängen, können dich zu gänzlich neuen Assoziationen und Lösungsmöglichkeiten inspirieren, beispielsweise „Karaoke“, „zerlegen“ „Übermut“, „Paradies“, „ohrenbetäubend“, „Kopfkino“, „Augenblick“, „wackelig“, „Hüftgold“ oder „bauchpinseln“.

Um möglichst überraschende Begriffe zu erhalten, kannst du mit dem Finger über eine Zeitung oder Website fahren. Wo er stehen bleibt, ist dein Reizwort. Alternativ bittest du eine Person, irgendein Wort zu sagen, oder du verwendest einen Zufallswort-Generator im Internet. Nun denkst du an deine Fragestellung und das aktuelle Reizwort und sammelst möglichst viele Gedanken. Wenn dir nichts mehr einfällt, gehst du über zum nächsten Reizwort und machst damit weiter. Am Schluss bewertest du, welche der gesammelten Ideen dich weiterbringen könnte, und machst mit den besten davon weiter.

ZUM NACHDENKEN UND AUSPROBIEREN

*Ähnlich wie Oblique Strategies und die Reizworttechnik funktioniert die SCAMPER-Methode. SCAMPER steht für: **S**ubstitute (ersetzen), **C**ombine (kombinieren), **A**dapt (abändern), **M**odify/**M**agnify (verändern/vergrößern), **P**ut to other use (neue Einsatzzwecke finden), **E**liminate (weglassen) und **R**earrange/**R**everse (neu arrangieren/umdrehen).*

Willst du Ideen sammeln, um ein Produkt oder einen Prozess zu verbessern, beispielsweise einen Kindergeburtstag, stellst du dir folgende Fragen und sammelst jeweils mögliche Ideen.

S: Was könnte ich an der aktuellen Lösung/am aktuellen Produkt ersetzen?
C: Womit könnte ich das Produkt kombinieren?
A: Was könnte ich abändern?
M: Was könnte ich vergrößern?
P: Welche neuen Einsatzzwecke fallen mir ein?
E: Was könnte ich weglassen?
R: Wie könnte ich Teilelemente anders anordnen?

4.4.2 Inspiration aus der Natur gewinnen

„Bei jedem Spaziergang in der Natur erhält man weit mehr, als man sucht."

John Muir, schottisch-amerikanischer Entdecker, Erfinder und Schriftsteller (1838–1914)

„Seltsam, schon wieder das ganze Fell voller Kletten", murmelt Georges de Mestral, während er seinem Hund nach der Jagd mühsam die vielen stacheligen Pflanzenkugeln aus dem Pelz bürstet. Unter dem Mikroskop entdeckt der Schweizer Ingenieur winzige elastische Häkchen, die sich mit Fell und den Fasern von Kleidung verbinden und dadurch anhaften. Dieses Prinzip sollte Mestral zur Grundlage des Klettverschlusses machen, wie wir ihn noch heute kennen.[118]

Durch Vorbilder aus der Natur auf neue Ideen kommen, das geht auch systematisch. Bei der sogenannten Bionik werden Prinzipien aus der Biologie verallgemeinert und auf die Technik übertragen, um Probleme auf neue Art zu lösen. Vielleicht hast du auch schon vom Lotus-Effekt gehört. Durch die besondere Blattstruktur perlt das Wasser einfach ab, was unter anderem bei Duschkabinen nützlich ist. Weil das Fell von Eisbären hervorragend gegen eisige Kälte isoliert, haben chinesische Forscher deren Pelz genauer unter die Lupe genommen. Die besondere Struktur haben sie nachgebaut und damit Pullover mit der Wärmeleistung einer fünfmal so dicken Daunenjacke entwickelt.[119]

Die eingefahrenen Denkbahnen in unserem Kopf zu verlassen fällt uns leichter, wenn wir auch im Außen mit Routinen brechen und – ganz wörtlich gemeint – neue Wege gehen. Statt im Büro oder zu Hause können wir Techniken der Ideengenerierung auch draußen in der Natur anwenden. Zugegeben, Kreativität erfordert manchmal das Einlassen auf Ungewohntes. Dabei ist das Vorgehen bewährt, schon der Universalerfinder Leonardo da Vinci ließ sich gezielt von der Natur inspirieren.

Bei einer Denkblockade in die Natur zu gehen ist auch sonst eine gute Idee. Das aus Japan stammende Waldbaden hilft uns unter anderem, Stress zu verarbeiten, stärkt unser Nerven- und Immunsystem und macht uns entspannter. Darüber hinaus soll es sogar die Konzentration und die Kreativität fördern.[120]

Shinrin-yoku bedeutet wörtlich „ein Bad in der Atmosphäre des Waldes nehmen". In den 1980er-Jahren entstand es durch eine Marketingkampagne des japanische Forstministeriums, das mehr Menschen aus den überfüllten japanischen Millionenmetropolen in die Natur locken wollte. Auf die förderlichen Wirkungen der Waldbesuche kam man erst später. Mittlerweile sind sie umfassend erforscht, und es gibt sie (in Japan) sogar auf ärztliches Rezept.[121]

Hinter dem Waldbaden steckt mehr als bloßes Spazierengehen im Wald, was ohne Frage auch empfehlenswert ist. Beim „Baden" geht es vielmehr darum, sich mit dem Wald verbunden zu fühlen, sich als ein Teil der Natur zu erleben.[122] Dazu tauchen wir intensiv in die Welt des Waldes ein und nehmen ihn mit allen Sinnen wahr: sehen die verschiedenen Farben der Blätter und das Licht, das durch die Blätter fällt, hören das Knacken der Äste im Wind und das Zwitschern der Vögel, riechen den nadeligen Duft der Bäume (die von Bäumen ausgedünsteten Terpentene) und ertasten das weiche feuchte Moos und die Strukturen der Baumrinde, vielleicht schmecken wir sogar säuerliche Blaubeeren. Einen Baum umarmen oder an Waldgeister glauben, brauchst du dagegen nicht.

Hinausgehen in die Natur hilft uns also zu entspannen, Denkblockaden zu lösen, den Fokus zu weiten und auf großartige neue Einsichten zu kommen. Vermutlich ist es die Kombination aus Ruhe, Bewegung, der achtsamen Wahrnehmung der Natur sowie bestimmten Farben und Duftstoffen, die uns beim Waldbaden herunterfahren und entspannen lässt, während die ungewohnten Sinneswahrnehmungen unsere Kreativität anregen.

ZUM NACHDENKEN UND AUSPROBIEREN

Analogien finden sich – neben der Natur – auch in anderen Bereichen der Welt. Die Vorgehensweise ist die gleiche:

1. *Lege zunächst dein Problem bzw. deine Absicht fest (zum Beispiel Dinge stabil zu befestigen und gleichzeitig rückstandsfrei zu lösen).*
2. *Suche dann nach analogen Bereichen, in denen es ein ähnliches Problem oder eine ähnliche Strategie gibt (in diesem Fall das Festhalten in der Tier- und Pflanzenwelt).*
3. *Frage dich, wie das Problem im analogen Bereich gelöst wird, wie die Strategie dort umgesetzt wird (wie durch die Saugnäpfe an den Armen eines Oktopusses).*
4. *Wie könnte die analoge Problemlösung nun auf dein eigentliches Problem übertragen und nutzbar gemacht werden? (Beispielsweise ein Saugnapf zur Befestigung von Handtuchhaltern im Bad oder Schattennetzen im Auto.)*

Wenn du mit einer Aufgabe nicht mehr weiterkommst, mache einen Spaziergang in der Natur. Gehe besonders langsam und bleib auch mal stehen. Nimm die Atmosphäre achtsam wahr, was siehst du, was hörst du, was riechst du, wie fühlt es sich an?

Wie geht es dir hinterher, welche Unterschiede bemerkst du?

4.4.3 Mit Walt Disney die Perspektive wechseln

„Der Kopf ist rund, damit das Denken die Richtung wechseln kann."

Francis Picabia, französischer Schriftsteller und Maler (1879–1953)

Euphorisch vor Begeisterung springt Walt Disney von seinem Stuhl auf. „Eine fantastische Idee! Ja genau, der perfekte Einstieg in die überraschende Wendung der Story! Und dann noch ..." Wild gestikulierend redet er mit sich selbst und skizziert dabei die Ideen zum nächsten großen Animationsfilm. Urplötzlich hält er inne und plant nun sachlich die notwendigen Schritte zur Umsetzung des Films. Im nächsten Moment sitzt das kreative Genie zusammengesackt auf einem Stuhl in der dunklen Ecke des Ateliers. Deprimiert zählt er tausend Gründe auf, warum die Filmidee ein Desaster ist. Hatte dieser berühmte Mann etwa insgeheim eine gespaltene Persönlichkeit? Der berühmte Schöpfer von Mickey Mouse, Disneyland und Co. war ohne Zweifel ein hochkreativer Kopf. Trotzdem soll er nicht allein auf seine schöpferische Gabe vertraut, sondern eine eigens erdachte Vorgehensweise angewandt haben, um seine Ideen gezielt weiterzuentwickeln.

Wenn wir Ideen oder anstehende Entscheidungen abwägen, gehen wir meistens anders vor als der berühmte Filmemacher. Wie im Autopilot schalten wir automatisch in unseren Standard-Gang, der für uns natürlich ist. Wenn wir eher neurotisch veranlagt sind, malen wir uns die schlimmsten Szenarien aus. Beispielsweise was beim Camping-Urlaub in Schweden alles passieren könnte: Völlig übernächtigt wegen der langen Helligkeit könnten wir vergessen zu tanken. Mitten in der einsamen Wildnis wird uns sicher das Benzin ausgehen. Wenn da mal nicht ein hungriger Elch seine Chance nutzt, unseren Proviant plündert und dabei unser Auto demoliert! Verloren ist, wer auf die Hilfe der Einheimischen hofft: Die Spezies der Schweden ist sehr zurückhaltend, spricht (wenn überhaupt) nur Schwedisch und ist in dieser dünn besiedelten Gegend überhaupt sehr selten anzutreffen. Dann doch lieber der All-inclusive-Wellness-Urlaub im Allgäu, da weiß man, was man hat ... Das mag übertriebene Schwarzmalerei sein, doch das fällt uns meist nicht einmal auf.

Um bessere Entscheidungen zu treffen, ist es hilfreich, die Angelegenheit aus unterschiedlichen Perspektiven zu betrachten und nicht nur durch unsere Lieblingsbrille. Die von Robert Dilts beschriebene *Walt-Disney-Methode*[123] kann uns dabei helfen, mehrere Möglichkeiten ausgewogen abzuwägen, weiterzuentwickeln und uns zwischen ihnen zu entscheiden, egal, ob es dabei um Filmideen, den nächsten Urlaub, eigene Geschäftsideen, einen möglichen Jobwechsel oder den Kauf eines sanierungsbedürftigen Bauernhofs geht.

Los geht's! Um die unterschiedlichen Positionen, in die du gleich schlüpfst, gut voneinander trennen zu können, empfiehlt es sich, drei Stühle aufzustellen.

- Zuerst setzt du dich auf den Stuhl des **Träumers**: Erinnere dich an eine Situation, in der du vor Ideen nur so gesprudelt hast. Denke und fühle dich hinein: Wie war das genau?
  Nun überlege dir, was in Bezug auf dein aktuelles Thema (wie den Camping-Urlaub in Schweden) alles möglich ist. Alles ist erlaubt! Denke frei und ohne Grenzen, keine Kritik! Auf welche visionären Möglichkeiten würde Steve Jobs kommen? Wie würde Harry Potter mit seinen magischen Kräften den Urlaub zaubern?
- Nach einer bestimmten Zeit als Träumer (etwa zehn Minuten) und nachdem du alle Gedanken notiert hast, nimmst du die Sichtweise des sachlichen **Realisten** ein. In welcher Situation hast du – ungeachtet der Emotionen – die wichtigsten Fakten abgewogen? Wie war das? Neutral wie eine Wissenschaftlerin ordnest du nun die Pro- und Kontra-Argumente ein und planst die Umsetzung der Idee, als wärst du gar nicht persönlich beteiligt.
- Im dritten Schritt setzt du dich auf den Stuhl des schwarzsehenden **Kritikers**. Versetze dich dazu gedanklich zurück in eine Situation, in der du pedantisch jeden Fehler aufgezeigt hast. Nun finde Gründe, die gegen die Idee sprechen. In deinen schlimmsten Albträumen: Was könnte alles schiefgehen? So deckst du die Schwachstellen der Idee auf, um diese frühzeitig aus dem Weg zu räumen.

Walt Disney war geübt darin, auf Knopfdruck verschiedene Sichtweisen einzunehmen. Um dir den Perspektivwechsel leichter zu machen, kannst du in unterschiedliche Räume gehen, die sogar unterschiedlich gestaltet sein können: Mit Luftballons und fröhlicher Musik für den Träumer, Ruhe ausstrahlend und mit einer friedlich wirkenden Buddhafigur für den Realisten sowie einem Horrorfilm und deinen Steuerunterlagen für den Kritiker. Wenn du für das volle Eintauchen in die drei Rollen richtig viel Aufwand betreiben willst, begibst du dich als Träumer ins Legoland oder auf einen Spielplatz, als Realist in ein naturwissenschaftliches Museum oder einen Zengarten und als Kritiker in ein öffentliches Gerichtsgebäude oder den fensterlosen Keller der Universitätsbibliothek.

Vielleicht ist es besser, den Aufwand in Grenzen zu halten. Denn um zu einer gut abgewogenen Entscheidung zu kommen, wirst du womöglich – wie Walt Disney für einen Kassenschlager – mehrere Runden drehen, bis du mit dem Ergebnis zufrieden bist.

Auf den Perspektivenwechsel werden wir im weiteren Verlauf des Buchs noch zurückkommen. Indem wir den Blickwinkel ändern, erkennen wir auch das Gute im Schlechten, das uns im Leben zustößt. Durch diesen positiveren Blick auf Widrigkeiten erleben wir mehr positive Emotionen und ergreifen mehr Chancen. Mehr dazu in den Kapiteln 5 und 6.

ZUM NACHDENKEN UND AUSPROBIEREN

Welche Sichtweise ist für dich am natürlichsten – der Träumer, der Kritiker oder der Realist? Welche nimmst du fast automatisch ein?

Was hilft dir, andere Perspektiven einzunehmen?

Welche Entscheidung steht gerade in deinem Leben an? Welchen Gedanken möchtest du gerade weiterentwickeln? Versuche dich darin, dein Thema aus verschiedenen Blickwinkeln zu beleuchten.

4.4.4 Die eigenen Musen kennen

„Ich bin meine eigene Muse."

Frida Kahlo, mexikanische Malerin (1907–1954)

Im alten Griechenland in der Gegend des Berg Parnass, umgeben von Olivenhainen: Hier soll das Hauptquartier der Musen liegen. Scharen von Musikern und Dichtern pilgern dorthin, um sich von den Schutzgöttinnen der schönen Künste Lieder und Gedichte ins Ohr eingeben und sich beflügeln zu lassen. Sprühen die Dichter und Denker anschließend vor Inspiration, sind sie sprichwörtlich „von der Muse geküsst". Weil das so gut funktioniert, spezialisiert sich die Zunft der Musen sogar auf unterschiedliche Zuständigkeitsbereiche wie Musik, Gedichte oder Wissenschaft.[124] Mit diesem Verständnis waren die alten Griechen nicht allein, Kreativität wird häufig als übermenschliche Fähigkeit gesehen: Nicht wir selbst kommen auf die Lösung, sondern ein göttliches Wesen gibt sie uns ein, und urplötzlich haben wir die Erleuchtung.

Auch wenn wir diesen Punkt heute anders sehen, haben Musen weiterhin ihre Daseinsberechtigung. Seither haben viele Kunstschaffende eine Muse, heutzutage allerdings menschliche. Obwohl meist unsichtbar im Hintergrund, inspirieren und unterstützen Musen die Kunstschaffenden und tragen so zu deren kreativer Schaffenskraft bei. Wie Françoise Gilot, die nicht nur selbst renommierte Malerin und Schriftstellerin war, sondern auch Picassos Muse und Geliebte. Das Wort Muse gibt es zwar nur in weiblich, aber natürlich gibt es auch männliche „Museriche".

Auch wir durchschnittlich begabten kreativen Geister sind gut beraten, bei der Entwicklung von Ideen zuerst auf die Menschen zuzugehen, die wir als offen, unterstützend und inspirierend erleben. Die Diskussionen mit dem wissensdurstigen Kollegen lassen uns neue Möglichkeiten erkennen. Mit ihren klugen Fragen hilft uns die Freundin, Dinge aus anderen Blickwinkeln zu betrachten und zu guten Entscheidungen zu gelangen. Wenn wir niedergeschlagen sind und selbst nicht mehr an die Umsetzung glauben, gibt es einen Freund, der uns ernst nimmt, bestärkt und uns Mut zuspricht. Damit wir ungestört in unserem Schaffen aufgehen können, hält uns ein Familienmitglied nervige Alltagsgeschäfte vom Hals. Selbst einen Advocatus Diabolus brauchen wir manchmal. Mit seiner kritischen Art macht er uns die Schwachstellen unserer Idee deutlich, bevor wir deswegen vor die Wand laufen.

Wie bei den altgriechischen Vorbildern können sich mehrere Personen den Posten der Muse teilen, wie verteilte Rollen in unserem persönlichen Innovationsteam, das wir selbst zusammenstellen.

Sollten wir im kreativen Prozess einmal stecken bleiben, können wir getrost auf die Unterstützung unserer Museriche und Musen zählen und bald wieder Fahrt aufnehmen. Deswegen ist Kreativität heute Teamarbeit. Selbst ein Daniel Düsentrieb wäre aufgeschmissen ohne sein Helferlein.

ZUM NACHDENKEN UND AUSPROBIEREN

Wer könnte Mitglied in deinem Musen-Team sein?

Wer in deinem Umfeld sprüht nur so vor Ideen? Wer hat dich schon öfter emotional aufgebaut? Wer verhilft dir durch gute Fragen zu neuen Einsichten? Wer steht dir bei fachlichen Fragen zur Seite?

4.5 Ein ideenfreundliches Umfeld schaffen

„Bevor Sie bei sich selbst eine schwere Depression oder Antriebsschwäche diagnostizieren, stellen Sie sicher, dass Sie nicht komplett von Arschlöchern umgeben sind.“

Zugeschrieben Sigmund Freud und Albert Einstein, stammt aber von einer Twitter-Nutzerin[125]

Am Rand eines Gartens schält sich ein kleiner Tomatenpflänzling aus einem Samen. Im Schatten eines mächtigen Baums bekommt er nur wenig Licht, Wasser und Nährstoffe ab. Zu klein und schwach, um sich zu behaupten, wird das Pflänzchen platt getreten und richtet sich nur mit Mühe wieder auf. Eine aufmerksame Gärtnerin gräbt den Pflänzling aus und setzt ihn zu den Setzlingen im benachbarten Gewächshaus, wo er gute Bedingungen zum Wachsen findet. Behütet vor Wind und Wetter und optimal mit Nährstoffen versorgt, hat er nun die besten Chancen heranzureifen, bis er groß und stark genug ist, um in der Welt da draußen zu bestehen und sogar Früchte zu tragen.

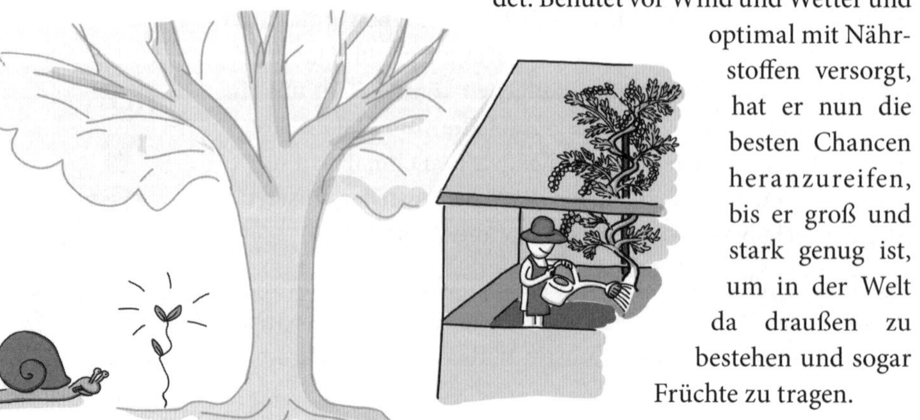

Wie jeder Samen das Potenzial in sich trägt, zu einer Pflanze heranzuwachsen, so kann prinzipiell jeder von uns kreativ sein. Ob wir unser Potenzial tatsächlich nutzen und neue Gedanken auch weiterspinnen und in die Realität umsetzen, hängt stark davon ab, ob wir unser Umfeld als eher förderlich oder hinderlich erleben. Unsere Kolleginnen, Mitarbeitenden, Vorgesetzten, Familienmitglieder, Freunde und Nachbarinnen können uns bei unseren Initiativen feiern, fördern, ignorieren, hemmen oder gar ausbremsen.

In den meisten etablierten Organisationen müssen junge innovative Ideen beschützt werden vor bürokratischen Prozessen, kritischen Controllern und risikovermeidenden Managementgremien. Deswegen finden Innovationsprojekte häufig in geschützten Räumen statt, in abgetrennten Innovationsabteilungen oder sogar inoffiziell als U-Boot-Projekte. Erst wenn das innovative Projekt stark genug ist, tauchen die Urheber damit auf und stellen sich den kritischen Fragen der Organisation. Das steigert die Überlebenschancen der (potenziellen) Innovation: Wenn Ideen ausgereifter sind, vielleicht sogar schon erste Erfolge verbuchen können, finden sie leichter Unterstützung.

Zahlreiche Gründerinnen und Gründer sind zunächst an der internen Umsetzung ihrer Idee gescheitert, bevor sie den Schritt in die Selbstständigkeit gewagt haben und die Idee dort auf eigene Faust in die Realität umgesetzt haben. Rückblickend sind sie dem internen Gegenwind womöglich sogar dankbar. Ohne Widerstände hätten sie den Weg in die Freiheit vielleicht nicht gewagt.

Wie weit wir unser kreatives Potenzial auch entfalten können, haben wir nur zum Teil in der Hand. Ob wir uns mit den vorgefundenen Rahmenbedingungen abfinden, entscheiden wir selbst. Wir haben die Freiheit, uns für ein ideenfreundliches Klima einzusetzen oder wie die Gärtnerin ein neues Umfeld für unsere Pflänzlinge zu suchen.

ZUM NACHDENKEN UND AUSPROBIEREN

Wann hast du zuletzt eine Idee gehabt, Dinge anders und besser zu machen? Wie hat dein Umfeld darauf reagiert?

Wer in deinem Umfeld ist besonders offen für neue Gedanken und Lösungsansätze? Wer könnte vielleicht sogar eine Mitstreiterin für eine Veränderung sein, die du voranbringen möchtest?

Wenn andere Ideen vorschlagen, gehe mit positiver Haltung auch an ungewöhnliche und womöglich abwegige Ideen heran. Bevor du dich auf ein negatives Urteil festlegst, frage dich, wofür die Idee gut sein könnte.

5. | Wie du dein Leben veränderst

5.1 Das Leben als Reise verstehen

„Lieber auf neuen Wegen etwas stolpern, als in alten Pfaden auf der Stelle treten."

Aus China

3000 Kilometer den Jakobsweg entlangfahren, in einem zum Café ausgebauten Doppeldeckerbus – die Idee von Michel Malcin klingt zunächst verrückt, auch für seinen Vater, der selbst lieber auf Sicherheit und Bodenständigkeit setzt und dennoch den wagemutigen Sohn nach Kräften unterstützt. Der in der DDR aufgewachsene Michel nutzt seine Freiheit und bricht auf zu einer großen Reise quer durch Europa, die auch eine Reise zu sich selbst werden soll.

Durch einen Burnout war Michel klar geworden, dass er etwas verändern will in seinem Leben. Nach 15 Jahren als evangelischer Pastor lässt er den Job hinter sich und macht sich bewusst, wer er ist, was er gut kann und was ihn lebendig macht: Michel will Menschen begegnen und ihnen einen Raum geben für ihre Geschichten, weniger predigen und mehr zuhören und dabei unterwegs sein und Abenteuer erleben. Im Gespräch mit Freunden und inspiriert durch das Buch *Das Café am Rande der Welt* entsteht die Idee, mit dem Bus-Café einen solchen Begegnungsort zu schaffen.[126]

Sich für das eigene Leben etwas anderes zu wünschen als den Status quo, aber nur abzuwarten, dass etwas passiert, bringt selten die erhoffte Veränderung. Auch Ex-Pastor Michel belässt es nicht beim Beten, sondern packt tatkräftig an, um seinen Traum Wirklichkeit werden zu lassen. Unterstützt durch seinen Vater, Freunde und Geflüchtete baut er den Oldtimer von 1960 zum Café und zur Vier-Quadratmeter-Wohnung um. Als unerwartet seine Ehe zerbricht, zieht er in den Bus und nutzt die Möglichkeit, Menschen überall in Europa in seinem mobilen Café auf einen Kaffee einladen zu können. Michel träumt vom Jakobsweg, der Menschen aus aller Welt verbindet, und beschließt, es wirklich anzugehen. Er bricht auf in Richtung Santiago de Compostela!

Ob wir uns das auch getraut hätten? Wir setzen uns bei der Gestaltung unseres Lebens oftmals enge Grenzen, um auf sicherem Boden zu bleiben. Michel weiß nicht, ob seine Idee funktionieren wird, ob er mit dem Café auf Spendenbasis seine Reise finanzieren und die Unterstützung für seine drei Kinder aufbringen kann. Abhalten lässt er sich von dieser Ungewissheit nicht. Er baut stattdessen auf die Fairness seiner Gäste und auf seinen Bus, mit dem er sich die besten Standorte aussuchen kann.

Auch in unserem Leben stellt sich so manches scheinbar Unverrückbare bei näherem Hinsehen als durchaus veränderbar heraus. Zumindest wenn wir offen sind für ungewöhnliche Ideen und Zufälle und gewisse Risiken in Kauf nehmen: Ungewissheit, wohin der Weg uns führt, den Aufwand für eine neue Ausbildung oder ein geringeres Einkommen.

Fortan gleicht Michels Leben einer Reise: Immer wieder entscheidet er, in welche Richtung und wie weit er fährt. Mögen wir selbst (bisher!) auch deutlich sesshafter sein, so gleicht auch unser eigenes Leben einer großen Reise, die wir gestalten können. Unser Ziel können wir selbst festlegen. Es steht uns frei, unsere Reiseart und unsere Reiseroute zu ändern, wenn sie uns nicht gefallen. Niemand zwingt uns in die abgesicherte All-inclusive-Hotelburg oder zum riskanten Abenteuertrip. Auch mit wem wir Abschnitte unseres Weges gehen möchten, können wir beeinflussen – wie Michel, der allein aufbricht und unterwegs Menschen aus aller Welt kennenlernt, darunter auch seine neue Partnerin und Reisebegleitung Lena.

Abenteuer erleben, jeden Tag neue Herausforderungen meistern, neue Menschen, neue Orte, neue Länder kennenlernen – Michel genießt sein neues Leben und lebt ganz im Hier und Jetzt. „90 Prozent der Sorgen treffen eh nicht ein und die anderen 10 Prozent sind auch völlig abstrus", entgegnet er lachend im Film *Mit dem Café-Bus auf dem Jakobsweg.*[127] Dass es mit dem alten Doppeldeckerbus nur langsam vorwärtsgeht, nimmt er gelassen, auch als er an einem steilen Berg stecken bleibt. Dabei hilft ihm sein Urvertrauen, dass „es schon werden wird".

Aufgeregt wie kleine Kinder kommen Michel und Lena schließlich in Santiago de Compostela an. Sie können es selbst kaum fassen, als sie mit dem Café-Bus auf dem Platz vor der Kathedrale zum Stehen kommen. Die beiden Reisenden stoßen an auf das nächste Ziel, wo immer das sein mag. „Mein Plan ist, heute glücklich sein", sagt Michel. Was danach kommt, das weiß er noch nicht, weiterfahren will er auf jeden Fall.

Die Gestaltung unseres Lebens gleicht einem flexiblen kreativen Prozess: Immer wieder machen wir eine Bestandsaufnahme, um uns unserer Bedürfnisse und Ziele bewusst zu werden. Wir „sammeln" unsere Möglichkeiten und wägen die Vorgehensweisen ab.

Statt detailliert zu planen, testen wir mögliche Veränderungen und setzen sie schrittweise um. Gerade bei großen Umbrüchen müssen wir erst Altes hinter uns lassen und der weitere Weg zeigt sich erst beim Gehen. Um uns darauf einlassen zu können, brauchen wir vor allem Offenheit, Mut, Vertrauen und Durchhaltevermögen. Wie das geht, zeigen die inspirierende Geschichte von Michel und das folgende Kapitel.

ZUM NACHDENKEN UND AUSPROBIEREN

Was hat dich auf den bisherigen Etappen deines Lebens geleitet, welche Ziele, Bedürfnisse, Annahmen?

Was war gut, was würdest du zukünftig anders machen?

Stell dir vor, du blickst am Ende deines Lebens zurück auf deine Reise. Was steht schon in deinem Reisebericht, was möchtest du noch im Fotoalbum deines Lebens sehen?

5.1.2 *Den eigenen Standort kennen*

„Öffne deine Augen, schaue nach innen. Bist du zufrieden mit dem Leben, das du lebst?“

Bob Marley, jamaikanischer Sänger, Gitarrist, Songwriter und Aktivist (1945–1981)

Wenn das Datenvolumen aufgebraucht und die gewohnte Handynavigation nicht verfügbar ist, finden sich manche von uns selbst inmitten unserer gewohnten Zivilisation kaum noch zurecht. Der berühmte Abenteurer und Survival-Experte Rüdiger Nehberg ist darauf nicht angewiesen. Selbst im brasilianischen Urwald orientiert er sich lieber an den Sternen oder Flussläufen als an GPS.

Die Orientierung behält Nehberg nicht nur im Dschungel, sondern auch im Leben. Eigentlich hatte er wie sein Vater Banker werden sollen, doch anderer Leute Reichtum zu beobachten war ihm zu langweilig. Da wird er lieber Bäcker, und ein erfolgreicher noch dazu: 25 Jahre lang führt er eine Bäckerei mit 50 Angestellten. Seine Mitarbeitenden wählt er danach aus, ob sie auch ohne ihn zurechtkommen. Denn der abenteuerlustige Inhaber nimmt sich lieber monatelange Auszeiten, um zu Fuß die Wüste zu durchqueren, ohne Ausrüstung den Regenwald zu erkunden oder den Atlantik auf einem 17 Meter langen Baumstamm zu bewältigen. Bis er die Bäckerei schließlich für seine Reisen verkauft. Nebenbei wird Nehberg Buchautor, Vortragsredner, Überlebenstrainer und Aktivist für Menschenrechte und Umweltschutz – eigentlich mehr, als in ein einziges Leben passt. Ohne Klarheit darüber, wo er steht und was ihm wichtig ist, wäre das wohl kaum möglich gewesen.[128]

Solange wir unseren Ausgangspunkt nicht kennen, kommen wir wahrscheinlich woanders heraus als geplant. Das kann gut gehen und zu ungeahnten Erfolgen führen, wie bei Columbus, der zwar den Seeweg nach Indien verfehlt, dafür aber aus Versehen Amerika entdeckt hat. In der Regel ist es jedoch besser, genau zu wissen, wo wir uns befinden, und unterwegs zu überprüfen, ob die Richtung noch stimmt. Deshalb sind in National- und Stadtparks topografische Karten zu finden, auf denen mit einem großen roten Punkt der eigene Standort markiert ist.

Auch in Sachen Lebensgestaltung können wir nur da beginnen, wo wir gerade stehen, betonen die beiden Stanford-Professoren Bill Burnett und Dave Evans. Klingt banal, ist es aber nicht. Wie oft hängen wir unerreichbaren Wünschen nach, blockieren uns damit selbst und verpassen die realistischen Möglichkeiten. Bevor wir etwas in unserem Leben verändern, ist es ratsam, zunächst einmal eine Bestandsaufnahme zu machen und zu verstehen, von wo wir starten.

Wie zufrieden sind wir in den verschiedenen Teilbereichen unseres Lebens, und wo würden wir gerne anpacken, um zufriedener zu werden? Die beiden Experten für *Life Design* (der Anwendung der Innovationsmethode *Design Thinking* auf das eigene Leben) empfehlen dazu eine Inventur in jedem Lebensbereich: Wie läuft es bei der Arbeit? Wie zufrieden bist du in deinem privaten Umfeld bestehend aus Freunden, Familie und weiteren Beziehungen? Wie steht es um deinen Umgang mit dir selbst, um deine Gesundheit, deine Ernährung, deinen Schlaf und Zeit für dich selbst?[129]

Stellvertretend für jeden der Lebensbereiche kannst du ein Wasserglas (oder eine Teetasse aus Glas) aufstellen oder zeichnen. Mit dem jeweiligen Füllstand zeigst du an, wie erfüllt du mit deiner Arbeit, deinem privaten Umfeld und im Umgang mit dir selbst bist. Hast du genug oder fehlt es an etwas? Gibt es ein Problem, das du angehen möchtest?

Vielleicht bist du auch vage unzufrieden und weißt selbst nicht genau, woran das liegt. Dann lohnt es sich, genauer hinzuschauen und die Erfüllung deiner Grundbedürfnisse in den Blick zu nehmen. Um gesund zu bleiben, braucht unser Körper Wasser, Nahrung und erholsamen Schlaf. Die psychischen Grundbedürfnisse sind, was unser menschlicher Geist braucht, damit wir gesund und zufrieden sind. Bedürfnisse sind nicht zu verwechseln mit Wünschen wie ein angesehener Job oder ein eigenes Haus. Wünsche fallen bei jedem anders aus, und ihre Erfüllung ist nicht unbedingt notwendig.

Sind unsere Grundbedürfnisse erfüllt, können wir uns entwickeln, motiviert und leistungsfähig sein. Die drei psychischen Grundbedürfnisse, die wir Menschen über alle Kulturen und Lebensphasen hinweg teilen, sind *Beziehungen, Kompetenz* und *Selbstbestimmtheit.*[130]

Bereits bei Neugeborenen zeigt sich das Bedürfnis nach Zugehörigkeit und Beziehung. Hilflos und gefährdet ist es für das Baby überlebenswichtig, akzeptiert zu werden und Zuwendung zu erfahren. Auch wenn wir als Erwachsene vieles allein schaffen, brauchen wir vertrauensvolle Beziehungen zu anderen Menschen, um gesund zu bleiben.

Um nicht ewig auf die Hilfe der Eltern angewiesen zu sein, lernen Kinder schnell – und das ganz natürlich und freiwillig. Kein Wunder, denn das Erleben von *Kompetenz* ist ein weiteres menschliches Grundbedürfnis. Schreien, den Bauklotzturm umwerfen, etwas basteln, ein Buch schreiben oder neue Produkte entwickeln – wir möchten erkennen, dass das eigene Handeln wirksam ist, dass wir selbst mit unserem Tun etwas verändern können. Wir wollen wachsen und unser Potenzial entfalten. Mit der Zeit und verstärkt durch Erfolgserlebnisse entwickeln wir Vertrauen in die eigenen Fähigkeiten. Das hilft uns, auch bei Hindernissen und Rückschlägen an unsere Fähigkeiten zu glauben und dranzubleiben.

Als Baby sind wir weitgehend fremdbestimmt. Unsere Eltern entscheiden, was es zu essen gibt und in welchem Kinderwagen wir wo herumgefahren werden. Trotzdem zeigt sich das Bedürfnis nach *Selbstbestimmtheit (Autonomie)* schon in sehr jungen Jahren: Schon früh wollen wir mitbestimmen, was wir essen und was wir anziehen. Im Laufe unserer Kindheit und Jugend werden wir kompetenter und fordern immer mehr Selbstbestimmtheit ein, das heißt die Freiheit, aus mehreren Möglichkeiten zu wählen und eigenständig Entscheidungen zu treffen. Als Erwachsene sind wir weniger von der Arbeit selbst gestresst als vom Gefühl der Fremdbestimmtheit, wenn andere über unseren Kopf hinweg entscheiden und wir scheinbar wenig beeinflussen können. Deshalb ist ein zentraler Grund, ein eigenes Unternehmen zu gründen, dass wir damit Freiheit und Gestaltungsmöglichkeiten gewinnen.

Oft unbewusst beeinflussen diese universellen Grundbedürfnisse unser Erleben und Handeln, ob bei der Arbeit, im Umgang mit Freunden und Familie oder in der Beziehung zu uns selbst. Zum Glück können wir darauf einwirken, wie gut uns vom Leben „eingeschenkt" wird. Die Erkenntnis, wie viel wir brauchen und wovon wir uns mehr wünschen, ist eine gute Basis für Veränderung.

Im zivilisierten Alltag mag es uns kaum stören, dass uns der räumliche Orientierungssinn zunehmend abhandenkommt. Wozu gibt es kostenlose Online-Karten? Die Orientierung und Navigierung im eigenen Leben nimmt uns jedoch keine App ab. Bevor wir mit Vollgas auf den Holzweg abbiegen oder in einer Sackgasse stecken bleiben, halten wir lieber erst mal inne, machen eine Bestandsaufnahme unseres Lebens und werden uns bewusst, wo wir etwas ändern möchten. Wo zwickt es bei dir?

Nachdem du deinen Standort bestimmt hast, kannst du mit den folgenden Abschnitten herausfinden, was dir im Leben Sinn gibt, welche Ziele du erreichen möchtest und was dir dabei hilft, diese Ziele auch zu erreichen (Stärken). In den späteren Abschnitten geht es darum, Veränderungen aktiv umzusetzen: Wie wir uns überwinden und loslegen, mit kleinen Veränderungen neue Routinen aufbauen, experimentieren und ausgewogene Entscheidungen treffen.

ZUM NACHDENKEN UND AUSPROBIEREN

Wie zufrieden bist du mit deiner Arbeit, deinen Beziehungen zu Familienmitgliedern und Freunden und deinem Umgang mit dir selbst?[131]

- *Was heißt in deinem Fall, das Glas ist „gut gefüllt", wo ist jeweils dein „Eichstrich"?*
- *Trage deine derzeitigen „Füllstände" in aufgezeichnete Gläser ein oder befülle echte Gläser mit der Menge an Wasser (oder Tee), die dem Status quo entspricht.*
- *Wie zufrieden bist du mit dem derzeitigen Stand? Was würdest du gerne verändern? Was könnte ein konkreter erster Schritt in diese Richtung sein?*

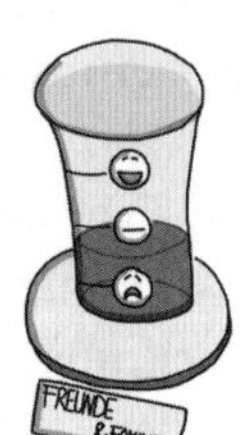

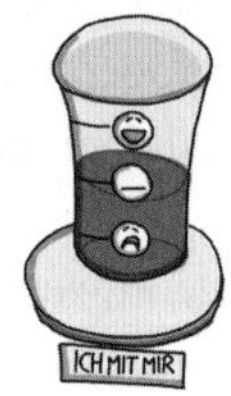

5.1.3 *Eine gute Reisebegleitung haben*

„Ein Freund, ein guter Freund, das ist das Beste, was es gibt auf der Welt."

Robert Gilbert, deutsch-amerikanischer Dichter und Komponist (1899–1978)

Getrieben vom Wissensdurst und akribisch dokumentiert der Naturforscher Alexander von Humboldt Tausende Pflanzen, bestimmt die Höhe von Berggipfeln, untersucht die Auswirkungen von Giften und Zitteraalen am eigenen Körper. Ganz nebenbei erkennt der Naturliebhaber, dass in der Natur alles mit allem zusammenhängt – ein lebendiges und vernetztes Ökosystem, in das wir Menschen eingebunden sind.[132]

Humboldt ist der berühmte und gefeierte Entdecker. Doch seine Entdeckungen macht er nicht allein. Sein Assistent Aimé Bonpland ist während der fünfjährigen Forschungsexpedition nach Lateinamerika, der damaligen Neuen Welt, ständig an seiner Seite. Gemeinsam überstehen die beiden ungleichen Reisenden extreme Strapazen, werden im Dschungel von Moskitoschwärmen attackiert und wären in den Anden beinahe erfroren. Das schweißt zusammen: Im Laufe der Reise entwickelt sich aus gegenseitiger Abhängigkeit eine lebenslange Freundschaft, die auch noch lange nach ihrer Rückkehr andauert.[133] Humboldt ist wohl bewusst, dass ihm seine Pionierleistungen ohne seinen Reise- und Forschungsgefährten nicht möglich gewesen wären und die Reise sich weit weniger erfreulich gestaltet hätte.

Um Pflanzen zu sammeln, zu zeichnen oder nachzudenken hat Humboldt sich gerne zurückgezogen. Auch wir können zur Ruhe kommen und deutlicher wahrnehmen, wie es uns geht und was um uns herum passiert, wenn wir nicht durch andere abgelenkt sind. Wenn das Alleinsein länger anhält und nicht selbst gewählt ist, leiden wir jedoch darunter. Zugehörigkeit zu einer Gemeinschaft ist ein menschliches Grundbedürfnis und das Gefühl der Einsamkeit ein Ruf der Seele nach sozialen Beziehungen, so wie Hunger uns daran erinnert, dass es wieder mal Zeit ist, Nahrung zu uns zu nehmen. Einsamkeit ist kein seltenes Einzelschicksal, sondern mittlerweile zur Volkskrankheit geworden. Keineswegs betrifft es nur ältere Menschen, auch junge fühlen sich einsamer als früher. Chatten und Liken vermittelt uns eben weniger Rückhalt als echte Begegnungen.[134]

Es ist schön, einen besonderen Urlaub oder die kleinen Freuden des Alltags gemeinsam zu erleben und sich daran zurückzuerinnern. Ein stabiles soziales Umfeld ist gerade in Zeiten ständiger Veränderung wichtig, seien es persönliche Veränderungen oder Umbrüche im Außen. „Unsere Freundschaften sind wie ganz viele kleine Bindungsfäden, die mich im Leben verankern und uns stützen", so beschreibt es der Psychologe Wolfgang Krüger.[135] Es gibt uns Sicherheit und vermittelt uns Selbstbewusstsein, wenn wir wissen, dass es Menschen gibt, die uns akzeptieren, wie wir sind, mit denen wir Freud und Leid teilen können, die uns unterstützen, wenn wir es brauchen. Freundschaften stärken sogar das Immunsystem und verlängern unser Leben, argumentiert Krüger und kommt zu dem Schluss: „Freundschaften sind lebenswichtig."[136] All das zeigt auch die seit über 80 Jahren laufende Glücksstudie aus Harvard.[137]

Um glücklich zu sein, brauchen wir keinen großen Freundeskreis. Besser pflegen wir wenige und dafür intensive Freundschaften. Ohnehin sind unsere sozialen Kapazitäten begrenzt: Ähnlich wie unsere Vorfahren in der Steppe können auch wir höchstens 150 Sozialkontakte aktiv pflegen, so der britische Anthropologe Robin Dunbar, inklusive Arbeitskollegen und Nachbarn. Auch wenn Social-Media-Aktivitäten eingeschlossen werden, ist bei etwa zweihundert aktiven Kontakten Schluss.[138] Ein Grund mehr, die Anzahl unserer Facebook- und LinkedIn-Kontakte entspannt zu sehen. Um glücklich zu sein, brauchen wir nicht viele, sondern gute Freunde.

ZUM NACHDENKEN UND AUSPROBIEREN

Erinnerst du dich an ein positives Erlebnis, das durch das Teilen mit Freunden oder Familie noch schöner geworden ist?

Hattest du schon mal eine schwierige Situation oder Phase in deinem Leben, in der dir dein soziales Umfeld geholfen hat, sodass es im Nachhinein auch eine gute Erfahrung war?

Für welche Freundschaften bist du besonders dankbar? Bei wem könntest du dich mal wieder melden?

Um neue Bekanntschaften und Freunde zu finden, überlege, wo du Menschen mit ähnlichen Interessen treffen kannst: Gruppensport, Sprachkurse, Weiterbildungen, Ehrenämter, Hundewiese. Nicht zu vergessen der Ort, an dem viele von uns die meiste Zeit verbringen: bei der Arbeit.

Öfter mal vom Smartphone aufzuschauen verbessert nicht nur bestehende Beziehungen, sondern hilft auch, neue Kontakte zu knüpfen.[139]

5.2 Den Blick auf die Dinge ändern

„Wenn du die Art und Weise änderst, wie du die Dinge betrachtest, ändern sich die Dinge, die du betrachtest."

Wayne Dyer, US-amerikanischer Psychologe und Autor (1940–2015)

Als der Maulwurf ihren neu ausgelegten Rollrasen in ein Schlachtfeld verwandelt, erklärt Judith Rakers ihm den Krieg. Die sonst stets freundliche und gut gelaunte Journalistin und Moderatorin zieht alle Register, um den Störenfried aus ihrem Garten zu vertreiben. Gänzlich unbeeindruckt von den Windgeräuschen eingegrabener Flaschen und den piependen Anti-Maulwurf-Stäben buddelt der Maulwurf sich fleißig weiter durch ihren Garten. Immer gestresster wird derweil Hobbygärtnerin Judith Rakers, die wegen der Störgeräusche selbst nicht mehr schlafen kann und sich weiter über jeden neuen Maulwurfshaufen ärgert. Den entscheidenden Tipp bekommt die beliebte *Tagesschau*-Sprecherin schließlich von einer gärtnernden Kollegin: „Stell den doch einfach an, sieh ihn als Mitarbeiter. Er buddelt dir wunderbare humusreiche Erde nach oben, die ist super zum Pflanzen."[140] So wird aus dem Feindbild Maulwurf der geschätzte Mitarbeiter des Monats namens „Günther Grabowski" einzig und allein dadurch, dass Judith ihre Perspektive auf die Situation ändert. Das Problem ist gelöst, obwohl sich an den Tatsachen rein gar nichts verändert hat.

Wenn wir uns in ein Problem verbeißen und nicht weiterkommen, sind wir wie in einem Tunnel aus negativen Gefühlen gefangen, der verhindert, dass wir andere Möglichkeiten wahrnehmen. Wir drehen uns im Kreis und blockieren uns selbst. Um uns von diesem Tunnelblick zu befreien, können wir die Dinge in einem neuen Zusammengang sehen und die Situation positiv umdeuten. Manchmal machen wir das sogar unbewusst: Für irgendetwas wird es schon gut sein, dass der Zug ausgefallen ist (so können wir noch schnell eine aufschlussreiche Lektüre besorgen) oder wir den Führungsjob nicht bekommen haben (weniger Stress, kein Umzug, mehr Zeit für Freunde).

Dieses Umdeuten der Situation können wir auch bewusst einsetzen, wenn wir mal wieder gedanklich feststecken. Virginia Satir, eine amerikanische Familientherapeutin, nannte diese Methode *Reframing*, was in etwa übersetzt werden kann mit: „etwas in einen neuen Rahmen stellen". Reframing hilft, im (scheinbar) Schlechten auch das Gute zu erkennen und die Lage positiv umzudeuten. Statt an dem Problem zu verzweifeln, fragen wir uns: Wie könnte man die Situation sonst noch sehen? Wir nutzen unsere Kreativität, um alternative Sichtweisen auf das Problem zu entwickeln, die uns hoffentlich weiterbringen.

Dabei geht es nicht darum, sich die Welt schönzureden und Rückschläge und Enttäuschungen zu verdrängen. Negative Erlebnisse und Emotionen gehören zum Leben dazu. Doch Reframing kann helfen, unseren Blick zu öffnen für weitere Möglichkeiten und positive Facetten, die wir auf den ersten Blick nicht wahrnehmen. Dadurch fühlen wir uns nicht nur besser, wir bleiben auch gedanklich flexibel und handlungsfähig.[141] Wenn wir anpacken, fühlen wir uns wirksam. Das ist allemal besser, als zu verdrängen oder uns hilflos zu fühlen. Besonders wenn wir uns auf das konzentrieren, was wir tatsächlich beeinflussen können, so wie Judith Rakers, die seither fröhlich die frischen Erdhaufen von Herrn Grabowski einsammelt und im Garten verteilt, statt säckeweise Gartenerde aus dem Baumarkt anzuschleppen.

Reframing ist besonders geeignet für Probleme, an denen wir uns die Zähne ausbeißen, egal, wie sehr wir uns anstrengen, um sie zu lösen. Im *Life Design* spricht man vom „Schwerkraftproblem": Bestimmte Umstände mögen uns stören, aber wir können nichts gegen sie ausrichten, so wie die Schwerkraft, die als Bedingung des Lebens einfach akzeptiert werden muss. Im Versuch, gegen die Realität zu kämpfen, verschwenden wir nur Zeit und Kraft. Bevor wir verzweifeln an Dingen, die ohnehin nicht zu ändern sind, akzeptieren wir besser die Tatsachen und lenken unsere Energie auf das Lösbare.[142]

Nicht nur der Ärger über Maulwürfe, auch die Angst vor Innovationen kann uns runterziehen. Durchaus denkbar, dass künstliche Intelligenz die Menschheit vernichtet oder zumindest jede Menge Jobs verändert oder überflüssig macht. Sofern wir nicht gerade KI-Forscherin oder Politiker sind, wie viel können wir selbst an den Gefahren von KI ändern? Auf jeden Fall können wir auf der Internetseite *willrobotstakemyjob.com* recherchieren, wie hoch für unseren Job das Risiko ist, durch Technologien überflüssig gemacht zu werden (bei Buchhalterinnen extrem hoch, bei Lehrenden derzeit gering). Wer KI nutzt, um seinen Job besser zu machen, für den ist die Technologie eine Chance. Wer sie ignoriert, für den kann sie zur Gefahr werden.

Dem Einfluss großer Innovationen mögen wir uns kaum entziehen können. Wie wir die Dinge bewerten, haben wir dagegen immer selbst in der Hand.

ZUM NACHDENKEN UND AUSPROBIEREN

Um eine Situation umzudeuten, kannst du dich fragen:

- *Wozu könnte das gut sein? Welche Chance liegt darin?*
- *Stell dir vor, es ist ein Jahr, fünf Jahre oder zehn Jahre in der Zukunft. Wie blickst du von dort auf die Situation? Würdest du dem Problem die gleiche Bedeutung beimessen?*
- *Wie würde jemand anderes die Situation beurteilen?*

5.2.1 *Lieber einzigartig als perfekt*

„Wer immer versucht, alles richtig zu machen, verpasst vielleicht den schönsten Fehler seines Lebens."

Unbekannt

So viele Jahre hatte die Gartendesignerin Annette Lepple mit viel Aufwand um den perfekten englischen Rasen gekämpft. Erst als sie auf die japanische Weltanschauung des *Wabi-Sabi* stößt, wird ihr klar, dass diese Bemühungen wider die Natur mühsam und wenig sinnvoll gewesen waren. Das zentrale Prinzip des Wabi-Sabi: sich von Perfektion verabschieden und die Schönheit im Unperfekten finden. Voller Überzeugung überträgt Annette Lepple das Konzept auf ihr eigenes Kompetenzgebiet, den Garten: Fortan feiert sie den Wechsel der Jahreszeiten, erkennt die Schönheit auch in sterbenden Stauden, verwendet Naturmaterialien und gebrauchte Materialien und lässt Raum für Zufälle und Überraschungen.[143] Um den scheinbar perfekten englischen Rasen ansehnlich zu erhalten, brauchen wir nicht nur Unmengen an Wasser, sondern auch eine an Pedanterie grenzende Genauigkeit. Als Wabi-Sabi-

Gärtnerin entspannen wir uns in dem Bewusstsein, dass sich ohnehin alles ständig verändert, nichts perfekt und gerade deswegen schön ist.

Auch wenn es ähnlich klingt, Wabi-Sabi hat nichts mit der scharfen grünen Paste aus dem Sushi-Restaurant zu tun. Vielmehr ist es ein jahrhundertealtes japanisches Konzept, das im Zen-Buddhismus und der Teezeremonie wurzelt. Seine Grundannahme lautet: Alles in der Natur verändert sich ständig, deshalb ist auch nichts jemals abgeschlossen oder vollkommen. Perfektion, im Westen oft als höchstes Ziel betrachtet, kann es also gar nicht geben!

Die Prinzipien des Wabi-Sabi können wir auf viele andere Lebensbereiche anwenden, auf unsere Wohnumgebung, unser Berufsleben, unsere Beziehungen und auf uns selbst. Perfektionismus steht uns oft im Weg. Wir warten (vielleicht ewig?) auf den richtigen Moment oder arbeiten uns ab an der vermeintlich perfekten Lösung. Dabei ist alles unvollkommen und im ständigen Fluss. Ein perfektes Leben gibt es nicht, und viele Wege zeigen sich erst beim Gehen. Wir können vorher nicht genau wissen, ob das Chemiestudium oder der neue Job besser zu uns passt. Das ist auch nicht schlimm, weil wir jederzeit abbiegen können und dann sogar mit zusätzlichen Erfahrungen im Gepäck, die uns bei den nächsten Schritten helfen werden. „Gut genug, um weiterzumachen" lautet daher das Prinzip, das in kreativen Prozessen und auch in anderen Lebenslagen hilfreich ist.

Für unsere Großeltern war es üblich, ein Arbeitsleben lang im gleichen Beruf und sogar in derselben Firma tätig zu sein. Heutzutage wünschen sich immer mehr Menschen Jobs, die neben finanzieller Absicherung auch Freude und Erfüllung mit sich bringen, wo wir doch so viel Lebenszeit am Arbeitsplatz verbringen. Es wird üblicher, öfter die Stelle zu wechseln, wenn auch nicht immer freiwillig: Manche Berufe fallen mit der Zeit weg, während in anderen Bereichen neue Berufsfelder entstehen, die wir heute noch gar nicht kennen. Sich ein Leben lang weiterzubilden wird zum Normalfall. Auch „krumme" Lebensläufe werden vom Makel zum Vorteil: War die Lücke im Lebenslauf früher ein Karrierekiller, werden heute zunehmend der Mut, die vielfältigen Erfahrungen und das persönliche Wachstum geschätzt, die eine Auszeit oder Umorientierung mit sich bringt. Den perfekten Lebenslauf brauchen wir nicht mehr.

Nicht perfekt sein zu müssen klingt gut und entlastend, doch wer sich viel in den sozialen Medien bewegt, mag den Eindruck gewinnen, die anderen hätten durchaus das perfekte Leben. Gepostet wird die geschönte Hochglanzversion. Die Realität sieht oft ganz anders aus. Woher kommt dieses Bedürfnis, uns selbst in Szene zu setzen? Wir lassen uns einreden und glauben selbst, wir wären nicht gut genug. Durch das ständige Vergleichen und Optimieren machen wir uns selbst unzufrieden, setzen uns unter Druck, um einem Ideal zu entsprechen, das unerreichbar ist. Gut ist nicht genug, wir streben nach mehr: nach dem Traumurlaub, der die meisten Likes erntet, dem „Schöner-Wohnen"-Eigenheim, der nächsthöheren Stufe auf der Karriereleiter, die uns ein höheres Gehalt und mehr Einfluss verspricht, nach bester Gesundheit, der perfekten Figur und dem perfekten Partner oder auch dem höchsten Happiness-Level, der tiefsten Meditation und der größten Erleuchtung … Selten macht uns das Erreichte nachhaltig zufriedener. Vielmehr geht das Streben in die nächste Runde. Wir wollen in allen Lebensbereichen perfekt sein und fühlen uns dabei zwangsläufig unzulänglich. Dem Glück nachzujagen ist ein sicherer Weg, sich unglücklich zu machen.

Entspannter und zufriedener lässt es sich leben, wenn wir begreifen, dass in Wirklichkeit gerade das Unvollkommene völlig normal ist. Wir sind niemals perfekt und gerade wegen unserer Ecken und Kanten besonders und liebenswert. Besser ist es also, nicht nach Perfektion, sondern nach eigener Exzellenz zu streben. Wenn wir bei einer Prüfung oder einem Vorstellungsgespräch unser Bestmögliches gegeben haben, können wir mit uns zufrieden sein, auch wenn das Ergebnis noch besser hätte ausfallen können. Bestimmt ist die Erfahrung dennoch für etwas gut. Vielleicht wissen wir beim nächsten Mal, worauf es ankommt, oder stoßen unerwartet auf eine Chance, die noch viel besser zu uns passt.

Die Japanologin Beth Kempton bringt es auf den Punkt: „Wabi-Sabi gibt dir die Erlaubnis, du selbst zu sein."[144]

ZUM NACHDENKEN UND AUSPROBIEREN

In welchen Bereichen des Lebens bist du nicht lange zufrieden und strebst immerzu nach noch besseren Ergebnissen und Lösungen?

Welche deiner (vermeintlichen) Unzulänglichkeiten stören dich? Wie würde wohl eine gute Freundin darüber denken? Wofür könnten deine scheinbaren Fehler gut sein?

5.2.2 Achtsam im Alltag

„Manchmal ist das Wichtigste am ganzen Tag die Pause, die wir zwischen zwei tiefen Atemzügen machen."

Etty Hillesum, niederländische Intellektuelle (1914–1943)

Der Kaffee am Morgen gehört für die meisten von uns zu einem guten Start in den Tag. Doch wie bewusst nimmst du deinen morgendlichen Kaffee eigentlich wahr? Die Farbe, den Duft, den Geschmack? Für viele Menschen ist das nebensächlich. Hauptsache, sie werden zum Arbeitsbeginn halbwegs wach und sozial zumutbar. Fu ist ein Genießer, er zelebriert die Zubereitung und den Genuss seines Kaffees. Schauen wir ihm über die Schulter, wie er das macht:

Zu Beginn seiner „Kaffeezeremonie" fühlt Fu sich wie ein Passagier am Flughafen, der darauf wartet, zu einer wunderbaren Reise aufzubrechen. Als Erstes spürt er in sich hinein und fragt sich, auf welchen Kaffee er heute Lust hat. Neugierig öffnet er dann den Kaffeebeutel und betrachtet sorgfältig die Farbe der Bohnen. Es ist die erste Verbindung zwischen ihm und dem Ursprungsort des Kaffees, den Kaffeebauern, die die Bohnen pflücken, und den Röstern, die sie veredeln. Durch ihre Färbung vermitteln die Bohnen auch jede Menge Informationen, die bei der richtigen Zubereitung des Kaffees helfen. Mahlgrad, Wassertemperatur, Verhältnis von Kaffee zu Wasser, Brühdauer und mehr: Guter Kaffee ist eine Wissenschaft für sich.

Beim anschließenden Mahlen mit einer Handmühle erzeugen die Kaffeebohnen ein knackendes Geräusch. Je nach Röstdauer der Bohnen geht das Mahlen leichter oder schwerer. Während die Bohnen zu Pulver werden, verbreitet sich langsam der Duft des gemahlenen Kaffees. Fu nimmt sein Aroma wahr und genießt. Besonders die fruchtigen Noten faszinieren ihn: Manchmal riecht er Himbeeren oder Erdbeeren, ein anderes Mal erinnert ihn der Kaffeeduft an Banane, Ananas oder Mango.

Das Brühen ist ebenfalls entscheidend: Jeder vorherige Schritt (Anbau, Pflücken, erste Verarbeitung, Rösten) vereint die Weisheit und harte Arbeit aller Beteiligten, sagt Fu. „Der geröstete Kaffee ist das Ergebnis all dieser Mühen, und es ist meine Aufgabe, dieses gemeinsame Wissen durch das Brühen zur Geltung zu bringen." Bevor er den Kaffee probiert, schließt er seine Augen und atmet das Aroma tief ein. „In diesem Moment scheine ich am Ursprungsort des Kaffees zu sein", erzählt der Genießer.

Nun endlich probiert Fu den Kaffee. Dazu schlürft er einen einzelnen Löffel des Gebräus in den Mund und nimmt achtsam wahr, wie sich der Geschmack über Zunge, Gaumen und Wangen ausbreitet: Beim ersten Schluck achtet er darauf, wie sich der Kaffee anfühlt, wie vollmundig er ist. Sind Süße und Säure gut ausbalanciert? Genießen können ist eine Kunst – und eine bewusste Entscheidung, den kleinen Dingen im Leben Zeit und Aufmerksamkeit zu widmen.

Auch während des Arbeitstages ermöglicht seine Kaffeezeremonie es dem Therapeuten und Führungskräftetrainer, kurzzeitig aus dem hektischen Alltag auszusteigen, innezuhalten und zu genießen. Ein besonderer Kaffee und ein gutes Gespräch, bevor es wieder an die Arbeit geht, das schätzen auch seine Kolleginnen und Kollegen. So ist sein inoffizielles „Café for you" im Kollegenkreis zur Institution geworden. Einen bedeutsamen Teil unseres Tages und unseres Lebens verbringen wir damit zu arbeiten. Grund genug, wie Fu dafür zu sorgen, dass es uns dabei gut geht.[145]

Zwischen zwei Meetings noch schnell die Wäsche aufhängen, zwischendrin kurz dem Postboten öffnen, in der Mittagspause kochen und den Kindern bei den Hausaufgaben helfen, in der Kaffeepause nebenbei die Spülmaschine ausräumen. Praktisch ist die neu gewonnene Flexibilität im Homeoffice schon. Doch Ablenkungen wie die sozialen Medien, Haushalt, Kinder und Haustiere beanspruchen zusätzlich Energie. Der Versuch, mehrere Bälle parallel zu jonglieren, ist anstrengender und weniger zielführend, als die gleichen Aktivitäten nacheinander anzugehen. Multitasking funktioniert nicht, entgegen hartnäckigen Vorteilen auch nicht bei Frauen. Im Gegenteil, wir verlieren Zeit, machen mehr Fehler und fühlen uns gestresster. Das zeigt auch eine Studie der Wirtschaftspsychologin Vera Starker.[146]

Das Gegenteil von Multitasking nennt sich Achtsamkeit und hat auch bei uns ins (Arbeits-)Leben Einzug gehalten. Zu Recht: Wenn wir bewusster mit den täglichen Herausforderungen umgehen, können wir gelassener, gesünder und produktiver sein. Achtsam sein bedeutet zunächst einmal, mit allen Sinnen bei der Sache zu sein, mit der wir gerade beschäftigt sind. Ablenkungen, beispielsweise das dauernde „Pling" eingehender Mails, können wir begrenzen, indem wir die ersten Stunden des Tages fokussiert arbeiten und erst dann unsere Mails checken. Falls die vermeintliche E-Mail-Flut im Hinterkopf zu belastend ist, geht es auch andersherum: Erst Mails wegschaffen, dann Mailprogramm schließen und konzentriert arbeiten.

Achtsamkeit bedeutet auch, auf sich achtzugeben. Damit unser Körper und unser Denkvermögen nicht im Daueralarm-Modus laufen, brauchen wir bewusste Pausen, in denen wir zur Ruhe kommen. Statt von einem Termin zum nächsten zu hetzen, dürfen wir regelmäßig innehalten, durchatmen, wahrnehmen, wie es uns geht und was wir gerade brauchen. Wenn dieses Vorgehen für dich neu ist, bietet es sich an, es mit bereits bestehenden Routinen zu verbinden, beispielsweise dich auf deinen Atem zu konzentrieren, während dein Rechner hochfährt, oder beim Kaffeetrinken den Duft des Getränks wahrzunehmen, ohne an die anstehenden Aufgaben zu denken. Gut für sich zu sorgen bedeutet auch zu merken, wenn wir nicht genug trinken oder zwischendurch mal eine Pause brauchen. Das klingt banal, fällt vielen von uns im alltäglichen Trubel allerdings ganz schön schwer. Warum nicht einen Achtsamkeitsspaziergang in der Mittagspause machen? Vielleicht finden sich im Kollegenkreis sogar ein paar neugierige Mitstreiterinnen, die mit dir gemeinsam die Sonnenstrahlen auf der Haut, den Duft der Blumen und den Klang des Vogelgezwitschers bewusst wahrnehmen und genießen.

Aufgrund der belegten positiven Effekte setzen viele Firmen mittlerweile auf Achtsamkeit. Bereits seit 2007 bietet Vorreiter Google seinen Mitarbeitenden ein Achtsamkeitstraining an, das den passenden Namen *Search Inside Yourself* trägt. Eine einfache Übung daraus: Statt wie üblich miteinander plaudernd oder aufs Handy schauend, kommen alle Teilnehmenden schweigend zur Besprechung. Während der ersten Minute konzentrieren sich alle auf ihren Atem und kommen zur Ruhe. Erst nach dieser kurzen Achtsamkeitsübung wird die Besprechung offiziell eröffnet. Diese kleine Gewohnheitsänderung kann einen großen Unterschied machen: Die Teilnehmenden werden konzentrierter, produktiver und verhalten sich wertschätzender.[147]

Viel zu arbeiten empfinden wir nicht automatisch als belastend. Im Flow gehen wir ganz auf in unserem Tun, sind fokussiert und beflügelt und vergessen dabei die Zeit. Solange wir unsere Herausforderungen bewältigen können, erleben wir positiven Stress, auch *Eustress* genannt (von griechisch *eu* = „Freude"). Sind wir dagegen überfordert, kann es in negativen Stress umschlagen. Dann erleben wir sogenannten *Disstress*. Hier ist Vorsicht geboten: Durch negativen Stress werden wir gereizt, anfälliger für Fehler und auf längere Sicht auch erschöpft.[148]

Was wir als stressig empfinden, ist von Mensch zu Mensch verschieden. Das nahende Ende einer Frist mag die einen zur Höchstleistung anspornen, während es die anderen völlig blockiert. Was wir als belastend empfinden, hat viel damit zu tun, wie viel Kontrolle wir über die Umstände unseres Tuns haben. Selbstständige arbeiten sprichwörtlich „selbst" und „ständig", dafür aber selbst gewählt und zu ihrem eigenen Vorteil und nicht für den der Chefin, der Firma oder anderer Anteilseigner im Hintergrund. Auch wer als Angestellte selbst bestimmt, was sie wann erledigt, erlebt seltener negativen Stress und gerät nicht so leicht in einen Burnout.[149]

Um sich richtig zu erholen, sind regelmäßige Auszeiten wichtig. Grundsätzlich geht das auch im Urlaub auf Balkonien. Allerdings ist es dort schwieriger, den Stressauslösern und Gedankenschleifen des Alltags zu entkommen. Ob Kurztrip oder mehrwöchige Auszeit – die Länge des Urlaubstrips ist für den Erholungseffekt nicht entscheidend, wie holländische Wissenschaftler herausgefunden haben.

Ob Clubhotel in der Türkei oder Abenteuertrip durch Island, auch in Sachen Urlaub sind die Geschmäcker verschieden. Um sich im Urlaub zu erholen und glücklich zu fühlen, brauchen wir jedoch persönliche Begegnungen mit anderen Menschen. Durch Bewegung und in der Natur erholen wir uns besser als auf Städte- und Partyreisen. Nach der Rückkehr in den Alltag verpufft der Erholungseffekt meist schnell. Deswegen empfehlen Reiseforschende, lieber mehrmals im Jahr kürzere Urlaube zu machen als einen großen Jahresurlaub.[150]

Auch wenn der Terminkalender noch so voll ist, für sogenannte Miniurlaube finden wir fast immer einen Platz. Das sind kleine Pausen mit besonders erholsamen Aktivitäten, die wir in unseren Alltag einplanen, um zwischendrin mal abzuschalten und aufzutanken. Wichtig dabei ist, dass wir sie bewusst genießen. Was ist für dich wie ein kleiner Urlaub zwischendurch? Egal, ob du mit dem Fahrrad zur Arbeit fährst, dir den Sundowner am Stadtstrand gönnst, mit dem Buch in den Park gehst, das Feierabend-Eis mit den Kolleginnen schlemmst, in der Sauna schwitzt oder einfach mal gar nichts machst – Hauptsache, du tust es mit voller Aufmerksamkeit.

Für Fu ist es wie ein Miniurlaub, mit allen Sinnen eine Tasse guten Kaffee zuzubereiten und zu genießen. Bevor er mit dem letzten Schluck seine Kaffeezeremonie und innere Reise beendet, hält er inne und dankt den fleißigen Kaffeebauern und Röstmeistern, die ihm ermöglicht haben, 30 Minuten aus seiner hektischen Arbeit auszusteigen und in seine „Welt des Glücks" einzutreten.

ZUM NACHDENKEN UND AUSPROBIEREN

Wie stressig erlebst du typischerweise deinen Arbeitsalltag? Wodurch wird dieser Stress ausgelöst? Was könntest du tun, um negativ empfundenen Stress zu reduzieren?

Durch welche Aktivitäten kannst du dich besonders gut erholen und neue Kraft tanken? Wann wirst du diese kleinen Erholungsinseln im Alltag einplanen?

5.2.3 *Wissen, was man wirklich will*

„Wer den Hafen nicht kennt, in den er segeln will, für den ist kein Wind der richtige."

Lucius Annaeus Seneca, römischer Philosoph und Politiker (ca. 4 v. Chr.–65 n. Chr.)

Eine Meditationswoche im Schweigen, geleitet vom Großmeister der Achtsamkeit Jon Kabat-Zinn: Unter den Teilnehmenden ist auch eine sportliche Frau mit langen blonden Haaren. Während der Meditation ergründet die Sportlerin für sich, warum sie beim anstehenden, extrem fordernden Berglauf-Wettbewerb eigentlich antreten will. Wie sie sich später erinnert, „kamen Bilder in mir auf und ich habe mich im letzten Anstieg vor Chamonix gesehen und ich wusste, ich will da hin, ich will an diesen Punkt!".[151] Eva-Maria Sperger ist nicht nur eine sehr erfolgreiche Sportlerin, unter anderem Deutsche Meisterin im Ultratrail, hauptberuflich betreibt die studierte Psychologin eine eigene psychotherapeutische Praxis. Was sie über Meditation und Achtsamkeit weiß, setzt sie auch im Sport und in der Therapie ein. Ihre klare Erkenntnis aus der Meditationswoche ist, dass sie „zu 100 Prozent" beim anstehenden Rennen dabei sein möchte!

Schildert Eva-Maria Sperger ihre Erlebnisse vom Hochgebirgslauf, können wir einige zentrale Bedingungen ableiten, die auch bei einem Innovationsprojekt oder im eigenen Leben wirksam sind: wenig Planbarkeit, viele Herausforderungen, an denen wir wachsen können, der Wechsel von Erfolgen und Niederlagen, aus denen wir lernen können. Um überhaupt „an den Start zu gehen" und auch bei anstrengenden Passagen durchzuhalten, ist es wichtig zu wissen, wozu wir das alles machen.

Wir Menschen sind von Natur aus zukunftsorientiert, handeln nicht nur aus einem Instinkt heraus, sondern stellen uns mögliche Alternativen vor und planen unser Vorgehen. Statt uns nur treiben zu lassen, nehmen wir uns etwas vor, was wir erreichen wollen, und arbeiten darauf hin. Ziele sind für uns wichtig, sie geben unserem Leben Struktur und Bedeutung.[152]

Nicht alle Ziele erweisen sich als gleichermaßen hilfreich. Äußere Dinge wie Geld, Status, Anerkennung und Aussehen machen uns nicht dauerhaft glücklich. Sicher sind wir belastet, solange wir die Miete und Medikamente nicht bezahlen können. Ab einem gewissen Lebensstandard jedoch macht uns zusätzlicher Wohlstand nur noch wenig glücklicher. Riskant ist auch, wenn wir unseren Selbstwert von der Anerkennung und Bestätigung anderer abhängig machen. Auf deren Bewertung haben wir schließlich nur begrenzten Einfluss. Dasselbe gilt für Karriere, Macht und Status. Unabhängigkeit ist eine Illusion: Jeder von uns ist auf andere angewiesen. Auch Attraktivität macht nicht dauerhaft glücklich, denn den körperlichen Verfall kann (bislang) niemand aufhalten. Wer sich über äußere Schönheit definiert, wird diesen Kampf früher oder später verlieren.[153]

Dann setzen wir doch lieber gleich auf solche Ziele, die uns langfristig glücklich machen. Wir fühlen uns gut, wenn wir unsere Stärken einsetzen, aus eigener Kraft Ergebnisse erzielen und uns als wirksam und leistungsfähig erleben. Als soziale Wesen profitieren wir von Zielen, die mit Gemeinschaft zu tun haben. Oft erst später im Leben möchten wir zu etwas beitragen, was größer ist als wir selbst: Mit unserer Kunst, unseren Büchern oder anderen Leistungen sowie durch unsere Kinder wollen wir etwas hinterlassen, was unser eigenes begrenztes Dasein überdauert. Wir empfinden unser Leben als bedeutsam, wenn wir als Mentorinnen Erfahrungen weitergeben oder anderen helfen, sich zu entwickeln, so wie Eva-Maria Sperger in ihrer Rolle als Psychotherapeutin.

Negativ formulierte „Weg-von"-Ziele lenken unseren Blick auf das, was wir vermeiden oder loswerden wollen, wie „Ich will bei Vorträgen weniger nervös sein". Unsere innere Motivation aktivieren wir viel besser mit positiv formulierten „Hin-zu"-Zielen, die ausdrücken, welchen erstrebenswerten Zustand wir erreichen wollen, wie „Ich werde beim Rennen ins Ziel kommen", „Ich will meine Kondition ausbauen" oder „Ich bleibe auch im Alter möglichst lange fit". Hin-zu-Ziele tragen eher zu unserem Glück bei, betont der Psychologe Robert Biswas-Diener.[154]

Ob du dein Ziel am Ende auch erreichst, hängt von vielen Faktoren ab. Scheitern gehört zum Leben dazu. Selbst die Ausnahmesportlerin Eva-Maria Sperger musste mehrfach vor dem Zieleinlauf aufgeben. Gerade der Extremlauf *Ultra Trail du Mont Blanc (UTMB)* ist nicht wirklich planbar. Selbst mit bester Vorbereitung gibt es für die Athleten keine Garantie, dass sie die 171 Kilometer und rund 10.000 Höhenmeter meistern und das Ziel erreichen. Die Trailläuferin sieht das realistisch: „Es ist normal zu scheitern. Wenn es einfach wäre, wenn das Risiko zu scheitern nicht so extrem hoch wäre, dann wäre es ja auch nicht so toll, den UTMB zu schaffen!" Im Moment des Aufgebens ist sie natürlich enttäuscht, doch schnell besinnt sie sich auf das Positive: „Bis dahin gekommen zu sein ist so viel!" Statt sich zu grämen, ist sie dankbar, beim Rennen eine gute Zeit mit Freunden verbracht, eine beeindruckende Landschaft genossen und sich nicht verletzt zu haben. Aus dem Buddhismus weiß sie, dass nach weniger guten Zeiten auch wieder bessere kommen.[155] Diese Haltung ist nicht nur im Sport, sondern auch generell im Leben wertvoll.

ZUM NACHDENKEN UND AUSPROBIEREN

Welche Ziele haben dich in den verschiedenen Phasen deines Lebens geleitet? Wie denkst du heute darüber?

Hast du aktuell eine wichtige Entscheidung zu treffen? Stell dir vor, du bist bereits drei Jahre in der Zukunft und blickst auf die gerade anstehende Entscheidung zurück. Wie geht es dir, wenn du Alternative A gewählt hast? Wie lebst du in drei Jahren mit den Folgen, die sich ergeben, nachdem du Alternative B gewählt hast?

Dein Ziel steht fest? Gut, dann stell dir mögliche Wege zum Ziel konkret und bildlich vor. Wenn es auf dem Weg zum Ziel doch anders kommt als ausgemalt, bleibe flexibel und suche nach kreativen Routen um das Hindernis herum.[156]

5.2.4 *Wind in den Segeln haben*

„Um einen Hafen zu erreichen, müssen wir die Segel setzen – segeln, nicht vor Anker gehen. Segeln, nicht treiben."

Franklin D. Roosevelt, US-amerikanischer Politiker (1882–1945)

Ganz allein einmal um die Erde segeln – und das mit nur 14 Jahren! Mit ihrer eineinhalbjährigen Weltreise auf ihrem Boot „Guppy" wird Laura Dekker 2012 zur jüngsten Solo-Weltumseglerin der Geschichte. Der Erfolg macht sie berühmt, doch das bedeutet ihr nichts. Viel wertvoller ist, dass sie in dieser Zeit herausfindet, was sie gut kann und was sie glücklich macht, so die heute 28-Jährige: „Das hilft mir heute noch, jeden Tag."[157]

Als Seglerin weiß Laura Dekker genau, wie sie ihr elf Meter langes Segelboot steuert. Auch wenn du als Landratte weit weniger versiert darin bist, stell dir vor, du schipperst mit einem Segelboot auf dem Meer vor dich hin, als du plötzlich ein Leck bemerkst. Wasser tritt ein und könnte das Boot zum Sinken bringen. Du bist alarmiert und suchst hochfokussiert nach einer Lösung, um das Eintreten des Wassers zu verhindern. In Sicherheit bringt dich das allerdings noch lange nicht. Nur wenn du zusätzlich die Segel setzt, sodass der Wind das Boot in Bewegung bringt, kannst du es ans Ufer schaffen. In dieser Metapher von Robert Biswas-Diener steht das Leck als Sinnbild für unsere Schwächen, während der hilfreiche Wind in den Segeln für unsere Stärken steht. Natürlich sollten wir im sicheren Hafen die kritischen Löcher stopfen. Nur mithilfe unserer Stärken können wir jedoch Fahrt aufnehmen und das Steuer für unser Leben übernehmen.[158]

Nach wie vor sind viele von uns darauf fokussiert, primär ihre Schwächen auszumerzen. Dieser einseitige Fokus wurzelt in unserer Erziehung und unserem evolutionären Erbe. Wer Probleme rechtzeitig erkennt, hat bessere Chancen zu überleben (ob in der Steppe oder im Unternehmen).

Stärken zu stärken statt Schwächen zu schwächen, darauf setzt hingegen die Positive Psychologie, die Wissenschaft vom gelingenden Leben und Arbeiten. Denn das fördert nachweislich persönliches Wachstum, Zufriedenheit und Erfolg, betont Daniela Blickhan, eine der deutschen Pionierinnen auf dem Feld der Positiven Psychologie.[159] Was uns leichtfällt, das tun wir meist gerne. Was wir gerne tun, tun wir oft. In dem, was wir gerne und oft tun, sind wir wahrscheinlich auch gut und erfolgreich, logisch, oder? Wie Laura Dekker, die am liebsten nur segeln wollte.

Aber was genau ist überhaupt eine Stärke? Stärken sind individuelle überdauernde Denk- und Verhaltensmuster, die uns ausmachen und positiv von anderen abheben. Sie geben uns Energie und ermöglichen uns, Leistung zu bringen. Mit den

Charakterstärken haben Wissenschaftler 24 Tugenden herausgearbeitet, die über alle Kulturen hinweg als wünschenswert betrachtet werden. Um deinen persönlichen Stärken auf die Spur zu kommen, erinnere dich daran, was dir leichtfällt und dir Freude bereitet: Bei welchen Aktivitäten und Situationen bist du so richtig du selbst, fühlst dich wie ein Fisch im Wasser? Wann bist du zugleich voll fokussiert und ganz versunken in eine Tätigkeit, gehst du ganz im Moment auf und vergisst die Zeit? In diesen *Flow*-Momenten bist du wahrscheinlich gerade in Kontakt mit deinen Stärken.

Um Innovation und Fortschritt voranzubringen, müssen wir besonders kreativ sein? Nicht unbedingt! Mit zahlreichen Stärken kannst du einen wichtigen Beitrag leisten: mit *Neugier* und *Mut* immer wieder den Status quo hinterfragen, mit *Empathie* und *Liebe zum Lernen* nach bislang ungelösten Bedürfnissen und Problemen forschen, dank *Kreativität* und *Sinn für das Schöne* neue und nützliche Lösungsmöglichkeiten entwerfen, mithilfe von *Urteilsvermögen* und *Bescheidenheit* verschiedene Lösungsmöglichkeiten kritisch abwägen und gute Entscheidungen treffen, dank *Durchhaltevermögen* und *Humor* auch die Strapazen und Rückschläge auf dem Entwicklungsweg überstehen, mit *Zuversicht* und *Enthusiasmus* auch andere für das Neue begeistern, durch *Freundlichkeit, Teamfähigkeit* und *Führungsstärke* gemeinsam mit anderen den Weg in die Zukunft gestalten.

Das Schöne ist, dass wir alle grundsätzlich über Stärken verfügen, nur eben nicht im gleichen Maße. „Schlafende Stärken", die bei uns gerade weniger deutlich ausgeprägt sind, können wir aufwecken und gezielt fördern (auch wenn diese natürlich kaum so wirksam werden wie unsere Hauptstärken).[160] Ein Hund wird niemals so elegant und schnell schwimmen wie ein Pinguin, das braucht er auch nicht. Mit einem Minimalmaß an erlerntem Optimismus oder Empathie machen wir Menschen uns das Leben allemal leichter und schöner.

ZUM NACHDENKEN UND AUSPROBIEREN

Komme deinen Stärken auf die Spur: Was hast du schon immer gerne getan? Was fällt dir leicht? Was gibt dir Energie? Worauf freust du dich? Welche Stärke könnte dahinterstecken?

Mache einen Stärken-Test, zum Beispiel unter: ↗ https://www.viacharacter.org

Welche Ergebnisse passen „wie die Faust aufs Auge" und erklären frühere Erlebnisse? Welche überraschen dich?

Wie setzt du deine verschiedenen Stärken derzeit ein, im Beruf, im privaten Umfeld, in der Freizeit? Wie könntest du die eine oder andere Stärke noch mehr nutzen?

5.2.5 *Wofür es sich zu leben lohnt*

„Die Bestimmung ist ein Anker, den wir in die Zukunft auswerfen. Sie hält die Zukunft in uns am Leben."

Michael Steger, US-amerikanischer Psychologe und Sinnforscher

Gut gelaunt plaudert der Busfahrer mit seinen Fahrgästen, die er vom Flughafenterminal zu ihrem Flieger bringt. Er sei auf einer Dienstreise zu einem Kongress, erzählt einer der Fahrgäste und fragt erstaunt, warum der Busfahrer so fröhlich sei. Strahlend berichtet dieser, dass er einen sehr wichtigen Job mache und einen wichtigen Beitrag leiste zum Glück der Fahrgäste. Zum einen bringe er beruflich Reisende zum Flieger auf dem Weg zu wichtigen Terminen, wodurch sie Geld verdienen und sich ein sorgenfreies Leben leisten können, erklärt der Busfahrer. Zum anderen trage er auch zur Freude von Privatpersonen bei, indem er sie dem langersehnten Urlaub oder der Heimat und der Familie näher bringe. Indem er die Rückreisenden nach schönen Erlebnissen frage, helfe er, die Freude noch länger zu bewahren. Beeindruckend, wie der Busfahrer in einer einfachen Tätigkeit Sinn und Erfüllung finde und dadurch andere und sich selbst bereichere, findet der Mann auf Dienstreise, bei dem es sich übrigens um Robert Biswas-Diener handelt, auch genannt der „Indiana Jones der Positiven Psychologie".[161]

Was der Busfahrer vorlebt, bestätigt die Forschung: Erfüllung im Beruf zu finden ist kein Privileg von hochqualifizierten Personen mit großem Verantwortungsradius. Für eine Studie spricht die Forscherin Amy Wrzesniewski mit den Mitarbeitenden einer Klinik und lässt sich von deren Alltag berichten. Eine Gruppe von ihnen schildert, wie sie sich dafür einsetze, dass es Patienten wieder besser gehe, und dass sie ihre Tätigkeit als wichtig, anspruchsvoll und sinnstiftend betrachte. Überraschend ist: Hier beschreiben nicht Ärztinnen und auch nicht Pflegekräfte ihre Tätigkeit, sondern Reinigungskräfte.[162] Ob wir unsere Arbeit als Berufung oder als Broterwerb betrachten, hat weniger mit der Tätigkeit an sich zu tun als vielmehr mit unserer persönlichen Haltung.[163] Dazu trägt auch das Umfeld bei, im obigen Beispiel die Patienten, Pflegekräfte und Ärztinnen, die den Beitrag der Reinigungskräfte wertschätzen.

Bedeutung im eigenen Tun zu finden hat noch weitere positive Folgen. Im Ostchinesischen Meer, zwischen Taiwan und der japanischen Küste, liegt die Inselgruppe Okinawa. Deren Bewohner gehören zu den glücklichsten und langlebigsten Menschen der Erde. Nirgendwo auf der Welt gibt es mehr Hundertjährige. Gesunde Ernährung und gute Gene können das Phänomen der Langlebigkeit nur zum Teil erklären. Ein weiterer Schlüssel zu einem langen und erfüllten Leben soll sozialpsychologischer Natur sein: den eigenen Lebenssinn zu kennen und ihm zu folgen. Oder ganz konkret: zu wissen, wozu man jeden Morgen aufsteht. Das japanische Konzept des *Ikigai* hilft dabei, den persönlichen Sinn im Leben zu finden, um glücklich und erfüllt zu sein. Wörtlich bedeutet es „Lebenswert“ (*iki* für „Leben“ und *gai* für „Wert“) oder etwas freier übersetzt: „das, wofür es sich zu leben lohnt“.[164]

Was ist der Sinn des Lebens? Das fragen sich Menschen seit Menschengedenken. Eine allgemeingültige Antwort darauf gibt es nicht. Vielmehr sind es wir selbst, die einer Tätigkeit oder Situation Sinn zuschreiben, so Sinnforscherin Tatjana Schnell.[165] Relativ weit gefasst könnte die „Überschrift“ für unser eigenes Leben beispielsweise lauten: „Ich möchte einen Beitrag dazu leisten, dass Menschen … sich entwickeln und aufs Leben vorbereitet werden (Bildung), zu essen und zu trinken haben (Landwirtschaft, Lebensmittelindustrie, Handel, Gastronomie), sich in ihrem Zuhause sicher und wohlfühlen (Handwerk), gesund bleiben, wieder werden oder das verbleibende Leben in Würde verbringen (Gesundheitswesen).“ Sinnstiftend kann es ebenso sein, sich für das Wohl von Tieren oder für den Erhalt der Umwelt einzusetzen. Nicht nur im Beruf finden wir Bedeutung, auch darin, uns ehrenamtlich zu engagieren oder uns um Familie und Freunde, Haustiere oder den Garten zu kümmern.

Einen guten Grund für unser Dasein können wir sogar noch unter widrigen Umständen finden. Der Neurologe und Psychiater Viktor Frankl erlebte die wohl furchtbarsten Umstände, die wir uns vorstellen können: Mehrere Jahre verbrachte er als Häftling in Konzentrationslagern, verlor dort seine Eltern, seinen Bruder und seine Frau. Seinen Lebensmut hat er trotz alledem nicht verloren. Was ihm den Halt gab, Angst und schlimmste Gräueltaten zu ertragen, war die Vorstellung, später über die Auswirkungen des Lagers auf die Psyche berichten zu können. Aus seinen Erfahrungen und denen seiner Mithäftlinge entwickelte er später die Logotherapie. Wir können das Leiden nicht vermeiden, so der Kerngedanke dieses Ansatzes, doch wer darin einen Sinn findet, dem gelingt es eher, es durchzustehen.[166]

Können wir nicht auch ohne Sinn im Leben glücklich sein? Ein angenehmes Leben ist möglich, ein erfülltes hingegen nicht. Bloße Vergnügungen werden früher oder später schal. Um tiefe Zufriedenheit zu erfahren – auch und gerade angesichts unvermeidbaren Leids –, brauchen wir etwas Größeres, was unserem Leben Sinn verleiht. Was unser Leben sinnvoll macht, ist bei jedem unterschiedlich und abhängig von Persönlichkeit, eigenen Werten und der jeweiligen Lebenssituation. Hauptsache, es geht über uns hinaus und wir tragen zu etwas Größerem bei als uns selbst.

ZUM NACHDENKEN UND AUSPROBIEREN

Stell dir ab und zu grundsätzlichere Fragen zu deinem Leben und deinem Job: Womit verbringe ich meine Zeit, womit verdiene ich mein Geld? Welche Auswirkungen hat das auf andere? Kann ich mich damit identifizieren? Was daran erfüllt mich mit Sinn?

Um nach Simon Sinek[167] *dein persönliches Warum zu finden ...*

1. *Erinnere dich an persönliche Erlebnisse, bei denen du über dich hinausgewachsen bist und die dir Erfüllung gebracht haben!*
2. *Welche wiederkehrenden Themen erkennst du darin? Was war dein Beitrag in diesen Situationen, was hast du getan, und was hast du dadurch ermöglicht?*
3. *Welchen Leitsatz kannst du daraus ableiten, was ist dein Geschenk an die Welt?*

Mach dir keinen Stress, wenn du diese Fragen nicht auf Anhieb beantworten kannst. Es ist normal, dass das Zeit braucht.

5.3 Loslassen, damit Neues entstehen kann

„In jedem Ende liegt ein neuer Anfang."

Miguel de Unamuno, spanischer Philosoph und Schriftsteller (1864–1936)

Eigentlich hätte Regina Köhler Lust, ihr eigenes Unternehmen zu gründen, und dafür auch schon einige Geschäftsideen. Doch solange der Frust über den aktuellen Job als Geschäftsführerin einer Beratungsfirma ihre Gefühlswelt dominiert, ist ihr Kopf nicht frei für Neues. Sie kündigt, ohne zu wissen, was danach kommen wird. Das Risiko nimmt sie in Kauf. Auf dem Heimweg ist Regina durchflutet vom unendlichen Gefühl der Erleichterung und Freiheit. Durch die ausgesprochene Entscheidung wird in ihrem Inneren eine neue Perspektive frei: vom Frust zur Lust. Mit neuer Klarheit und voller Power entscheidet sie sich, ihre eigene Beratungsfirma für digitale Zusammenarbeit zu gründen, die schnell zum großen Erfolg und Vorreiter für moderne Arbeitswelten werden sollte. Die Erfahrung dieses Jobwechsels ist nur eines von vielen Beispielen, das zeigt: Manchmal muss man erst etwas Altes beenden, bevor etwas tragfähiges Neues entstehen kann.[168]

Die Zeit zwischen dem Ende des Einen und dem Beginn des Neuen nannte der Psychoanalytiker Fritz Perls die „fruchtbare Leere".[169] Sie ist wichtig, um mit dem Alten ganz abzuschließen und sich auf das Neue voll und ganz einzulassen, unabhängig davon, ob es sich dabei um das Ende einer Beziehung oder einen neuen Job handelt.

Doch wie gelangt Regina Köhler zu ihrer Entscheidung, Neuland zu betreten? Auch wenn sie im Vergleich zu anderen Menschen sehr offen für Neues ist, verlangt ihr Weg ihr emotional auch einiges ab, gibt sie zu. Es fühle sich an, wie auf dem Zehn-Meter-Turm zu stehen und dann einfach die Augen zu schließen und zu springen. Woher sie ihren Mut nehme, wird die Unternehmerin oft gefragt. „Es kommt von innen", erklärt sie. „Plötzlich ist die innere Klarheit da: So, wie es jetzt ist, kann es nicht weitergehen. Und dann kann ich nicht anders und muss springen."

Wenn wir vor der Entscheidung stehen, weiterzumachen wie bisher oder eine Veränderung in unserem Leben zu bewirken, gewichten wir das Risiko des Neuen unverhältnismäßig hoch. Was wir haben und verlieren könnten, das haben wir klar vor Augen. Ungewiss ist, was wir an Lebensqualität gewinnen könnten, würden wir uns trauen, neue Wege einzuschlagen. Diese Vorsicht hat einen Preis: Zu wenig berücksichtigen wir die Kosten des Bewahrens, des Festhaltens am Status quo, und die sind mitunter hoch.

Nur um der Sicherheit willen an nicht funktionierenden Beziehungen oder Situationen festzuhalten kann viel Schaden erzeugen. Regina hat häufig erlebt, wie ein Ereignis einem plötzlich alle Illusionen raubt. Man legt die Scheuklappen ab und erkennt klar und deutlich, wie man sich selbst belogen hat und dass man eigentlich unglücklich ist, obwohl doch „objektiv" alles stimmt.

Das ist der Moment, in dem in Regina ein Prozess angestoßen wird, der eine Entscheidung erzwingt: „Erfülle ich die Erwartungen bzw. das Bild von außen oder bleibe ich mir selbst treu? Opfere ich mich selbst für eine scheinbare Sicherheit oder vertraue ich darauf, dass die Unsicherheit, die auf eine Trennung folgt, mich nicht umbringt, sondern mit neuen positiven Lebenswendungen beschenkt?"

Im Zweifel für die Veränderung! – Davon ist Regina überzeugt. Mehr als einmal hat sie erlebt, dass erst eine Tür geschlossen werden muss, bevor eine neue aufgeht. „Augen zu und springen", sagt sie sich in solchen Momenten immer. Mögen wir selbst auch zögerlicher sein als Regina, so können wir doch selbst dazu beitragen, große Übergänge im Leben auch innerlich gut zu meistern. Die Psychologin Elaine Fox rät, sich die Zeit zu lassen, die man braucht, sich zu öffnen für eine neue Identität, sich selbst und den Veränderungsprozess zu akzeptieren und die eigenen Erwartungen herunterzuschrauben.[170]

Altes loslassen und sich auf Neues einlassen, das braucht Vertrauen, weiß Regina: „Lass dich vom Leben überraschen, anstatt immer vorher wissen zu wollen, was passiert. Das Leben bringt dich auf deinen Weg, wenn du dich voll Vertrauen hineinfallen lässt; wenn du aufhörst, dich an Sicherheiten zu klammern, die in Wahrheit keine sind. Diese Erfahrung entsteht erst, wenn du loslässt und es aushältst, dass erst einmal nichts ist, bevor etwas Neues anfängt."

ZUM NACHDENKEN UND AUSPROBIEREN

Erinnerst du dich an eine Situation, in der du an etwas festgehalten hast, obwohl dir mehr oder weniger klar war, dass es dir nicht guttut? Wie hast du dich letztendlich entschieden? Wie beurteilst du die Entscheidung rückblickend?

Wann hast du zuletzt etwas Altes ziehen lassen? Wie geht es dir heute damit?

Mache dir bewusst, dass du jeden Tag die Chance hast, von vorne zu beginnen und daraus einen guten Tag zu machen. Ist der letzte Tag nicht so gelaufen, wie du es dir vorgestellt hast, hake ihn ab und schaue nach vorne.

5.3.1 Den inneren Schweinehund überwinden

„Es gibt nur zwei Dinge, die du falsch machen kannst: aufhören oder gar nicht erst anfangen!"

Unbekannt

Durch einen ins Eis geschlagenen Gang geht es ins Innere des Hintertuxer Gletschers, genannt „der Eispalast". Der grüne Gletschersee auf 3250 Metern ist kurz vor dem Gefrieren. Perfekte Bedingungen zum Baden, findet Christof Wandratsch, schält sich aus seinem dicken Schneeanzug und wagt sich, nur mit Badehose, Schwimmhaube und Taucherbrille bekleidet, ins eiskalte Nass. Bis zu 13 Minuten hält er es in der Kälte aus. Am Anfang ist es besonders hart, wie Tausend Nadelstiche beschreibt es der Extremschwimmer. Zum Glück lässt der Schmerz mit der Zeit etwas nach. „Es ist jedes Mal eine Überwindung und es ist jedes Mal arschkalt" – sogar für den Profi Wandratsch: 30-facher Weltmeister, Weltrekordler und deutscher Pionier in Sachen Eisschwimmen.[171]

Selbst wenn wir nicht im Eiswasser baden, so sind auch wir gefordert – zumindest bildlich gesprochen –, ab und zu ins kalte Wasser zu springen. Bestimmt hast du auch schon mal eine schwierige Entscheidung oder notwendige Veränderung in deinem Leben vor dir hergeschoben. Zu wissen, was zu ändern wäre, ist das eine, doch gute Vorsätze in die Tat umzusetzen ist das andere. Was können wir tun, um uns zu überwinden und besser in die Gänge zu kommen?

Hierbei hilft die Formel, die der Managementberater David Gleicher in den 1960er-Jahren aufgestellt hat, um die Erfolgswahrscheinlichkeit einer geplanten Veränderung zu beschreiben. Die Formel, die wir auch auf uns selbst anwenden können, lautet: C = D x V x F > R[172]

C (wie Change)	=	*die Wahrscheinlichkeit einer erfolgreichen Veränderung*
D (Dissatisfaction)	=	*Unzufriedenheit mit der aktuellen Situation: „So geht es nicht weiter!"*
V (Vision)	=	*klare Vision, die mit der Veränderung erreicht werden soll: „So wird es sein!"*
F (First steps)	=	*die ersten Schritte zur Umsetzung der Veränderung sind klar: „So fange ich an ..."*
R (Resistance)	=	*Widerstand gegen die Veränderung: innere Trägheit oder Gegenwind aus dem Umfeld*

Diese Formel ist eine Multiplikation, das bedeutet: Ist einer der Faktoren gleich null (du bist entweder voll und ganz zufrieden, hast keine Vorstellung davon, wie es zukünftig besser sein könnte, oder weißt nicht, wie du die Veränderung konkret angehen kannst), dann fehlt dir die nötige Energie für die Veränderung und du verharrst im Status quo. Das Gute daran: Wir können an jeder dieser Stellschrauben drehen, um die Chancen auf Veränderung zu steigern!

Nehmen wir an, wir möchten mehr Sport machen. Was brauchen wir, damit wir wirklich anfangen? Starten wir mit der Unzufriedenheit: Wir wissen alle, dass Sport gesünder ist, als auf der Couch zu lümmeln. Je größer unsere Unzufriedenheit mit der gegenwärtigen Situation, desto stärker unser Antrieb, etwas zu verändern. Können wir uns vor lauter Rückenschmerzen kaum mehr bewegen, beginnen wir mit dem Training zum Muskelaufbau. Oft erst, wenn wir nicht mehr anders können, als der schmerzlichen Wahrheit ins Auge zu blicken, gestehen wir uns ein: Da muss sich etwas ändern! Ein starkes „Warum" ist der Startpunkt, der die Veränderung ins Rollen bringt.

Darüber hinaus ist es hilfreich zu wissen, was die Veränderung uns ermöglicht. Hier kommt die Vision ins Spiel: Ein attraktives Zielbild zieht uns an und bringt uns in Bewegung. Motivierender sind positiv formulierte Ziele: statt „Ich muss meine Rückenschmerzen loswerden" besser „Endlich kann ich wieder befreit mit den Enkeln oder mit dem Hund spielen!". Das positive Zukunftsbild im Kopf hilft uns, auch dann dranzubleiben, wenn es auf dem Weg mal steinig wird.[173]

Nun sind wir also hoch motiviert, die Veränderung anzugehen. Doch was können wir konkret tun, um unserer Vision näher zu kommen? Hierzu brauchen wir Wis-

sen über die konkreten Schritte zum Ziel: Wie gehen diese Rückenübungen noch mal? Nicht, dass wir uns verheben und alles noch viel schlimmer machen. Moment, da war doch noch dieser Zettel mit den Übungen der Physiotherapeutin … Wenn wir wissen, was zu tun ist und wie, fühlen wir uns in der Lage, die Veränderung auch anzugehen.

Schön und gut, wenn nur der innere Widerstand nicht wäre. Trotz besseren Wissens und guter Vorsätze fällt es uns oft schwer, den inneren Schweinehund zu überwinden, gerade wenn wir schon müde sind, es draußen regnet und noch dazu unsere Lieblingssendung im Fernsehen läuft. Um Widerstände abzubauen, sollten wir ungünstige Umstände erkennen und beheben, zum Beispiel eine Sportgruppe suchen, die wir nicht hängen lassen wollen. Hinderliche Glaubenssätze ersetzen wir durch hilfreiche Annahmen: Statt „Ich bin einfach unsportlich" sagen wir uns besser: „Wenn ich den für mich richtigen Sport gefunden habe, mache ich ihn gerne und bleibe dran!"

Uns zu überwinden und sprichwörtlich ins kalte Wasser zu springen können wir vom Eisschwimmer Christof Wandratsch lernen. Obwohl er genau genommen ins kalte Wasser *steigt,* denn beim Sprung ins wenige Grad kalte Nass droht ein Kreislaufkollaps. Selbst dem Profi verlangt das einiges ab. Wandratsch nennt es „Hassliebe": Bevor er sich überwindet, ist es Hass. Wenn er Kälte und Schmerz hinter sich gelassen hat, ist es Liebe. Haben wir die Schwierigkeiten erst einmal überwunden, fühlen wir uns wirksam und erleben positive Gefühle. Stellen wir uns schon vorher vor, wie wir später das kalte Wasser hinter uns lassen und mit heißem Tee in der dampfenden Wanne sitzen, kommen auch wir leichter ins Tun.

ZUM NACHDENKEN UND AUSPROBIEREN

Gibt es eine Veränderung, die du noch nicht angegangen bist? Was hält dich ab? Ist die Unzufriedenheit mit dem Status quo noch nicht spürbar genug? Könntest du dir noch bewusster machen, was dir durch die Veränderung zukünftig möglich sein wird? Oder hilft es dir, Informationen zu recherchieren, um dir über die notwendigen konkreten Schritte klarer zu werden?

Fällt es dir schwer loszulegen? Dann schließe die Augen und stelle dir vor, wie es sein wird, die Angelegenheit erledigt zu haben. Alternativ überlege, womit du dich fürs Aktivwerden belohnen könntest.

5.3.2 Mit kleinen Gewohnheiten zu großen Veränderungen

„Der Mann, der den Berg abtrug, war derselbe, der anfing, kleine Steine wegzutragen."

Aus China

Im Haus Ruhrblick läuft einiges anders als in klassischen Pflegeheimen: Nach dem Motto „Training statt Schonung" werden die Menschen ermutigt und angeleitet, das zu stärken, was sie noch können. Schritt für Schritt werden sie wieder selbstständiger. Einige können das Pflegeheim sogar wieder verlassen und zurück nach Hause. Das Ziel ist, Menschen körperlich und seelisch zu stabilisieren, damit sie wieder Lebensfreude gewinnen, erklärt der frühere Heimleiter Oskar Dierbach das ungewöhnliche Konzept.

Beeindruckend! Wie funktioniert das genau? Indem die Bewohnerinnen sich viel bewegen, jeder kleine Handgriff wird zum Training. Regelmäßig üben und auch kleine Erfolge gemeinsam feiern – so lautet das Erfolgsrezept. Dies gilt auch für die 86-jährige Seniorin, die nach einem Schlaganfall halbseitig gelähmt ist. Auch wenn es Kraft kostet, übt sie täglich das Einsteigen ins Auto. Gemeinsam mit ihrem Mann will sie wieder Ausflüge machen, in den Biergarten, zum Enkel und noch weiter: „Ich will unbedingt an den Gardasee!", ruft sie strahlend. In vielen kleinen Schritten gelingt Menschen wie ihr der Weg zurück in ein aktives Leben voller Lebensfreude.[174]

Große (und kleine) Aufgaben gibt es zuhauf im Leben. Solange wir sie nicht in Angriff nehmen, mögen sie uns einschüchternd erscheinen wie der unerreichbare Gipfel eines hohen Bergs. Eine große Aufgabe in kleine, leicht umsetzbare Schritte aufzuteilen hilft uns dabei, ins Tun zu kommen und schnell Erfolge zu sehen, die uns wiederum motivieren weiterzumachen. Sobald wir uns erst einmal auf den Weg gemacht haben, ist es meist nicht so schwer, wie wir dachten. Tag für Tag machen wir Fortschritte und kommen dem Gipfel Schritt für Schritt näher, bis wir die Herausforderung irgendwann gemeistert haben.

Klein anfangen macht es leichter, egal, ob es darum geht, für den nächsten Urlaub zu packen, die Steuererklärung zu machen, den Schrank oder den Dachboden auszumisten, die Abschlussarbeit zu schreiben, die Wohnung zu renovieren oder das eigene Elternhaus auszuräumen und zu verkaufen. Dasselbe gilt, wenn wir dauerhaft unser Verhalten verändern wollen, wenn wir etwa eine neue Sprache lernen, mehr Sport machen oder achtsamer im Moment sein möchten.

Gute Vorsätze haben meist keine lange Lebensdauer: Nur 30 Prozent haben eine realistische Chance, dauerhaft Teil unseres Alltags zu werden. Motivation allein reicht nicht aus, erklärt B. J. Fogg, Verhaltensforscher an der Stanford University. Besser ist es, klein anzufangen und ein neues Verhalten Schritt für Schritt zur Gewohnheit zu machen und in den Alltag zu integrieren. *Tiny Habits* (kleine Gewohnheiten) nennt Fogg seine Methode. Wie er sie selbst anwendet, berichtet der Forscher in seinem TED Talk: „Jedes Mal, nachdem ich gepinkelt habe, mache ich zwei Liegestütze. Danach sage ich mir: Du bist toll!" Auf den ersten Blick mag das lächerlich erscheinen, doch schon nach kurzer Zeit schafft Fogg so 50 Liegestütze.[175]

Zwei Dinge sind dabei wichtig. Erstens: Das neue Verhalten wird an einen Auslöser im Alltag geknüpft, und zwar mit einer Wenn-dann-Regel: „Immer wenn … z. B. *ich mir die Zähne putze* (was wir routiniert mehrmals täglich tun), dann … *nehme ich achtsam meine Empfindungen im Mundraum wahr.*"

Sind wir schon fortgeschritten, können es auch abstraktere Auslöser sein: „Immer wenn … *mir etwas Ungünstiges passiert, z. B. mein Zug ausfällt,* dann … *überlege ich, was gut daran sein könnte, z. B. kann ich mir am Bahnhof ein leckeres Eis gönnen.*"

Zweitens: Für jeden noch so kleinen Erfolg feiern wir uns, denn positive Verstärkung stimuliert das Gehirn. Je häufiger wir das neue Verhalten wiederholen, desto mehr wird es zur Gewohnheit und geht mit der Zeit in Fleisch und Blut über.

Indem wir kleine Gewohnheiten in den Alltag einbauen, können wir mit kleinen Schritten Großes erreichen. Ob wir uns vornehmen, nach einer Krankheit wieder beweglicher und selbstständiger zu werden oder für eine Reise Japanisch zu lernen: lieber kurz, häufig und regelmäßig als viel und selten.

ZUM NACHDENKEN UND AUSPROBIEREN

Welches neue Verhalten möchtest du in deinen Alltag integrieren?

Mit welcher bestehenden Routine könntest du es verknüpfen? Erstelle deine eigene Wenn-dann-Regel:

„Immer wenn … (bestehende Routine), dann … (neues Verhalten)."

Wie möchtest du dich für das neue Verhalten belohnen?

5.3.3 *Vorwärts experimentieren*

„Jedes Leben ist ein Experiment. Je mehr du experimentierst, desto mehr lebst du."

Ralph Waldo Emerson, US-amerikanischer Geistlicher, Philosoph und Schriftsteller (1803–1882)

„Ein Sommer auf der Alm, das wär's …", träumt Reimund seit vielen Jahren immer wieder. *Handeln ohne Vision ist ein Albtraum, eine Vision ohne Handeln bleibt ein Traum,* sagt ein japanisches Sprichwort – und seine Nichte, die ihn kurzerhand zu einem gemeinsamen Basiskurs „Rinderhaltung mit Schwerpunkt Alpwirtschaft" bei der Landesanstalt für Landwirtschaft im Allgäu anmeldet. Eine Woche lang heißt es für die beiden nun jeden Tag um fünf Uhr morgens zum Melken antreten: Euter reinigen, Melkzeug anlegen, desinfizieren, nächste Kuh. Reimund ist auf einem Bauernhof aufgewachsen und hier in seinem Element. Nach dem Frühstück gibt es Theorie in Weidemanagement, Rinderernährung und Eutergesundheit.

Auch praktische Übungen wie Klauenschneiden am nicht mehr lebenden Modell absolviert der erfahrene Krankenpfleger mit Bravour und ohne Ekelattacke. Ganz anders seine Nichte, die Tiere liebt und sie deswegen auch nicht isst. Beim Kurs erfährt sie, dass Milchkühe durch intensive Nutzung durchschnittlich nur etwa fünf Jahre leben, obwohl sie von Natur aus bis zu 20 Jahre alt werden könnten (den Almbewohnerinnen ergeht es da schon besser). Auch wenn der Umgang mit den sanften Tieren ihr Spaß macht, dämmert ihr schnell, dass das Dasein als Rinderhirtin nicht ihr Ding wäre.

So fällt das Fazit des Experiments für die beiden auch ganz unterschiedlich aus: Die Nichte hakt den Gedanken vom Arbeitssommer auf der Alm ab und setzt fortan lieber auf Urlaub in den Bergen und Hafermilch. Reimund hat das hautnahe Erlebnis in seinem Traum bestätigt. Dessen Verwirklichung ist er – dank des Melkdiploms, verliehen am Ende des Kurses – sogar noch einen Schritt näher gekommen.

Wie oft träumen wir davon, etwas ganz anderes zu machen … eine Auszeit, eine andere Wohnform, ein neuer Beruf, vielleicht sogar ein anderes Land. „Das wäre schon toll", denken wir, „aber was da alles dranhängt …" Große Aufgaben und Herausforderungen können ganz schön angsteinflößend sein. „Das schaffe ich nie!", sagen wir uns oftmals und versuchen es gar nicht erst.

Die Vorsicht ist durchaus berechtigt. Kennst du die Fernsehsendung, in der Menschen beim Auswandern begleitet werden? Sie wollen sich in der Ferne eine neue Existenz aufbauen, doch die Realität ist selten so romantisch wie vorab gedanklich ausgemalt. In vielen Fällen können wir den mutigen Auswanderern beim Scheitern zusehen. Einige von ihnen gehen große Risiken ein, eröffnen ein Restaurant oder versuchen sich als Maklerin, ohne je in diesen Berufen Erfahrung gesammelt zu haben. Für die Zuschauenden mag das unterhaltsam sein, für die Betroffenen ist es oftmals mit Leid verbunden. Sinnvoller wäre es, den eigenen Traum vorher testweise auszuprobieren, um zu überprüfen, ob unsere Vorstellung in Wirklichkeit auch so traumhaft ist. Dazu könnten wir mit anderen Auswanderern Erfahrungen austauschen, im Urlaub als Aushilfe auf einer Alm oder im Restaurant arbeiten, am besten sogar in unserem Traumland. Womöglich stellen wir fest, dass der Alltag als Almöhi oder Gastwirtin für uns gar nicht so attraktiv ist und wir lieber die Inneneinrichtung und das Werbekonzept des Lokals entwerfen, als selbst Gäste zu bewirten.

Zugegeben, Auswandern ist ein extremes Beispiel. Doch wer hat in einer Phase der beruflichen Unzufriedenheit noch nicht mit dem Gedanken gespielt, alles hinzuwerfen und etwas komplett anderes zu machen? Wir absolvieren eine Coaching-Ausbildung, ignorieren den Fakt, dass der Markt für Coaching-Ausbildungen viel größer ist als der für Coachings selbst. Wir erwägen, den ungeliebten Job zu kündigen und alles auf eine Karte zu setzen. Ob das wohl gut geht?

Besser machen wir es wie Reimund und seine Nichte oder die Gründer der Plattform *AirBnB*. Als während einer Tagung in San Francisco alle Hotels ausgebucht sind, haben Joe Gebbia, Brian Chesky und Nathan Blecharczyk eine verrückte Idee. Um das Geld für die Miete zusammenzubekommen, wollen sie Luftmatratzen auf dem Boden ihres Wohnzimmers vermieten (daher der ursprüngliche Name „Airbed & Breakfast“). In kürzester Zeit zimmern sie eine minimalistische Internetseite zusammen, begrüßen kurz darauf ihre ersten zahlenden Gäste und verdienen damit 1000 Dollar. Für die Geschäftsidee, eine Plattform für Übernachtungsmöglichkeiten bei Privatpersonen zu schaffen, erweist sich das erfolgreiche Experiment mit den Luftmatratzen als wertvoller als jeder theoretische Businessplan.[176]

Entwickeln Innovatoren wie die AirBnB-Gründer unter großer Unsicherheit neue Lösungen, ist es die beste Strategie, die Idee mit geringem Risiko auszuprobieren und in kleinen Schritten weiterzuentwickeln. Auch unser Leben ist einmalig und voller Unwägbarkeiten. Daher ist es naheliegend, dieses schrittweise Vorgehen auf unser eigenes Leben anzuwenden. Bevor wir entweder folgenschwere Entscheidungen treffen, unsere Träume vorschnell verwerfen oder ewig grübeln, können wir mögliche Lebensentwürfe im Kleinen und mit wenig Risiko ausprobieren und mit diesen Experimenten überprüfen, ob der angedachte Weg tatsächlich zu uns passt.[177] Menschen, die den Weg vor uns gegangen sind, können uns wertvolle Erfahrungen mitteilen und Tipps geben. Noch realistischere Einblicke erhalten wir, wenn wir sie eine Zeit lang begleiten und ihnen über die Schulter schauen. Noch besser ist es, wenn wir unseren möglichen Lebensentwurf „am eigenen Leib“ testen, nur eben mit Rückfahrkarte: Bevor wir unsere Wohnung auflösen und ins Tiny House auf dem Land ziehen, verbringen wir erst mal einen Urlaub auf engstem Raum und mit minimalistischer Ausstattung (am besten im Winter!). Bevor wir einen Gnadenhof für traumatisierte Tiere eröffnen und damit womöglich völlig überfordert sind, führen wir erst mal regelmäßig Hunde im Tierheim aus oder testen das Zusammenleben mit einem einzigen hyperaktiven Hund.

Mit etwas mehr Aufwand beginnen wir die gewünschte Tätigkeit in einem Nebenjob, zum Beispiel als Teilzeitcoach oder mit einem Lehrauftrag. Wenn es uns Spaß macht und gut läuft, können wir den Brot-und-Butter-Job immer noch aufgeben – dann aber mit der Sicherheit, dass die Entscheidung die richtige ist.

ZUM NACHDENKEN UND AUSPROBIEREN

Welche Veränderung in deinem Leben könntest du dir vorstellen? Gibt es eine oder mehrere mögliche Richtungen für eine berufliche Neuorientierung? Vielleicht hast du eine private Leidenschaft oder einen Traum, der dir schon lange im Hinterkopf herumgeistert?

Such dir eine mögliche Veränderung aus: Wie könntest du diese in zehn Minuten testen? Wie in zehn Tagen? Wie in zehn Wochen?[178]

Im Nachgang überlege: Was hast du aus deinen Lebensexperimenten gelernt? Welche Schlüsse ziehst du daraus? Wie könntest du von hier aus weiter vorgehen?

5.3.4 *Mit Bauch und Kopf entscheiden*

„Das Herz hat seine Gründe, die der Verstand nicht kennt.“

Blaise Pascal, französischer Mathematiker, Physiker, Erfinder und Philosoph (1623–1662)

Ob als Notarzt, in der Notaufnahme oder auf der Intensivstation – manchmal beschleicht Philipp Gotthardt so ein „mieses Bauchgefühl“, berichtet der Notfallmediziner im Video auf seinem Blog „Nerdfallmedizin“. Diese Erfahrung teilt auch Daniel Marx, selbst Notfallmediziner und Experte für menschliches Verhalten in medizinisch-kritischen Situationen. Die Patientin mit den diffusen Rückenschmerzen könnte „nur“ einen Bandscheibenvorfall haben. Doch ein ungutes Gefühl deutet an, „irgendwas stimmt hier nicht, irgendwas ist anders“. Es könnte auch ein Aortenaneurysma im Bauchbereich sein, eine gefährliche Erweiterung der Hauptschlagader. Ob Philipp und Daniel als Notfallmediziner die Symptome richtig deuten und entweder in die Vollversorgung einer Universitätsklinik oder in eine Wald-und-Wiesen-Klinik einweisen, kann für die Patientin dramatische Konsequenzen haben.[179]

Bei der Tätigkeit der Notfallmediziner steht viel auf dem Spiel, sie müssen mit unvollständigen Informationen entscheiden und das auch noch unter Zeitdruck.

Bei den Entscheidungen in unserem Leben geht es selten um Leben und Tod. Vom Bauchgefühl können wir trotzdem profitieren. Ob wir einen neuen Job, eine neue Rolle oder ein neues Projekt annehmen wollen oder jemand als Untermieter, Freundin, Partner oder Familienhund infrage kommt – bestimmt erinnerst auch du dich an Situationen, in denen du blitzschnell und aus dem Bauch heraus wusstest, was los ist oder zu tun ist, ohne erklären zu können, warum – Bauchgefühl eben.

Intuition oder Bauchgefühl beschreibt der Psychologe und Risikoforscher Gerd Gigerenzer als ein Urteil, das schnell in unserem Bewusstsein auftaucht, dessen tiefere Gründe wir nicht bewusst erklären können und das stark genug ist, um uns danach handeln zu lassen.[180] „Intuitiv" haben wir eine Ahnung, wissen aber nicht, warum.

Das Bauchgefühl trägt seinen Namen zu Recht: Wenn wir uns mit einer Entscheidung nicht gut fühlen, sagen wir nicht nur metaphorisch „Das bereitet mir Bauchschmerzen", oftmals drückt uns sogar wirklich der Bauch. Kaum verwunderlich, denn Darm und Bewusstsein sind eng miteinander verknüpft, weiß Psychodoc Gregor Hasler. Über unseren Körper, insbesondere über unseren Darm, drücken sich unsere Emotionen aus.[181] Frauen sind übrigens nicht generell intuitiver als Männer, glauben das aber häufiger.[182]

Begründen wir unsere Entscheidung mit Bauchgefühl, ernten wir meist argwöhnische Blicke. Logisch-rationale Entscheidungen genießen einen deutlich besseren Ruf. Intuition ist jedoch weder übernatürlich noch esoterisch, sondern hilfreich. Denn der Mensch funktioniert nicht wie ein Computerchip, der durch möglichst viele Informationen und genaue Berechnungen zu den besten Entscheidungen kommt, erklärt Risikoforscher Gigerenzer.[183]

Vollständige Informationen stehen uns meist ohnehin nicht zur Verfügung und analytische Berechnungen dauern zu lange. Die meiste Zeit sind wir im energiesparenden Autopilotmodus unterwegs, gesteuert von unserem schnellen, emotionalen und intuitiven inneren „Elefanten", der die Bauchentscheidungen trifft (vgl. Abschnitt 3.1.1). Wir wissen viel mehr, als wir mit Worten auszudrücken vermögen. Zugang zu dieser unbewussten Intelligenz haben wir über die Intuition, die uns ermöglicht, Entscheidungen in kurzer Zeit zu treffen.

Wie funktioniert die Intuition? Bauchgefühl basiert auf oft unbewussten Faustregeln, die nur die wichtigste Information berücksichtigen und alle anderen Informationen ignorieren, erklärt Gerd Gigerenzer. Ein erfahrener Arzt in der Notaufnahme überlegt nicht lange, sondern handelt, geleitet von seiner Intuition, welche Maßnahme bei diesem Krankheitsbild gut funktioniert und der Patientin wahrscheinlich helfen wird. So können wir schnell und mit wenig Informationen manchmal zu besseren Entscheidungen gelangen, als wenn wir die verschiedenen Möglichkeiten ausführlich durchrechnen. Statt als Patientin die Ergebnisse medizinischer Forschung zu recherchieren, folgen die meisten von uns einer einfachen Faustregel: „Wenn du einen weißen Kittel siehst, vertraue ihm", so Gigerenzer.[184]

In Abschnitt 3.1.1 haben wir schon gelernt, dass die Intuition auch fehleranfällig sein kann. Wann also solltest du auf dein Bauchgefühl hören und wann nicht? Wenn du beim Sport oder beim Operieren geübt bist, denke lieber nicht darüber nach, wie genau du deine Handlungen im Einzelnen ausführst. Auch in Notfallsituationen, wenn du trotz weniger und/oder unvollständiger Informationen schnell handeln musst, ist der Bauch gefragt. Wenn wir wissen wollen, ob wir der neuen Chefin trauen können, berücksichtigen wir unser eigenes Handeln, die Reaktion unseres Gegenübers und die daraus resultierenden Folgen. Die soziale Gemengelage ist aber ungemein komplexer, sodass wir sie nicht allein rational beurteilen können. Da verlassen wir uns besser auf unseren sozialen Instinkt, der nicht nur auf unserer eigenen Erfahrung beruht, sondern auch auf der vererbten jahrtausendelangen Erfahrung unser Vorfahren.

Die Notfallmediziner Philipp und Daniel sprechen vor allem vom „schlechten Bauchgefühl", das sie auf mögliche Risiken hinweist. Es gibt aber auch ein gutes Bauchgefühl. Wenn wir uns in einer neuen Rolle als Trainer, Führungskraft oder Gründerin versuchen, kann es uns darin bestärken, dass wir auf dem richtigen Weg sind. Die Unternehmerin Regina Köhler beschreibt es so: „Die Richtung stimmt, wenn es sich leicht anfühlt."[185] Auch wenn wir mit jemandem das erste Mal sprechen und gleich die Chemie stimmt oder wir auf der gleichen Wellenlänge sind, gibt unser Bauchgefühl uns den Hinweis, dass wir ein gutes Team abgeben könnten, vielleicht sogar mit Schmetterlingen im Bauch.

Wenn wir gestresst und angespannt sind, tun wir uns schwerer, unser Bauchgefühl wahrzunehmen. Um die Fähigkeit zur Intuition zu trainieren, empfiehlt Gregor Hasler: Pausen machen, Bewegung, erholsamen Schlaf, Entspannungstechniken und Meditation. Das fördert die Selbstwahrnehmung, den Austausch von Körper und Psyche und die Intuitionsfähigkeit.[186]

Wie schon angedeutet, zeigt uns die Intuition nicht immer den richtigen Weg an. Auf Grundlage einiger Faustregeln spricht der risikoscheue Homo-sapiens-Vorfahre in uns: „Halte dich an das, was du kennst!", und schützt uns davor, giftige Pilze zu essen. Unser Gemeinschaftsinstinkt rät uns: „Tu das, was die Mehrheit tut." Das mag sich auszahlen, solange die Umstände gleich bleiben. In unserer dynamischen und schnelllebigen Welt wird dieser Rat zum Risiko. Wer Innovationen voranbringen will, lernt besser aus eigener Erfahrung, als andere nachzuahmen.

Sollte unser Bauchgefühl uns getäuscht haben, fallen die Konsequenzen selten so gravierend aus wie bei Notfallmedizinern. Sind wir trotz des guten Gefühls in die toxische Unternehmenskultur oder an die Kontrollfreak-Chefin geraten, können wir unseren Job wechseln. Damit unsere Einschätzung beim nächsten Mal adäquater zutrifft, können wir aus der Erfahrung lernen: Hat es rückblickend Hinweise auf die Schattenseiten gegeben, die wir ignoriert oder nicht ernst genommen haben? Mit zunehmender Erfahrung und Übung wird die eigene Urteilsfähigkeit immer besser.

Das Bauchgefühl mag mitunter diffus und schwer greifbar sein, doch ohne Intuition kämen wir nicht weit. Gute Entscheidungen treffen wir dann, wenn wir auf unseren Bauch und auf unseren Kopf hören, gerade bei den großen Entscheidungen im Leben – etwa darüber, welchen Partner wir wählen, welcher Beruf zu uns passt oder wie wir unser weiteres Leben gestalten möchten.

Das Fazit der beiden Notfallmediziner Philipp Gotthardt und Daniel Marx lautet übrigens: Das Bauchgefühl ansprechen und die eigene Einschätzung abgleichen mit den Sichtweisen des Teams. Im Zweifel lieber auf den Bauch hören und auf Nummer sicher gehen, zumindest wenn wie bei den beiden viel auf dem Spiel steht.

ZUM NACHDENKEN UND AUSPROBIEREN

Bist du eher ein Kopfmensch oder eher ein Bauchmensch? In welchen Situationen hat dir das geholfen? Wann war deine Tendenz eher hinderlich?

Wie könntest du zu ausgewogeneren Entscheidungen kommen und stärker auf deinen Bauch hören/deine Intuition mithilfe logischer Argumente überprüfen?

Mache dir bewusst, welche Faustregeln dich im Alltag leiten, und überprüfe, welche davon hilfreich sind.

Wie du dein Bauchgefühl aktivieren kannst, weiß der buddhistische Mönch Ajahn Brahm: Werfe ein Münze, um eine „Entscheidung“ zu treffen (zum Beispiel: Kopf = Ich bleibe in meiner Wohnung – Zahl = Ich ziehe um). Wie geht es dir mit der jeweiligen „Entscheidung“, die die Münze für dich getroffen hat? Was sagt dein Bauch? Je nachdem, ob du erleichtert bist oder dir denkst „Nein, das kann nicht sein!“, weist dir das die Richtung zur richtigen Entscheidung.[187]

5.4 Den Umgang mit dem Neuen trainieren

„Das Leben gehört dem Lebendigen an, und wer lebt, muss auf Wechsel gefasst sein."

Johann Wolfgang von Goethe, deutscher Dichter (1749–1832)

Mitten in der Megacity spüren wir die Gischt von riesigen künstlich geschaffenen Wasserfällen auf der Haut, tasten uns vorwärts durch Räume so dicht mit farbigem Nebel gefüllt, dass wir kaum die Hand vor Augen sehen, legen uns auf dem Hallenboden nieder und genießen die Strahlen einer gigantischen Indoor-Sonne, berühren betroffen die schmelzenden Gletscher, kreisrund angeordnet wie eine Uhr. Mit seinen Installationen und der außergewöhnlichen Architektur, die durch optische Täuschungen faszinieren, ermöglicht Olafur Eliasson uns, Naturphänomene mit allen Sinnen wahrzunehmen. Wie diese Reize wahrgenommen werden, unterscheidet sich von Mensch zu Mensch. Dadurch trägt jeder Besuchende seiner Ausstellungen selbst dazu bei, sein persönliches ästhetisches Erlebnis zu erschaffen. Mit seinen spektakulären Kunstexperimenten bringt Eliasson weltweit die Menschen zum Staunen und Nachdenken und gilt damit als einer der innovativsten Künstler unserer Zeit.

Nicht nur seine Kunst, auch sein Leben ist geprägt von Bewegung: Der aus Island stammende Eliasson pendelt zwischen seinem Atelier in Berlin und seinem Zuhause in Kopenhagen, reist für seine Installationen um die Welt, bringt ständig neue Projekte voran, oft mehrere gleichzeitig. Veränderung ist seine Routine.[188]

Wie bereits beschrieben, greifen wir „normal Kreative" im Alltag lieber auf bewährte Handlungsmuster zurück. Das ist praktisch, bequem und oft auch sinnvoll: Routinen strukturieren unseren Alltag und vermitteln uns Beständigkeit und Sicherheit. Gewohnheiten entlasten das Gehirn. Wozu immer wieder das Rad neu erfinden, wenn es doch im Alltag gut funktioniert? Der Nachteil: Wenn wir zu sehr am Gewohnten hängen, fühlen wir uns überfordert und geraten in Stress, sobald etwas Unerwartetes passiert. Immer häufiger werden Firmen umstrukturiert, wichtige Bauteile und Medikamente sind nicht lieferbar, eine weltweite Pandemie bedroht Leben und beschleunigt flexibles Arbeiten, Hitze und Überschwemmungen zerstören Wohngebiete und verschärfen Flüchtlingswellen, intelligente Technik vereinfacht das Arbeiten und bedroht Jobs. Die Welt wird immer unberechenbarer und wir müssen damit klarkommen, ob wir uns das so vorgestellt haben oder nicht.

Versuchen wir, Veränderung zu vermeiden, beispielsweise ein neues Computerprogramm bei der Arbeit, können wir auch keine positiven Erfahrungen mit dem Neuen machen und blockieren uns selbst. Mit der Zeit verstärkt sich unsere Ablehnung gegenüber Veränderungen immer mehr, bis wir irgendwann erstarren. Ein Teufelskreis! Überwinden wir unsere Skepsis und meistern die Herausforderung erfolgreich, fühlen wir uns wirksam. Anfangs mögen wir mit dem neuen Programm überfordert sein, doch mit etwas Übung haben wir den Bogen raus. Diese positive Erfahrung lässt uns bei der nächsten unerwarteten Situation mutiger sein und wieder die Initiative ergreifen. Indem wir uns regelmäßig bewältigbaren Veränderungen aussetzen, verringern wir unsere Furcht und steigern unsere Handlungsfähigkeit.

Aus anderen Lebensbereichen kennst du das Prinzip bestimmt: Menschen mit Spinnenphobie laufen schreiend weg, sobald sie einem dieser meist harmlosen Krabbeltiere begegnen. Durch Konfrontation können sie sich schrittweise an das Angstobjekt gewöhnen. Genauso können wir trainieren, gelassener mit unerwarteten Ereignissen umzugehen, erklärt die Psychologin Elaine Fox: Indem wir unser Gehirn immer wieder neuen Reizen aussetzen, lernen wir, Unerwartetes als normal zu akzeptieren, und bleiben geistig flexibel.[189]

Fox empfiehlt einfache Übungen, mit denen wir etablierte Routinen durch neue Reize durchbrechen. Diese lassen sich mit wenig Aufwand in den Alltag einbauen, beispielsweise …

- mit der nicht dominanten Hand Zähne putzen, rückwärts die Treppen hochlaufen, einen anderen Weg als den üblichen zur Arbeit oder zum Supermarkt wählen;
- etwas Neues lernen: eine neue Sprache, eine neue Sportart oder ein (neues) Instrument;
- neue Kulturen kennenlernen: in einem internationalen Supermarkt das Skurrilste oder Unerkennbarste kaufen, was man findet, und sich überraschen lassen, wie es schmeckt;
- die eigene (digitale) Blase verlassen: andere Medien konsumieren als üblich, mit Menschen austauschen, die einen anderen Hintergrund, andere Sichtweisen und Ideen haben als man selbst;
- eine neue Aufgabe im Job oder ein Ehrenamt übernehmen;
- die Kreativübungen aus Kapitel 4 anwenden.

Wie viel Veränderung und Ungewissheit wir angenehm finden, ist ganz unterschiedlich, je nach Lebensabschnitt, Lebensbereich und Persönlichkeit. Ob andere Menschen, Länder, Veranstaltungen, Musik … – mancher braucht neue Eindrücke wie die Luft zum Atmen, während andere auf die kleinste Veränderung ihres routinierten Tagesablaufs gereizt reagieren. In jedem Fall sind sowohl Sicherheit als auch Entwicklung grundlegende menschliche Bedürfnisse. Jeder von uns darf für sich die individuell passende Balance finden auf dem Spektrum zwischen Rastlosigkeit und Erstarrung. Dazu ist es hilfreich, zunächst selbst besser zu verstehen, welche Routinen wir aus welchen Gründen haben, an welchen Stellen sie nützlich sind und wo sie uns einschränken.

Wie viel sich in unserem Leben verändert, können wir nur zum Teil beeinflussen, wie wir damit umgehen, liegt ganz bei uns. Unsere Toleranz gegenüber dem Unerwarteten können wir wie einen Muskel trainieren, damit unser Gehirn flexibel bleibt und wir von Veränderungen nicht aus der Bahn geworfen werden.

ZUM NACHDENKEN UND AUSPROBIEREN

Hältst du dich eher für ein Gewohnheitstier, das vor allem Klarheit, Beständigkeit und Sicherheit braucht? Oder liebst du die Veränderung, bist neugierig auf Unbekanntes und spontan? Hast du womöglich Anteile von beidem?

Gibt es Lebensbereiche, in denen dir mehr Abwechslung oder mehr Stetigkeit guttun würden? Was kannst du dafür tun?

Mache dir bewusst, dass du nicht gleich alles zu ändern brauchst; du kannst auch klein anfangen.

5.5 Vorwärts leben, rückwärts verstehen

„Verstehen kann man das Leben oft nur rückwärts, doch leben muss man es vorwärts."

Søren Kierkegaard, dänischer Philosoph und Schriftsteller (1813–1855)

Hätten wir Steve Jobs im Alter von etwa 20 Jahren kennengelernt, hätten wir wohl kaum darauf gewettet, dass er der Welt einmal als kreativer Technologievisionär und Unternehmer in Erinnerung bleiben sollte. Alles andere als gradlinig wirft er sein Studium hin, sammelt Pfandflaschen und lässt sich treiben von seiner Neugier und Intuition, so erzählt Jobs bei seiner legendären Rede im Rahmen der Abschlussfeier der Stanford University im Jahr 2005.

Fasziniert lernt der junge Jobs im Kalligrafiekurs, was schöne Schrift ausmacht. Was zunächst wie nutzloses Wissen erscheint, sollte sich als „unbezahlbar" herausstellen, als er zehn Jahre später bei Apple den ersten Mac-Computer designt. Dem Schönschreibkurs sei Dank entsteht der erste Personal Computer, der ästhetisch ansprechende proportionale Schriftarten darstellen kann – was besonders Grafikerinnen und Werbeagenturen überzeugt.

Auf dem Gipfel seines Erfolgs wird der Gründer bei Apple gefeuert. So schrecklich es sich zunächst auch anfühlt, es sollte sich als das Beste herausstellen, was Jobs hätte passieren können. In der darauffolgenden kreativsten Phase seines Lebens gründet er die Firmen *NeXT* und *Pixar,* die später enorme technologische Einflüsse und Oscars für sich reklamieren können, und lernt seine spätere Frau kennen. Rückblickend wird Jobs klar: „Du kannst die Punkte nicht verbinden, wenn du nach vorne blickst, du kannst sie nur rückblickend verbinden. Du musst darauf vertrauen, dass die Punkte sich in deiner Zukunft irgendwie verbinden werden."[190]

Mit Jobs ungewöhnlich persönlichem und leidenschaftlichem Appell für das Einlassen und das Gestalten des eigenen Lebens lassen sich die verschiedenen Impulse dieses Kapitels zusammenfassen:

Wir können das Leben nur vorwärts leben, verstehen können wir es nur rückblickend. Wie bei einem Puzzle, bei dem aus dem anfänglichen Durcheinander mit der Zeit ein stimmiges Gesamtbild entsteht und die Einzelteile einen tieferen Sinn ergeben. Alles fügt sich, wenn wir darauf vertrauen, dass es gut wird, und es fließen lassen.

Im Laufe unseres Lebens sammeln wir (teils geplant und teils durch zahlreiche Zufälle) immer wieder neue Puzzleteile, auch wenn wir noch nicht wissen, ob oder wo sie hinpassen. Später kombinieren sich unsere bisherigen Erfahrungen und wir können sie auf neue Weise einsetzen. Ob die Teile zusammenpassen, verrät uns das Gefühl der Stimmigkeit. Dieses zu erkennen fällt uns leichter, wenn wir lernen, auf unseren Bauch zu hören.

Das Leben besteht aus Veränderung. Um zufrieden und erfüllt zu leben, akzeptieren wir, was nicht zu ändern ist, und gestalten, was veränderbar ist. Manchmal reicht es schon, einen anderen Blickwinkel einzunehmen, um zufriedener zu werden. Statt nach Perfektion zu streben oder neidisch auf andere zu blicken, werden wir uns bewusst, dass jedes Leben einzigartig und gerade deswegen schön ist.

Bevor wir aktiv werden, verschaffen wir uns zunächst Klarheit darüber, wo wir gerade stehen und was wir verändern wollen. Um zufrieden zu sein, wollen wir uns als kompetent, eigenständig und doch sozial eingebunden erleben, das sind die Grundbedürfnisse. Darüber hinaus geben positive Ziele unserem Leben Orientierung und lassen uns wachsen. Erfüllung erleben wir, indem wir herausfinden, was uns Sinn im Leben gibt, und das im Alltag umsetzen. Wenn wir unsere Stärken kennen und nutzen, setzen wir die Segel für die Reise unseres Lebens.

ZUM NACHDENKEN UND AUSPROBIEREN

Was hast du ohne erkennbaren Nutzen begonnen, was sich später unerwartet als hilfreich herausgestellt hat?

Hast du schon mal einen Moment erlebt, in dem sich die Dinge plötzlich zu einem Gesamtbild zusammengefügt und einzelne Ereignisse durch ihre Verbindung Sinn ergeben haben?

6. Wie du dich selbst veränderst

6.1 Sich selbst neu erfinden

„Du hast das Recht, genau die Person zu sein, die du wirklich sein willst."

Michelle Obama, US-amerikanische Rechtsanwältin und Autorin (*1964)

Wärst du auch gerne etwas gelassener oder geselliger? Würdest du gerne selbstbewusster auftreten oder mehr Einfühlungsvermögen zeigen? So geht es vielen von uns. Wir träumen davon, „eigentlich ganz anders zu sein", kommen jedoch nur zu selten dazu. „So bin ich halt. Da kann ich nichts machen." – So oder ähnlich begründen wir es manchmal, wenn wir uns wieder einmal anders verhalten als gewollt. Doch sind wir wirklich so unveränderbar? Mit innerer Motivation und einer großen Portion Geduld können wir uns sehr wohl weiterentwickeln.

Bei manchen Aspekten unseres Verhaltens geht die Veränderung relativ leicht. Herumliegende Socken wegräumen, den Müll rausbringen, zuhören. Es mag etwas Überwindung kosten, aber wer will, der kann auch. Wie wir uns typischerweise verhalten, ist maßgeblich geprägt von unserer Persönlichkeit, diesem Sammelsurium an Wesenseigenschaften, die uns als Individuum von anderen unterscheiden. Lange dachte man, die Persönlichkeit eines Erwachsenen sei fix. Mittlerweile haben Forschende jedoch herausgefunden, dass sie sich im Laufe des Lebens mehr verändert, als wir vermuten. Durchschnittlich werden wir mit dem Alter etwas weniger offen für neue Erfahrungen und etwas weniger extrovertiert. Dafür verträglicher, gewissenhafter und ausgeglichener, und das sogar ganz ohne gute Vorsätze![191]

Persönlichkeitsentwicklung lässt sich auch gezielt fördern. Dazu legen wir die eigenen Ziele fest (z. B. geselliger werden) und setzen sie mit einem spezifischen Training um. Beispielsweise fragst du die Kollegin, ob sie mit dir einen Kaffee trinken möchte (= kleine Schritte zur Veränderung), oder nimmst dir konkret vor: „Wenn ich an der Supermarktkasse bezahle, dann plaudere ich mit dem Kassierer" (= Wenn-dann-Absichten, vgl. auch Abschnitt 5.3.2).[192]

Wie wir mit unseren Eigenschaften umgehen, ist auch eine Frage der persönlichen Reife, die übrigens mit dem Alter nichts zu tun hat.[193] Statt im Erdgeschoss in ein anderes Zimmer zu gehen, können wir Entwicklungsstufen nach oben nehmen und uns höhere Geschosse mit mehr Aussicht erschließen: Mit zunehmender Ich-Entwicklung können wir mit Ungewissheit und Veränderung besser umgehen, gewinnen innere Freiheit und erkennen mehr Handlungsmöglichkeiten.[194]

Auch unsere innere Stärke ist nur zu ungefähr einem Drittel angeboren, die anderen zwei Drittel entwickeln sich im Laufe des Lebens. Unter innerer Stärke kannst du dir ein Bündel von Eigenschaften vorstellen, auf die du dauerhaft zugreifen kannst. Dazu gehören unter anderem: erlernter Optimismus, innere Ruhe, Stresstoleranz, emotionale Intelligenz und ein gesundes Selbstwertgefühl.

Letztendlich streben wir doch alle danach, glücklich zu sein. Zum Glück lässt sich unser subjektives Wohlbefinden ebenfalls beeinflussen. Jeder von uns hat zwar ein individuelles Glücksniveau, doch das ist veränderbar, zeigt die Forschung der Psychologin Sonja Lyubomirsky: Wie glücklich Menschen sich fühlen, das ist zu 50 Prozent in unseren Anlagen festgelegt. Nur zehn Prozent gehen auf das Konto der äußeren Lebensumstände (Job, Partner, Haus, Auto, Wirtschaftswachstum, Leistung der Regierung … – Grund genug, diese äußeren Dinge weniger wichtig zu nehmen). Hoffnung machende 40 Prozent können wir durchschnittlich durch unser Denken und Handeln selbst beeinflussen! Um glücklicher zu werden, rät Lyubomirsky, dankbar und öfter im Moment zu sein, soziale Beziehungen zu stärken und anderen zu helfen, Grübeleien weniger Raum zu geben und Schwierigkeiten zu bewältigen.[195] Weil wir uns tendenziell immer wieder auf unserem persönlichen Glücksniveau einpendeln, ist es so wichtig, sich zu reflektieren und aktiv an sich zu arbeiten.[196]

Auch im Buddhismus finden wir zahlreiche Erklärungen und Strategien, wie wir Leiden verringern und glücklicher werden. In jeder Sekunde unseres Lebens verändern wir uns, nur merken wir davon meist nichts. Alte Zellen sterben ab, andere Zellen bilden sich neu. Sich diese Tatsache bewusst zu machen hilft, die Illusion des „So bin ich eben“ loszulassen.

Selbst wenn wir an den äußeren Rahmenbedingungen momentan nichts ändern können, so bleibt uns doch immer die Wahlmöglichkeit, unsere Einstellung zu den Dingen zu ändern. Ob wir uns über ein ungünstiges Ereignis aufregen und wie sehr wir darunter leiden, ist unsere Entscheidung. Darin liegt die größte Freiheit.

Vor allem dürfen wir uns genau so akzeptieren, wie wir sind. Jedes Merkmal ist für etwas gut, sonst hätte es sich evolutionär nicht so entwickelt. Du zweifelst noch? Dann überlege noch mal, wofür deine Eigenschaften vorteilhaft sind und was sie dir ermöglichen.

Mehr zu den hier kurz angerissenen Themen findest du in den folgenden Abschnitten dieses Kapitels.

6.2 Bei sich selbst anfangen

„Deine Vision wird nur dann klar, wenn du in dein eigens Herz schaust. Wer nach außen schaut, träumt; wer nach innen schaut, erwacht."

Carl Gustav Jung, Schweizer Psychiater (1875–1961)

Geschockt, gekränkt, in den Grundfesten erschüttert fühlt sich Bodo Janssen, als er die Ergebnisse der Mitarbeiterbefragung liest. „Wir brauchen einen anderen Chef als Bodo Janssen", antwortet ein Mitarbeiter auf die Frage, was er denn brauche, um besser arbeiten zu können. Dabei hatte sich der Geschäftsführer der norddeutschen Hotelkette *Upstalsboom* bisher immer für einen tollen Hecht gehalten. Doch die Ergebnisse der Mitarbeiterumfrage zeichnen ein eindeutig anderes Bild: Mit Schulnoten zwischen 4 und 5 hatten seine Mitarbeitenden ihm ein vernichtendes Zeugnis in Sachen Führung ausgestellt. Von einem Moment auf den anderen dreht sich Janssens Selbstbild: „vom selbst ernannten, alles könnenden und vor allem alles wissenden Topmanager bis hin zu einem gefühlten Flopmanager", wie er es selbst beschreibt.[197]

So schmerzhaft die Erkenntnis auch ist, sie ist notwendig und wird der Start für einen radikalen Kurswechsel. Auf der Suche nach neuen Impulsen zum Thema Führung begibt sich der Unternehmer ins Kloster. Bei einem Kurs des bekannten Benediktinerpaters Anselm Grün und des Psychologen Friedrich Assländer lernt er: „Nur wer sich selbst führen kann, kann auch andere führen." Mit solchen Themen hatte Janssen sich noch nie beschäftigt, und so begibt er sich auf eine Reise in sein Inneres, um herauszufinden, wer er ist, was ihm wichtig ist, was er kann und will.

Durch die Struktur und Ruhe, die Vorträge und Gespräche im Kloster dämmert Janssen mit der Zeit so einiges: wie sehr er sich selbst überschätzt, wie abhängig er sich von Bestätigung anderer gemacht hatte und wie oberflächlich sein bisheriges Leben gewesen war. Seinen tiefen Bewusstseinswandel trägt der Geschäftsführer auch ins Unternehmen und startet dort einen grundlegenden Kulturwandel: Fixe Rollen, Macht, Druck und Kontrolle waren gestern, heute wird bei Upstalsboom Wertschätzung, Potenzialentfaltung und Selbstorganisation gelebt. „Der Upstalsboom Weg" wird zum Musterbeispiel für wertebasierten Kulturwandel und spirituelle Unternehmensführung.[198]

Ebenso wie Bodo Janssen vor der Mitarbeiterumfrage halten sich fast alle Führungskräfte in Deutschland laut Studien für einen guten Chef. Anders sehen das oft die Mitarbeitenden: Nur 25 Prozent der Beschäftigten sind mit ihrem Chef rundum zufrieden.[199] Gerade unter Führungskräften ist Selbstüberschätzung also weitverbreitet. Doch auch unabhängig von der beruflichen Position kann es für jeden nützlich sein, sich selbst besser zu verstehen und sich weiterzuentwickeln.

Wie können wir also anfangen? Nicht jeder hat schließlich das Glück, durch eine Mitarbeiterumfrage einen notwendigen Tritt in den Allerwertesten zu bekommen. Die Alternative nennt sich Selbstreflexion. Wörtlich bedeutet „reflektieren", sich selbst aus einem anderen Blickwinkel zu betrachten. Stell dir vor, du betrachtest dein Leben und dich selbst mit etwas Abstand im Spiegel. Es geht darum, einen Schritt zurückzumachen: Wie und warum fühlen und handeln wir, was ist uns wichtig?

Wozu das gut ist? Durch Selbstreflexion können wir uns selbst, unsere Probleme und deren Ursachen besser verstehen und sogar bisher unbekannte Seiten an uns entdecken, erklärt der Sozialpsychologe James Pennebaker.[200]

Um über dich selbst und dein Leben nachzudenken, kannst du dich wie Bodo Janssen in die Stille eines Klosters zurückziehen. Das geht allerdings auch anders(wo), Hauptsache, du bist ungestört. Nimm dir eine bestimmte Frage vor, richte die Aufmerksamkeit nach innen und beobachte, was in deinen Gedanken auftaucht. Besser klappt es, wenn du deine Gedanken auch in irgendeiner Form ausdrückst und festhältst. Vielleicht machst du das ohnehin schon, etwa beim Kaffeeplausch mit einer guten Freundin. Am besten funktioniert es schriftlich, z. B. mit einem Tagebuch.

Große Teile des Selbst sind unterbewusst und unserem bewussten Denken nicht zugänglich. Erschwerend kommt hinzu, dass wir uns selbst schon ein ganzes Leben lang kennen. Logisch also, dass wir uns selbst nicht objektiv wahrnehmen können. Wir haben sogar einen „blinden Fleck" in unserer Wahrnehmung, während Freunden, Familie oder Kolleginnen diese Anteile sehr wohl auffallen. Vielleicht hat dir schon mal jemand gesagt, dass du hervorragend vermitteln oder präsentieren kannst, während dir selbst diese Fähigkeit nie bewusst aufgefallen ist. Möglicherweise erfährst du auch erst durch die ehrliche Rückmeldung anderer, dass du manchmal einschüchternd wirkst. Durch positives und negatives Feedback können wir unseren blinden Fleck schrittweise verkleinern und Möglichkeiten zur persönlichen Weiterentwicklung erkennen.[201] Es hilft, unsere eigene Wahrnehmung (Selbstbild) mit der Sichtweise anderer Menschen über uns (Fremdbild) abzugleichen und ein „brauchbares Bild" von uns zu bekommen.[202] Nebenbei entwickeln wir Verständnis füreinander und lernen, besser miteinander zu kommunizieren.

Es kann anstrengend sein, sich selbst besser verstehen zu wollen, besonders wenn wie bei Bodo Janssen Selbst- und Fremdbild zunächst weit auseinanderliegen. Doch es lohnt sich. Dem Unternehmer wurde im Kloster die Bedeutung seines Lebens klar: In seinem Ohrensessel sitzend möchte er später seinen Enkelkindern „Geschichten von glücklichen Menschen" erzählen. Seit ihm das bewusst ist, trägt er durch sein eigenes Verhalten jeden Tag dazu bei, diese positiven Geschichten zu initiieren. Seit er sich selbst gefunden hat, ist der früher rastlose Hamsterradmanager voller innerer Klarheit, Ruhe und Freiheit. Genau diese innere Haltung, so Pater Anselm Grün, gibt uns innere Stabilität und Orientierung in Zeiten, in denen die äußere Welt sich immer schneller verändert und Stabilität einbüßt.

„Wenn jemand als Führungskraft etwas verändern möchte, ist er gut damit beraten, zunächst und ausschließlich bei sich selbst anzufangen", das ist Janssens Rat. Wie kaum ein anderer verkörpert er das Prinzip, dass wir andere nicht verändern können, sondern nur uns selbst. Der erste Schritt ist, sich selbst besser zu verstehen.

ZUM NACHDENKEN UND AUSPROBIEREN

Nimm dir an einigen Tagen hintereinander etwas Zeit, um über einen bestimmten Teil deines Lebens nachzudenken (Beruf, Freunde und Familie, Gesundheit, Freizeit ...). Am besten berichtest du einer Vertrauensperson von deinen Gedanken oder schreibst sie auf. Du kannst auch dein eigenes Reflexionstagebuch gestalten, in welchem du regelmäßig festhältst, was du gemacht hast (Aktivitäten, Kontakte, Bewegung, Ernährung, Schlaf) und wie es dir dabei ging.

Bitte Menschen, denen du vertraust, dir Rückmeldung zu deinem Verhalten zu geben. Auch wenn kritische Aspekte dabei sind, versuche das Feedback offen aufzunehmen.

Jedem ist etwas anders im Leben wichtig. Durch die Impulse zu Bedürfnissen, Sinn und Zielen aus Kapitel 5 siehst du womöglich schon klarer.

6.2.1 Mit der richtigen Geschwindigkeit leben

„Frage die Pflanzen, warum sie im Wechsel ruhen und wachsen."

Helmut W. Brinks, deutscher Schriftsteller (*1932)

Das Leben ist wie ein Fußballspiel, hat der Arzt und Psychotherapeut Rüdiger Dahlke sinngemäß einmal gesagt. In der ersten Halbzeit schießt man ganz viele Tore. Wenn man allerdings in der zweiten Halbzeit verpasst, dass es einen Seitenwechsel gibt, schießt man nur noch Eigentore.[203]

„Genau so ist es in meinem Leben", denkt Regina Köhler oft, die wir schon in Kapitel 5 kennengelernt haben. In ihrer ersten Lebenshälfte ist die studierte Psychologin zielstrebig, fleißig und ehrgeizig. Alles geht ihr leicht von der Hand und unheimlich schnell. „Es war wie ein virtuoses Jonglieren mit zehn Bällen", sagt sie rückblickend. Menschen, die mit ihr in Berührung kommen, haben oft ein staunendes „Wow" auf den Lippen: Mit 29 Jahren Geschäftsführerin, mit 34 Jahren Gründerin eines Unternehmens, das in kurzer Zeit auf 20 Mitarbeitende anwächst. Verheiratet, zwei kleine Kinder. Wie schafft sie das alles? Es ist ein Leben im Schnelldurchlauf, alles scheint möglich, die Kräfte unendlich. Es bedeutet harte Arbeit, doch Regina geht es leicht von der Hand.

In Reginas zweiter Lebenshälfte bekommt dieses Leben Risse. Erste Erfahrungen mit Spiritualität und eindrückliche neue Begegnungen setzen bei ihr einen Bewusstseinsprozess in Gang. Und plötzlich bricht alles ein und Regina merkt, dass das, was sie bisher erfolgreich gemacht hat, nicht mehr funktioniert. Ihre Ehe ist nur noch Fassade, ihr Unternehmen bedeutet zwar Freiheit, doch die Verantwortung legt sie auch in Ketten, die sie unbeweglich machen. Wenn sie sich selbst treu bleiben will, sind schmerzliche Entscheidungen unausweichlich. Sie lässt sich scheiden und kündigt an, sich aus dem operativen Geschäft der Firma zurückzuziehen. Was folgt, ist erst einmal ein riesiges Nichts. Als wäre ein Stecker gezogen worden, verbringt die sonst quirlige Powerfrau viele Wochen auf dem Sofa, im Wald oder an der Kuhweide. Der Gedanken- und Tatendrang, der bisher Reginas Leben bestimmte, weicht einer Entschleunigung auf den Nullpunkt: einfach nur das Hier und Jetzt zählt – atmen, fühlen, sein. Der Kopf wird still – ein unbekanntes Lebensgefühl.

Erst in der völligen Entschleunigung wird der Unternehmerin mit Leib und Seele bewusst, dass ihre Firma ihre gesamte Identität ausmacht und dass es nun darum geht herauszufinden, wer sie in ihrem inneren Kern eigentlich ist. Es sollten mehrere Jahre tiefer Transformation werden.

Mit ihrer Geschichte zeigt Regina, wie man sich aus einer Lebenskrise heraus neu erschaffen kann. Zudem veranschaulicht sie, welche Rolle die Geschwindigkeit spielt, mit der wir wie selbstverständlich durchs Leben gehen. Eine objektiv „richtige" Geschwindigkeit gibt es nicht, die ist bei jedem anders. Noch dazu verändert sich unser Zeitempfinden andauernd (wie wir in Abschnitt 6.3.1 noch sehen werden). Die entscheidende Einsicht in notwendige Veränderungen in ihrem Leben kam Regina erst in der völligen Entschleunigung. Solange wir im Hamsterrad rennen, können wir kaum mehr erkennen, was in unserem Leben (schief)läuft. Genauso wenig werden wir Pilze entdecken, während wir durch den Wald joggen – fündig werden wir nur, wenn wir langsam und aufmerksam unterwegs sind.

Vielleicht werden wir von unserem Umfeld auf die fragwürdige Sinnhaftigkeit des Hamsterrads hingewiesen oder wir steigen selbst regelmäßig aus und betrachten es von außen. So oder so – sich Zeit für das Nichtstun zu nehmen hilft, uns selbst besser zu verstehen und zu erkennen, was uns guttut und im Leben wichtig ist.

Was uns unfassbar schwerfällt, ist in südlichen Kulturen ganz normal. Einfache Siesta machen oder nach getaner Arbeit vor dem Haus sitzen und mit Nachbarn und Freundinnen plaudern. Dieser Umgang mit Zeit ist für uns im Westen undenkbar, er erscheint uns unproduktiv, gar verwerflich. Wegen unserer „Unfähigkeit, Zeit zu verschwenden" – so der Soziologe Hartmut Rosa – hetzen wir lieber auch in der Freizeit durch unser Leben und haken unaufhörlich To-do-Listen ab, statt auch mal fünfe gerade sein zu lassen.[204]

Statt sich im Glauben, immer produktiv sein zu müssen, zu stressen, rät Rosa, aktives und passives „In-der-Welt-Sein" in Balance zu bringen. Dazu gehört auch, mal nichts zu tun. Nicht, um Kräfte zu tanken für den nächsten Sprint, sondern einfach nur so, sich treiben lassen, Müßiggang üben und gelingende Momente „jenseits des Verwertungsmodus" erleben. Was uns glücklich macht, kommt oft unerwartet, so der Soziologe. Offen dafür sind wir nur, wenn wir die Gelegenheiten inmitten aller Listen und selbst auferlegten Zwänge erkennen. Erlaube dir auch mal, einfach nur zu sein, ohne etwas zu tun, zu planen oder zu denken. Das To-do für morgen: Auch mal ohne Plan einfach in den Tag hineinleben.

ZUM NACHDENKEN UND AUSPROBIEREN

Wie hoch ist die „Drehzahl", mit der du gerade unterwegs bist? Wie geht es dir mit dieser Geschwindigkeit?

Wie steht es in deinem Leben um das Verhältnis von Muße/Abwarten und Gestalten/Anpacken? Was kannst du tun, um mehr in Richtung deines persönlichen Gleichgewichts zu kommen?

Was würdest du machen, würde Geld keine Rolle spielen? Welche Hinweise leitest du daraus ab?

Du brauchst nicht immer produktiv zu sein. Erlaube dir auch mal, einfach nur zu sein, ohne etwas zu tun, zu planen oder zu denken.

6.2.2 Positive Emotionen ans Steuer lassen

„Achte auf deine Gefühle, denn sie werden zu Gedanken.
Achte auf deine Gedanken, denn sie werden zu Worten.
Achte auf deine Worte, denn sie werden zu Handlungen.
Achte auf deine Handlungen, denn sie werden zu Gewohnheiten.
Achte auf deine Gewohnheiten, denn sie werden dein Charakter.
Achte auf deinen Charakter, denn er wird dein Schicksal.“

Aus China

Fünf kleine Gestalten namens *Freude, Wut, Angst, Kummer* und *Ekel* rangeln permanent darum, wer im Kontrollzentrum im Kopf des Mädchens am Steuer ist. So erhalten wir im Animationsfilm *Alles steht Kopf* bildhafte Einblicke in die Gefühlswelt der elfjährigen Riley. Solange *Freude* die Führung übernimmt, ist das momentane Erleben und Handeln des Mädchens voll Zuversicht und Begeisterung. Die gleiche Prägung wird auch durch sogenannte Erinnerungskugeln in ihrem Langzeitgedächtnis eingelagert. Knifflig wird es, als nach dem Umzug in eine fremde Stadt die positive *Freude* plötzlich verschwindet und die negativen Emotionen übernehmen müssen …

Unseren Emotionen sind wir allerdings nicht ausgeliefert. Mit etwas Übung können wir sie erkennen, ihnen mehr oder weniger Raum geben und auch beeinflussen, welche Emotion das Steuer übernimmt.

Aus eigener Erfahrung wissen vielleicht viele, dass es nicht selbstverständlich ist, dass wie bei Riley die Freude meist die Oberhand hat. Ein Fokus auf negative Emotionen wie Angst oder Ärger hat unseren Vorfahren beim Überleben geholfen (Abschnitt 3.1.1). Deshalb sind sie tief in unseren Gehirnstrukturen verankert und haben in unserer inneren Welt oft Vorfahrt. Positive Emotionen waren zum Überleben nicht so wichtig, im Vergleich sind sie viel flüchtiger und gehen im Alltag leicht unter.[205] Doch positive Emotionen wie Freude, Hoffnung oder Dankbarkeit helfen, die negativen Auswirkungen von Stress abzupuffern, sie machen uns belastbarer und zufriedener.[206] Sie sind gut für unsere Gesundheit, stärken unser Herz und die innere Abwehr. Sie erweitern unser bisheriges Denk- und Handlungsrepertoire, lassen uns offener und mutiger Möglichkeiten sehen und aktiv angehen.[207] Außerdem können sie zu einem längeren, gesünderen und zufriedeneren Leben beitragen.[208] Grund genug, positive Emotionen bewusst wahrzunehmen und zu kultivieren, oder?

Unser Gehirn verändert sich ständig, nicht nur einzelne Synapsen und Nervenzellen, sogar ganze Gehirnareale. Man nennt das Neuroplastizität.[209] Positive wie negative Erfahrungen hinterlassen Spuren in unseren grauen Zellen, nämlich in Form mehr oder weniger dauerhafter Verknüpfungen unserer Nervenzellen. Für unsere Gewohnheiten haben wir gut ausgebaute Autobahnen in unserem Kopf, auf die wir ohne Mühe fast automatisch abbiegen. Doch auch für neue (hoffentlich positive!) Erfahrungen können wir neue Gehirnstrukturen anlegen. Zu Beginn fällt ein neues Verhalten noch schwer. Uns steht noch keine Autobahn zur Verfügung, wir müssen erst neue Wege schaffen und zuvor eine Schneise durchs Dickicht schlagen. Je häufiger wir eine Erfahrung machen oder ein Verhalten zeigen, desto stabiler werden die Verknüpfungen im Gehirn und desto selbstverständlicher nutzen wir sie. Die Schneise wird zum Trampelpfad, zum Feldweg und mit viel Übung und Geduld vielleicht sogar zur Schnellstraße.[210]

Meist passiert das unbewusst, doch das können wir ändern. Der Neuropsychologe Rick Hanson rät dazu, die innere Welt unseres Bewusstseins wie einen Garten zu bearbeiten. Negativ geprägte Gedanken sind wie Beikraut: Lassen wir Stress und Sorgen einfach wuchern, prägen sie ruckzuck das Gesamtbild unseres inneren Gartens. Jäten wir jedoch das innere Beikraut und düngen die Blumen, dann bleibt dafür vor lauter Blütenpracht weniger Platz. Hierzu rät Hansen, negative Erfahrungen zunächst loszulassen (jäten) und dann durch positive zu ersetzen (düngen). Ein konkretes Beispiel: Versuche beim nächsten Streit, den Körper zu entspannen und den Ärger etwas abklingen zu lassen. Dann denke bewusst zehn bis 20 Sekunden an eine schöne Situation mit der Person, mit der du gerade Zoff hast. Dadurch geht es dir nicht nur in diesem Moment besser, es wird auch wahrscheinlicher, dass der Streit nicht eskaliert. [211]

Indem wir positive Erfahrungen machen und bewusst wahrnehmen, können wir mit der Zeit sogar unsere geistige Hardware umprogrammieren, sodass wir immer seltener wütend oder verunsichert und immer häufiger gelassen und zuversichtlich reagieren. Ob wir ein Schwarzmaler oder ein Sonnenkind wie Riley sind, haben wir also ein Stück weit selbst in der Hand.

ZUM NACHDENKEN UND AUSPROBIEREN

Wohin führen deine inneren Schnellstraßen? Reagierst du auf Neues eher mit Neugier oder mit Sorge?

Wenn du negative Gedanken aufschreibst und den Zettel anschließend vernichtest, kannst du deine Wut schneller abbauen.[212]

Nimm freundliche Gesten und schöne Dinge im Alltag bewusster wahr, zum Beispiel wenn du eine schöne Blume siehst, jemand dich freundlich anlächelt, du jemandem die Tür aufhältst und dieser sich aufrichtig bedankt ...

Mache einen positiven Tagesrückblick: Dazu rufst du dir vor dem Einschlafen in Erinnerung, was heute schön war. Was hast du dazu beigetragen, dass das Schöne eintreten konnte? Mit dieser Frage stärkst du deine Selbstwirksamkeit, die Überzeugung, mit deinen eigenen Taten etwas verändern zu können.

Lieber oft als viel: Besser als einmal in der Woche ist es, jeden Tag drei schöne Dinge zu notieren.

6.2.3 Wie wir unsere eigene Welt erfinden

„Wir sehen nicht die Dinge, wie sie sind, sondern wir sehen sie, wie wir sind."

Aus dem Talmud, Schriftwerk des Judentums

Eine Löwin streift durch das Berliner Stadtgebiet, festgehalten auf einem verschwommenen Handyvideo. Da kein Zoo das Tier vermisst, wird vermutet, es müsse aus privater Haltung entlaufen sein. Einsatzkräfte beteuern, das Tier mit eigenen Augen gesehen zu haben. Zwei Tage Großeinsatz der Polizei. Bürger und Haustiere sollen zu Hause bleiben. Wie sich später herausstellt, steckt hinter der „Löwin" in Wirklichkeit ein Wildschwein – und Millionen von Menschen sind einer Sinnestäuschung erlegen. Menschen sehen Dinge, die nicht da sind.

Zu sehen ist ein Basketballfeld: zwei Mannschaften, eine weiß und die andere schwarz gekleidet, werfen einen Ball hin und her. Die Zuschauerin hat die Aufgabe, ausschließlich die Würfe der weißen Mannschaft im Video zu zählen. Hoch konzentriert folgt ihr Blick dem Ball. Die anschließende Frage, ob ihr etwas Besonderes aufgefallen sei, verneint sie. Dass während des Ballwerfens ein als Gorilla verkleideter Mensch über den Rasen gelaufen ist, ist – wie etwa bei der Hälfte der Versuchspersonen in dieser Studie – nicht in ihr Bewusstsein vorgedrungen.[213] Menschen sehen Dinge nicht, die tatsächlich da sind.

Die Engländerin Celilia Bleasdale postet ein Bild von ihrem blau-schwarz gestreiften Kleid, das sie zur Hochzeit ihrer Tochter anziehen will. Daraufhin überschlagen sich die Kommentare im Internet. Die Netzgemeinde teilt sich fortan in zwei Lager: Für die einen ist das Kleid ohne Zweifel gold-weiß gestreift, für die anderen eindeutig blau-schwarz, für manche wechselt die Farbe sogar je nach Tageszeit. Menschen sehen Dinge unterschiedlich.

Diese Beispiele zeigen, dass die „Wirklichkeit“ gar nicht so eindeutig ist, wie wir glauben. Aus ein paar Bruchstücken an Informationen baut sich unser Gehirn seine eigene Realität zusammen, jedes Oberstübchen macht das etwas anders. Unsere subjektive Wahrnehmung unterscheidet sich daher, geprägt durch unseren Körper, unsere Persönlichkeit, unsere Kultur, unsere Erfahrungen. Den Großteil des Ergebnisses bringen wir selbst ein, der geringere Anteil stammt aus dem Außenreiz. Was wir wahrnehmen, ist also eher eine „Wahrgebung“.[214] Das erklärt auch, warum Missverständnisse die Regel und gelingende Kommunikation die Ausnahme sind, selbst wenn wir die gleiche Sprache sprechen.[215]

Bei greifbaren Dingen wie Löwen, als Affen verkleideten Menschen und Kleidern ist das schon erstaunlich. Wie unterschiedlich ist da erst die Einschätzung, wenn es um das „richtige“ Verhalten geht? Das ist einerseits spannend und bereichernd. Unterschiedliche Sichtweisen helfen, eingefahrene Denkmuster zu durchbrechen und auf ganz neue Ideen zu kommen. Schon Einstein wusste, dass man nicht auf die Lösung eines Problems zu hoffen braucht, solange man es immer wieder aus derselben Perspektive betrachtet.

Andererseits ist es oft anstrengend und unbequem, wenn unsere eigene Sicht nicht geteilt, vielleicht sogar infrage gestellt wird. Wenn wir unseren Blick auf die Dinge als den einzig richtigen annehmen und gegenüber Andersdenkenden verteidigen, kann das schnell zu Konflikten führen.

Die Grundlage für gelingende Kommunikation ist zunächst das Bewusstsein, dass jeder von uns auf seinem eigenen „inneren Planeten“ lebt. Durch wechselseitiges Feedback können wir Wirklichkeitsabgleiche machen und so den inneren Planeten des anderen immer besser verstehen, empfiehlt der Psychologe und systemische Berater Bernd Schmid.[216]

Gerade bei Konflikten ist die Einsicht nützlich, dass das Verhalten des anderen aus seiner Sicht sinnvoll ist. Sonst würde er sich wohl kaum so verhalten, oder? Perspektivenwechsel heißt das Zauberwort. Auch wenn es schwerfällt: Versuche, dich in die Situation des anderen hineinzuversetzen und die Angelegenheit durch seine Brille zu sehen. Seine Sichtweise und sein Verhalten musst du deswegen noch lange nicht gut finden, aber zumindest kannst du sie nachvollziehen.

Meist gibt es mehr als nur eine „richtige“ Lösung. Nützlicher als die Unterscheidung von „richtig“ und „falsch“ ist in vielen Situationen die Frage, was gerade angemessen und hilfreich sein könnte.

Mit Einsicht und etwas Übung können wir die Unterteilung der Welt in schwarz und weiß hinter uns lassen und zunehmend auch Grautöne und alle möglichen Farben wahrnehmen und anerkennen. Das ist kein Freifahrtschein für das Verbreiten von

Falschmeldungen, die jeglicher Grundlage entbehren. Um noch einmal auf die Eingangsbeispiele zurückzukommen: Fakt ist, da war ein als Affe verkleideter Mensch im Video zu sehen, auch wenn ihn die meisten Probanden nicht registriert haben. Fakt ist auch, da war keine Löwin in Berlin unterwegs, auch wenn Millionen von Bürgern sie in den sozialen Medien oder in den Nachrichten gesehen haben wollen. Bevor wir eine Sensationsnachricht weiterverbreiten oder uns tief in Konflikte verstricken, halten wir besser einmal inne und recherchieren, ob es noch andere plausible Erklärungsansätze gibt, bleiben offen für neue Erkenntnisse und sind falls nötig bereit, unser Urteil zu ändern.

ZUM NACHDENKEN UND AUSPROBIEREN

Hast du dich schon mal sehr über das Verhalten einer Freundin, eines Familienmitglieds oder Kollegen geärgert, und später hat sich herausgestellt, dass die Dinge ganz anders lagen, als du zunächst angenommen hattest?

Wenn du das nächste Mal in einen Konflikt gerätst, versuche, dich in die Position der anderen Person zu begeben und die Angelegenheit durch ihre Augen zu sehen. Warum könnte ihr Verhalten aus ihrer Sicht sinnvoll sein? Was ändert sich dadurch für dich?

Wirf regelmäßig deinen inneren „Schmarrn-Scanner“ an und hinterfrage den Wahrheitsgehalt von (Sensations-)Nachrichten kritisch, insbesondere wenn sie über Social Media verbreitet werden. Sei dir der Gefahr (gezielter) Falschinformationen bewusst und überprüfe die Seriosität der verwendeten Quellen.

6.3 Eine uralte Erfindung, um Stress an der Wurzel zu packen

„Zwischen Reiz und Reaktion liegt ein Raum. In diesem Raum liegt unsere Macht zur Wahl unserer Reaktion. In unserer Reaktion liegen unsere Entwicklung und unsere Freiheit."

Viktor Frankl, österreichischer Neurologe und Psychiater (1905–1997)

Irgendwo in Nordindien: Ein Mann Mitte 30 sitzt unter einem Baum, ganz und gar regungslos, schon seit sechs Tagen. Wie von der Tarantel gestochen springt er urplötzlich auf und ruft: „Das ist die Lösung!" Seit Jahren hatte er gerätselt, wie man das viele Leid in der Welt verringern könnte, Armut, Hunger, Krankheiten und Tod. Weder im Reichtum noch im extremen Verzicht lag der Schlüssel zum Glück, beides hatte der Königssohn ausprobiert und war gescheitert. Unzufrieden mit bestehenden Lösungen (typisch für einen Innovator!) hatte er seine eigenen Experimente mit meditativer Versenkung angestellt. Nun endlich, nach jahrelanger harter Arbeit, hat er schließlich die geniale Einsicht. Den Rest seines Lebens widmet sich Gautama Siddhartha, fortan „Buddha" (der Erleuchtete) genannt, der Weitergabe der von ihm entdeckten Lösung, sodass möglichst viele Menschen Leid verringern und ein glückliches Leben würden führen können.

Worin besteht diese geniale Einsicht? Siddhartha erkennt, dass Unzufriedenheit, Stress und Leid in unserem Geist entstehen. Auf äußere Sinneseindrücke, wie Kuchen oder Pickel, reagieren wir mit Gefühlen von Begehren (essen wollen) oder Ablehnung (loswerden wollen). Dieser Mechanismus in unseren grauen Zellen läuft automatisch und andauernd ab, denn unser Leben ist voller Sinneseindrücke. Wir denken ununterbrochen, selbst wenn wir schlafen, gibt unser Geist keine Ruhe. Diese andauernde Unzufriedenheit sorgt für Spannungen in unserem Geist, die sich auch in unserem Körper bemerkbar machen, etwa über Anspannung und Verspannungen. Im Grunde ist das unnötig, denn früher oder später geht ohnehin alles vorbei: Wenn wir den Kuchen aufessen, ist unser Appetit nur kurz gestillt, vielleicht bereuen wir es sogar. Der Pickel verheilt nach ein paar Tagen ganz von allein, ob wir uns an ihm stören oder nicht, macht keinen Unterschied.

In unserem menschlichen Geist voller Gedanken, Bewertungen und Reaktionen, so erkennt Buddha, liegt die Ursache des Leidens.[217] Zum Glück wird ihm auch klar, dass wir Leid verringern und sogar auflösen können: indem wir lernen, unser Denken zu kontrollieren, um weniger oder nicht mehr leidvoll zu reagieren und unseren Emotionen damit weniger Macht über uns zu geben. Um beim Beispiel zu bleiben: Du nimmst den Pickel wahr, vielleicht auch deinen Ärger darüber. Statt dich hineinzusteigern, denkst du dir: „Das geht auch vorbei!", und beobachtest, wie sich dein Ärger legt. Buddhas Lösung besteht in einer sehr konkreten Anleitung, einer

Kombination aus Empfehlungen zur Lebensgestaltung und Meditationsübung, die uns helfen soll, offener, freier und glücklicher zu leben. Daran ist im Grunde nichts Übernatürliches, es ist einfach eine Art zu leben.

Das klingt doch logisch und machbar! Um diese Fähigkeit zu erlernen, sitzen wir nun mit 99 anderen Menschen in einem Meditationsretreat. Nur sitzen, ohne uns zu bewegen, und versuchen, aufmerksam wahrzunehmen, was gerade in diesem Moment ist. „Spüre deine Einatmung …" *Mein Rücken tut weh, die Übung soll doch Leiden verringern!* „Beobachte neutral die Reaktionen deines Körpers." *Moment, ohne zu urteilen, ohne zu reagieren. Also gut, es tut weh, aber das ist in Ordnung und geht vorbei.* „Spüre deine Ausatmung …" *Sind das etwa Ohrgeräusche? Hoffentlich keine gefährliche Krankheit …* „Ärgere oder verurteile dich nicht, wenn du abschweifst, sondern lenke nur die Konzentration zurück auf den Atem." *Warum muss die da vorne immer husten, wie soll man sich so konzentrieren?* „Entwickle Verständnis und Mitgefühl für andere und dich selbst." *Wie lange noch? Was für eine blöde Idee, stattdessen könnte ich jetzt entspannt am Strand liegen!* „Nimm Gedanken wahr und lasse sie ziehen wie Wolken am Himmel, wissend, dass nichts von Dauer ist." *Auch nicht diese Meditation, zum Glück!*

Nichts tun – nicht mal denken – das ist ganz schön herausfordernd. Sei beruhigt, das geht am Anfang allen so. Ein unruhiger und sprunghafter „Affengeist" ist menschlich. Praktischer wäre es, einfach einen Schalter umzulegen, doch auf dem Weg zur Erleuchtung gibt es nun einmal keine Abkürzung. Immerhin, die Anstrengungen lohnen sich: Neben den vielen anderen, die den Weg vor uns gegangen sind, wurden die positiven Wirkungen der Meditation umfassend von Neurowissenschaftlern bestätigt. Achtsamkeit hilft uns, klarer zu denken und uns besser zu konzentrieren; wir erleben weniger emotionalen Stress und fühlen uns besser.[218] Um diese positiven Effekte wahrzunehmen, brauchen wir zugegebenermaßen etwas Übung. Doch auch Anfängerinnen erleben immer wieder Momente, in denen sich Gefühle der inneren Ruhe, Leere, Klarheit und Heiterkeit ausbreiten. Wir sind auf dem richtigen Weg, nun heißt es, dranbleiben und üben.

ZUM NACHDENKEN UND AUSPROBIEREN

Werde dir deiner typischen Muster bewusst: Woran erkennst du, dass du in einen Strudel aus Sorgen und Befürchtungen gerätst (grübeln), von Begierde und immer neuen Habenwollen-Zielen geleitet bist (Kaufrausch) oder Ablenkung in Unwesentlichem suchst (einem Serienmarathon, endlosem Surfen im Internet oder den sozialen Medien)?

Wenn du merkst, dass es dir nicht guttut, wie kannst du den Automatismus stoppen? Beispielsweise indem du deinen Lieblingsplatz aufsuchst, im Wald spazieren gehst, eine Freundin anrufst oder (abwartest und) Tee trinkst.

Konzentriere dich für einen Moment auf deinen Atem. Nimm wahr, wie er kühl in deine Nase einströmt und warm wieder herausfließt, ohne etwas zu verändern. Wenn Gedanken auftauchen, nimm sie nur wahr und lasse sie ziehen, ohne sie zu bewerten. Zu Beginn reichen schon zwei oder fünf Minuten, mit der Zeit kannst du die Dauer der Meditation ausweiten.

6.3.1 Im Moment zu Hause sein

„Wenn wir nicht ganz wir selbst sind, wahrhaftig im gegenwärtigen Augenblick, verpassen wir alles."

Thích Nhất Hạnh, vietnamesischer buddhistischer Mönch und Autor (1926–2022)

Gänsehautfeeling … Wir tauchen ein in die beste Musik der Welt, lösen uns auf und werden Teil einer begeisterten Menschenmenge. Es gibt nur noch die Musik, in unseren Ohren, zwischen unseren Ohren. Begeistert singen und tanzen wir mit, spüren den Beat im ganzen Körper. Gestern, morgen – gibt es nicht! Nur das Jetzt.

Heutzutage laufen Konzerterlebnisse bisweilen anders ab: Die berühmte Musikerin betritt die Bühne, Tausend kleine Bildschirme leuchten in der dunklen Menge, Smartphones werden nach oben gehalten. „Ist der Star auf der Bühne auch zu erkennen? Bloß nicht verwackeln!" Im Versuch, den Moment für immer festzuhalten, verpassen wir die einzige Gelegenheit, die Situation wirklich zu erleben, denn die ist im Hier und Jetzt.

Wie oft passiert es uns, dass wir zwar körperlich anwesend, aber nicht wirklich präsent sind. Bisweilen werden wir von anderen darauf hingewiesen, dass wir in Gedanken ganz woanders sind. Meistens jedoch fällt es uns gar nicht auf.

Was ist diese Gegenwart? Wir erleben unsere subjektive Gegenwart in Zeitintervallen von ungefähr zwei bis drei Sekunden Dauer. Unser Gehirn erzeugt daraus die Illusion der Kontinuität, wie bei einem Film, bei dem einzelne Bilder so schnell aufeinanderfolgen, dass es uns wie „im Fluss“ erscheint. So fließen die einzelnen Gegenwartsfenster zusammen und werden zum Strom des Bewusstseins. Vergangenes und Zukünftiges werden im Vergleich zur Gegenwart komprimiert, kommen uns kürzer vor, als sie physikalisch tatsächlich sind. Je mehr wir in den vergangenen Zeitfenstern erlebt haben, desto länger kommt uns diese Zeit rückblickend vor. In der Gegenwart ist es genau andersherum: Wenn wir wie in der Meditation bewusst nichts tun, scheint die Zeit besonders langsam zu vergehen.[219]

„Sei im Augenblick!“, „Denk nicht so viel an die Zukunft!“, „Hänge nicht der Vergangenheit nach!“ – Wie oft hast du das in deinem Leben schon gehört? Leichter gesagt als getan. Statt die Vergangenheit abzuhaken, träumen wir davon, „wie schön das doch damals war“, oder grübeln darüber, „was hätte sein können, wenn …“. Doch die Vergangenheit ändern oder ewig fortschreiben zu wollen ist ein hoffnungsloses Unterfangen. Auch wenn wir uns gerne vorstellen, wie wir unsere Zukunft gestalten, spielen viele Unwägbarkeiten zusammen, und das Ergebnis liegt oft jenseits unserer Überlegungen und durchgeplanten Szenarien. Seien wir ehrlich, die Gegenwart ist die einzige Zeit, die wir wirklich erleben, gestalten und genießen können. Zufriedener sind wir daher, wenn wir uns auf das konzentrieren, was sich gestalten lässt, und den Rest getrost loslassen.

Zudem lässt es sich im Jetzt gut aushalten. Objektiv betrachtet, geht es uns in den allermeisten Momenten gut. Nur merken wir das nicht, wenn wir uns zu sehr mit der Vergangenheit (ärgern, bedauern) und der Zukunft (sorgen, planen) beschäftigen und uns damit Stress in der Gegenwart machen. Begrenzen wir die Beschäftigung mit Vergangenem und Zukünftigem, können wir die Gegenwart besser wahrnehmen und mehr genießen.

Apropos genießen: Ein Muffin ist kaum mehr als ein großer Zuckerklumpen, wenn wir ihn in wenigen Sekunden hinunterschlingen, während wir nebenbei sein Foto bearbeiten und auf Instagram posten. Mit allen Sinnen, präsent im Augenblick, nehmen wir das süße Gebäck viel detaillierter wahr, sein verlockender Duft steigt uns in die Nase und lässt uns das Wasser im Mund zusammenlaufen. Die süße Glasur schmilzt zart auf der Zunge und bei jedem Bissen entfaltet sich eine Geschmacksexplosion im Gaumen. Am besten probierst du es beim nächsten Mal selbst aus und erkennst, worin der Unterschied liegt.

Natürlich bedeutet das Präsentsein in der Gegenwart nicht, alle Zügel loszulassen, die Zukunft ganz aufzugeben oder sich nicht um die Verarbeitung der Vergangenheit zu kümmern. Es war schon immer eine gute Idee, sich heute gut um die Gesundheit zu kümmern, um hoffentlich lange und unbeschwert zu leben. Im Moment sein bedeutet ebenso wenig, in der Gegenwart im Luxus zu schwelgen, ohne fürs Alter vorzusorgen oder heute zu chillen, statt zu lernen, weil der Berufseinstieg noch in weiter Ferne scheint. Auch wenn wir uns auf die Zukunft vorbereiten, machen wir das im Hier und Jetzt. Eine andere Zeit steht uns für unsere Aktionen schlicht nicht zur Verfügung. Wer den gegenwärtigen Moment gut gestaltet, tut damit sehr viel für eine bestmögliche Zukunft.

ZUM NACHDENKEN UND AUSPROBIEREN

Wann hast du zuletzt mehrere Dinge gleichzeitig erledigt, ohne voll bei der Sache zu sein? Wann warst du zuletzt mit voller Aufmerksamkeit im Moment?

Vergegenwärtige dir, wo sich dein Körper gerade befindet. Sieh dich langsam im Raum um, was siehst du? Lausche den Geräuschen um dich herum. Was hörst du? Wie fühlt sich dein Körper an, welche Empfindungen spürst du? Nimm wahr, wie es dir gerade geht.

Sei bei dem, was du tust, voll bei der Sache: Konzentriere dich auf das Gespräch und den anderen Menschen. Beim Essen nimm die unterschiedlichen Geschmäcker und Texturen der Speisen wahr. Mit Wasabi-Paste gelingt das garantiert auch den weniger Sensiblen.

6.3.2 Weniger werten

„Die Dinge haben nur den Wert, den man ihnen verleiht."

Molière, französischer Schauspieler und Dichter (1622–1673)

So ein Pech aber auch! Nur weil die Kreditkarte im entscheidenden Moment streikt, ist unsere bevorzugte Unterkunft direkt am Strand nun ausgebucht. Zähneknirschend entscheiden wir uns für eine abgelegenere Alternative, die sich vor Ort als Glücksgriff erweist: ruhige Gegend, wenig besuchte Strände, kaum Touristen und herzliche einheimische Gastgeberinnen, von denen wir viel über Land und Leute erfahren. Unser ursprünglicher Favorit wäre mitten in einer hoch frequentierten Hotelsiedlung gewesen. So ein Glück aber auch!

Objektiv gut oder schlecht ist nicht die Situation an sich, sondern erst durch unsere subjektive Bewertung machen wir sie dazu. Wir bewerten, vergleichen und urteilen die ganze Zeit, meist ohne es zu merken: das Wetter, das eigene Aussehen, den Partner, die Frisur der Kollegin. Wer hat den schönsten Urlaub, das teuerste Auto, die süßesten Kinder? Wie eine App, die im Hintergrund läuft und unnötig Energie verbraucht – und das, obwohl wir sie nie jemals bewusst installiert haben. Kein Wunder, das Bewerten gehört zu unserer Werkseinstellung als Mensch und ist grundsätzlich eine durchaus praktische Einrichtung der Natur. Bewertungen helfen uns, zwischen förderlichen und schädlichen Ereignissen zu unterscheiden. Für unsere Vorfahren mag dieser Automatismus überlebenswichtig gewesen sein, für uns ist er vor allem eines: stressig.

Doch obwohl uns die Gewohnheit des Bewertens viel Lebenszeit und Aufmerksamkeit kostet, liegen wir mit unseren Beurteilungen doch oft daneben oder nehmen uns durch sie die Sicht auf neue Optionen. Ist unsere Lieblingsröstung im Kaffeehaus ausverkauft, können wir frustriert von dannen ziehen. Genauso gut können wir es als Möglichkeit verstehen, eine neue Sorte für uns zu entdecken, für die wir sonst nicht offen gewesen wären. War es gut oder schlecht, dass unser bisheriger Favorit nicht verfügbar war?

Das Leben nimmt auf unsere Wünsche keine Rücksicht. Wenn es anders kommt, als wir uns das vorgestellt haben, leiden wir. Gemeinhin haben wir ein Problem damit, die Vergänglichkeit unseres Daseins zu akzeptieren. Solange es uns gut geht, reden wir uns ein, es werde ewig so weitergehen. Dabei ist das eine Illusion. Der ständige Verfall macht auch vor uns nicht halt. Er erinnert uns daran, dass wir sterben werden – ein Gedanke, den wir lieber verdrängen. Steve Jobs sah das positiv: „Der Tod ist wohl die beste Erfindung des Lebens. Er ist die Kraft, die Veränderung ins Leben bringt. Er räumt das Alte aus und macht Platz für Neues." Jobs fragte sich regelmäßig: „Wenn das der letzte Tag meines Lebens wäre, würde ich dann das tun, was ich heute vorhabe?“ Lautete die Antwort mehrere Tage am Stück „Nein“, dann war es an der Zeit, etwas in seinem Leben zu ändern.[220] Gerade das Bewusstsein, dass unsere Lebenszeit begrenzt ist, kann helfen zu erkennen, was wirklich wichtig ist, Veränderungen anzugehen und die Zeit, die wir haben, besonders zu genießen.

Stress entsteht aber nicht nur, wenn wir Negatives vermeiden wollen, sondern auch, wenn wir nach positiven Erfahrungen und Dingen streben und uns daran klammern. Bekommen wir ein Lob, sind wir happy und wollen mehr davon![221] Doch spätestens nach ein paar Jahrzehnten blättert der schöne Anstrich am Haus ab, der schnelle Sportwagen ist überholt und die Spiegelreflexkamera, die gerade noch die beste auf dem Markt war, gleicht einem Museumsstück. Dabei waren wir dieses Mal so sicher, dass uns diese Dinge endlich glücklich machen würden! Nur leider hielt das Glück nicht an. Was bleibt, ist das Begehren nach immer neuen, immer besseren Dingen und Erlebnissen.

„Die Vorstellung vom Kaufen macht glücklich“, bringt es der Soziologe und Wirtschaftsforscher Jens Becker auf den Punkt. „Wenn wir das Produkt erst einmal erworben haben, setzt häufig Enttäuschung ein.“ Eigentlich müssten wir es aus eigener Erfahrung längst gelernt haben. Doch leider tun wir uns schwer, solche Mechanismen zu durchschauen. Die Hoffnung, dank neuer Tasche, neuem Smartphone oder Auto glücklicher zu sein, ist ein einträgliches Geschäft für Unternehmen. Deswegen hilft deren Marketingmaschinerie auch kräftig nach, um Bedürfnisse zu wecken, von denen wir noch gar nichts wussten, und nach dem Kauf unsere Enttäuschung mit neuen Heilsversprechen zu lindern.[222]

Alles ist vergänglich und geht irgendwann vorbei, das (subjektiv) Schöne wie das Schlechte. Hängen wir unser persönliches Glück an etwas so notorisch Unzuverlässiges, gar Unmögliches wie Beständigkeit, können wir nur leiden. Unabhängig von den wirklichen Umständen machen wir uns selbst durch das ständige Bewerten jede Menge Stress.

Statt zu bewerten, zu hoffen und zu bangen, nehmen wir lieber das an, was das Leben für uns bereithält. Dann fühlt es sich schon leichter an und wir gewinnen innere Freiheit. Innerlich einen Schritt zurückzutreten und die Dinge aus mehreren Blickwinkeln zu betrachten hilft uns, ihre verborgenen guten Seiten zu entdecken. Passiert etwas aus unserer Sicht Ungünstiges, machen wir es nicht noch schlimmer durch unsere negative Reaktion. Bleiben wir lieber gelassen und halten es wie der australische Mönch Ajahn Brahm: „Gut, schlecht – wer weiß das schon?“

ZUM NACHDENKEN UND AUSPROBIEREN

Beobachte einige Minuten lang deine Gedanken: Bemerkst du Wünsche oder Ablehnung, wie etwas haben oder etwas vermeiden zu wollen?

Versuche dir hin und wieder bewusst zu machen, wenn du gerade wertest. Das ist ein wichtiger Schritt, um diese Gewohnheit nach und nach abzulegen.

Wenn du den Impuls verspürst, etwas Schönes zu kaufen, halte einen Moment inne und überlege: Brauche ich das? Macht es mich glücklicher? Erst einmal abwarten und Tee trinken. – Hast du es danach bereits vergessen, kann es so existenziell nicht sein.

6.3.3 An Schwierigkeiten wachsen

„Der Bambus, der sich biegt, ist stärker als die Eiche, die widersteht."

Aus Japan

Kreativ und mit Menschen arbeiten – Friseurin ist Susanne Morgenthalers Traumberuf. Bis eine Erkrankung im Daumengrundgelenk die Schweizerin aus Chur zwingt, etwas anderes zu machen. „Das hat mein Leben komplett verändert. Aus heutiger Sicht ist es das Beste, was mir passieren konnte"[223], erzählt sie strahlend. Haareschneiden wäre der Powerfrau ohnehin bald zu langweilig geworden. Seitdem hat sie immer wieder neue berufliche Wege eingeschlagen: von der selbstständigen Friseurin zur Image-, Farb- und Stilberaterin und Visagistin, von dort zur Trainerin für professionelles Auftreten und schließlich zu ihrer Berufung als Coach und Beraterin. Nebenbei hat die erfolgreiche Unternehmerin ein Wirtschaftsstudium und unzählige Fortbildungen abgeschlossen, mehrere Firmen saniert und zwei Kinder allein großgezogen. Was ihr dabei geholfen hat: ihre Vorstellungskraft, mögliche neue Wege zu erkennen; ihr Optimismus, in Problemen immer auch Chancen zu sehen; und ihre Tatkraft, Chancen nicht nur zu erkennen, sondern auch zuzugreifen und diese aktiv für sich zu nutzen.

Nicht nur im Geschäftlichen hilft Susanne ihre Fähigkeit, aus jeder Situation das Beste zu machen. Als eine der ersten Windsurferinnen überhaupt ist sie auf dem Comer See unterwegs. Das Spiel mit dem Wind und den Wellen, Herausforderung und Geschwindigkeit, bedeuten für sie Freiheit und machen sie glücklich. Als ihr Rücken sie am Surfen hindert, entdeckt sie als eine der Ersten die damals brandneue Sportart des Stand-up-Paddling. Beim entspannten Paddeln auf dem Bodensee genießt die heute 74-Jährige ihre persönliche Ruheoase zusammen mit ihrem ebenso fitten zweiten Mann Mario, der die 80 bereits überschritten hat.

Große Schicksalsschläge und kleine Widrigkeiten können uns alle treffen. Wann ist dir das letzte Mal etwas heruntergefallen und zerbrochen? Meist ärgern wir uns über das Missgeschick, entsorgen die aufgesammelten Scherben im Müll und reden uns vielleicht ein, die Scherben würden zumindest Glück bringen. Das gleiche Ereignis kann auch ganz anders betrachtet werden: In Japan gibt es die Kunstform des *Kintsugi,* was übersetzt „goldenes Zusammensetzen" bedeutet. Meist bezieht sich das Konzept auf *Kintsukuroi* („goldene Reparatur"). Gehen wertvolle Tassen, Schüsseln oder Teller zu Bruch, werden sie nicht weggeworfen, sondern repariert. Die Bruchstücke werden mit einem Lack wieder zusammengesetzt und die Klebenähte mit einem Goldpuder bestreut, der sie erst so richtig in Szene setzt.[224] Die besondere und individuelle Schönheit der Objekte liegt gerade in ihren Fehlern, die durch die auffälligen goldenen Linien besonders zur Geltung gebracht werden.

Übertragen wir den Grundgedanken von Kintsugi auf uns selbst, können wir unsere persönlichen (vermeintlichen) Fehler und Makel als Verschönerung betrachten, die uns einzigartig machen, so, wie Narben die sichtbaren Zeichen einer überstandenen Krankheit oder Verletzung sind. Reale oder metaphorische Narben bekommen wir alle. Wesentlich ist, ob wir sie verstecken oder als Auszeichnung betrachten und offen zeigen.

Gefordert zu sein sieht auch Susanne rückblickend als Schlüssel zum persönlichen Wachstum. Was ist das Schlimmste, was passieren kann, fragt sich Susanne in schwierigen Situationen, arrangiert sich damit und stellt sich vor, was sie nun machen könnte. Dabei entwickelt sie sich auch persönlich weiter: Sie beweist sich, dass sie auch neuen Situationen gewachsen ist, und traut sich Schritt für Schritt immer mehr zu. Susannes Vita zeigt anschaulich: Wir sind widerstandsfähiger, als wir glauben. Durch Verluste und andere negative Ereignisse müssen wir nicht zerbrechen. Wir können sie überwinden.[225]

Das ist nicht zu verwechseln mit schönreden, verharmlosen oder verdrängen. Ängste, Sorgen oder Ärger sind menschlich. Diese zu benennen ist eine sehr wirksame Strategie, um negative Emotionen abzufedern, nach dem Motto:

name it to tame it („benenne es, um es zu zähmen"). So können wir das Stresslevel schon deutlich senken[226].

Noch besser bekommen wir unsere Reaktionen in den Griff, wenn wir die als stressig erlebten Situationen neu bewerten. Susanne gibt es Zuversicht, dass sie in allem Negativen immer auch etwas Positives erkennt. Wie aussichtlos es auch aussehen mag, sie fragt sich: „Was könnte ich später Gutes über die Situation sagen?" So manches, was in der Gegenwart unangenehm ist, stellt sich zu einem späteren Zeitpunkt sogar unverhofft als vorteilhaft heraus.

Nicht jeder von uns ist eine natürliche Optimistin wie Susanne, doch eine zuversichtliche Haltung können wir trainieren. Ohne Zitronen keine Limonade. Ohne Probleme kein persönliches Wachstum.

ZUM NACHDENKEN UND AUSPROBIEREN

Welche negative Erfahrung ist aus heutiger Sicht nützlich? Was hat sie dir ermöglicht?

Vielleicht magst du dir ein persönliches „Mantra" zurechtlegen, das du immer parat hast, wenn etwas Ungünstiges passiert, zum Beispiel „Das geht auch vorbei".

Statt zu verdrängen, benenne negative Emotionen (zum Beispiel: „Da ist Ärger"). Wenn deine Emotion etwas abgekühlt ist, kannst du die Situation neu bewerten: Was könnte daran sogar gut sein? Was du stets selbst in der Hand hast, ist deine Einstellung zu den Dingen.

Kannst du aktiv etwas an der Situation ändern? Gibt es nichts zu tun, dann ist die beste Strategie: „Abwarten und Tee trinken!"

6.3.4 Gutes Karma sammeln

„Lächle, und die Welt verändert sich."

Siddhartha Gautama (genannt „Buddha"), indischer Weisheitslehrer (um 563 v.Chr.–483 v.Chr.)

Auch wenn ihm im fremden London zunächst vor allem Ablehnung und Kälte entgegenschlagen, ist das für den pelzigen Optimisten Paddington kein Grund, von seinem Motto abzuweichen: stets höflich und tolerant sein, auch gegenüber Fremden. Uneigennützig hilft der junge Bär aus dem gleichnamigen Kinderbuch des britischen Autors Michael Bond, wo er nur kann.

Von dem durch und durch freundlichen Bären geht so viel Positives aus, dass es ansteckend wirkt: Seine neue Familie schließt ihn nicht nur ins Herz, durch seinen Einfluss findet sie auch wieder näher zusammen. Als Paddington selbst Hilfe braucht, wird er getragen von einer Welle der Hilfsbereitschaft: All jene, denen er zuvor geholfen hatte, helfen nun ihm aus dem Schlamassel. Mit der Zeit hat er jede Menge gutes Karma gesammelt und erntet nun die Früchte.[227]

Karma kommt aus dem altindischen Sanskrit und bedeutet so viel wie Tat, Wirkung oder auch Rad. Einfach zusammengefasst, besagt das Karma-Konzept, dass jede unserer Handlungen Auswirkungen hat, auch unsere Worte und Gedanken.[228]

Es ist im Grunde ganz einfach: Wenn wir wie Paddington Bär anderen helfen, bewirken wir Positives. Wenn wir anderen schaden, bewirken wir Negatives. Die jeweilige Qualität unserer Handlung fällt in mehrerlei Hinsicht auf uns zurück. Ganz offensichtlich in Form der Retourkutsche aus unserem Umfeld: Wir provozieren den Sitznachbarn im Bierzelt, der uns postwendend sein Bier über den Kopf schüttet. Die Reaktion kann auch länger auf sich warten lassen. Verhalten wir uns anderen gegenüber stets freundlich und hilfsbereit, werden sie wahrscheinlich auch uns helfen, wenn wir einmal darauf angewiesen sind, zum Beispiel als freiwillige Möbelschlepper beim Umzug.

Die Quittung für unser Verhalten bekommen wir auch direkt in Form verschiedener Gefühlsqualitäten. Erinnerst du dich daran, jemandem einen Gefallen getan zu haben, ohne etwas zurückzuerwarten? Vielleicht hast du einer unbekannten Person die Tür aufgehalten oder der nervösen Kollegin bei der Präsentation ermutigend zugelächelt. Dann erinnerst du dich bestimmt auch, dass es nicht nur der anderen Person geholfen hat. Auch du selbst hast dich gut gefühlt, weil du etwas Gutes bewirkt hast. Wenn wir dagegen anderen wichtige Informationen vorenthalten oder sie auf andere Weise schädigen, leiden wir unter einem schlechten Gewissen. Die Rechnung bekommen wir so oder so, unabhängig davon, ob wir erwischt werden oder nicht. Was der Buddhismus seit Jahrtausenden lehrt, wird heute durch moderne Forschung untermauert: Es gib einen starken Zusammenhang zwischen prosozialem Verhalten und Wohlbefinden, Gesundheit und sogar Langlebigkeit.[229] Wer anderen hilft, hat auch selbst etwas davon.

Auch unsere Denkweise sollte möglichst positiv und unterstützend sein, denn die Färbung unserer Gedanken beeinflusst, was wir sagen und tun. Eine wohlwollende Haltung lässt uns aufbauende Worte finden und hilfreiche Taten ausführen, während abwertende Gedanken das Gegenteil bewirken.

Mehr noch: Positive und negative Gedanken hinterlassen Spuren in unserem Gehirn (unsere mentalen Schnellstraßen aus Abschnitt 6.2.2). Dadurch beeinflussen sie nicht nur, wie wir die Welt wahrnehmen, sie sind auch das „Rohmaterial“ für unsere zukünftigen Gedanken, Worte und Handlungen. Ob wir wohlwollend oder ängstlich, hoffnungsvoll oder verächtlich denken, setzt sich nach und nach in der Verdrahtung unseres Gehirns fest und bestimmt, wie wir zukünftig denken und erleben, uns ausdrücken und handeln. Wie ein sich drehendes Karma-Rad setzen sich die positiven oder negativen Eindrücke als Positiv- oder Negativspirale in unserem Geist fort, solange wir nicht gegensteuern.

Wie bei Paddington kann die Folge unseres Tuns auch negativ sein, obwohl wir nur Gutes im Sinn hatten. Doch beim Karma zählt der gute Wille, auch wenn das Ergebnis außerhalb unserer Macht liegt und anders ausfallen mag als erhofft.

Und nicht nur unser direktes Verhalten anderen gegenüber hat Konsequenzen, sondern auch, ob wir mit unserem Job zum Wohl anderer beitragen oder nicht oder durch unser Mobilitätsverhalten, unsere Ernährung, unseren Konsum und vieles mehr. Wir ernten, was wir gesät haben. Wer wie Paddington süße Orangen ernten möchte, ist gut beraten, mit positivem Verhalten die Grundlage dafür zu legen.

ZUM NACHDENKEN UND AUSPROBIEREN

Erinnere dich an eine Situation, in der du einer anderen Person etwas Freundliches gesagt oder ihr geholfen hast. Wie ging es dir in diesem Moment selbst?

Grüße wie Paddington die Menschen auf der Straße mit einem freundlichen Lächeln. Wie reagieren sie? Wie geht es dir dabei?

Ertappst du dich bei negativen Gedankenschleifen, unterbrich sie und denke bewusst an etwas anderes.

Ein Termin steht an mit einer Person, mit der du schon öfter Ärger hattest. Statt schon auf Krawall gebürstet in das Gespräch zu gehen, versuche, etwas Positives an der Person zu finden und freundlich und wohlwollend in das Gespräch zu starten. Welchen Unterschied macht das?

6.3.5 Denken, Fühlen und Körper als Einheit

„Du kannst die Wellen nicht aufhalten, aber du kannst lernen zu surfen.“

Jon Kabat-Zinn, US-amerikanischer Mediziner und Achtsamkeitslehrer (*1944)

Schäumend rollt die Welle vom offenen Meer heran und erfasst den jungen Mann im Neoprenanzug, der bäuchlings auf seinem Surfboard paddelt. Genau im richtigen Moment geht er in den Stand und surft die Welle, streckt die rechte Hand hinter sich ins Wasser, dreht auf dem Board mehrfach hin und her und surft sie zu Ende in Richtung Strand. Ben Neumann ist zufrieden: ein tolles Gefühl, die Energie der Wellen zu spüren und die Freiheit, sein Ding zu machen. Zurück am Strand klatschen ihn seine Mannschaftskollegen ab, manche von ihnen querschnittsgelähmt, andere blind wie Ben Neumann, der mit etwa sechs Jahren wegen eines Gendefekts sein Augenlicht verlor. Sie alle treten an bei der Parasurf-Europameisterschaft, verschieben Grenzen und haben dabei jede Menge Spaß.

Um richtig in die Welle hineinzufinden, hilft ihm sein Coach und Vater. In der Welle selbst ist der 18-jährige Ben weitgehend auf sich allein gestellt. Jeder, der schon einmal das Surfen ausprobiert hat, weiß: Selbst mit allen Sinnen ist es unfassbar schwierig, sich auf dem Brett zu halten, vom Respekt vor den hohen Wellen auf dem offenen Meer ganz zu schweigen. Ben verlässt sich auf seine vorhandenen Sinne: sein Gehör und sein ausgeprägtes Körpergefühl. Als Blinder nimmt Ben seine Umgebung anders wahr. Er sieht nicht mit den Augen, dafür aber mit seinem gesamten Körper. Er fühlt, ob eine Bewegung richtig ist und wo auf der Welle er sich gerade befindet. Ben hört und fühlt die Welle.[230]

Über ein Körpergefühl wie das von Ben können die meisten von uns nur staunen. In unserer modernen Welt versuchen wir nahezu alles über den Verstand zu lösen und verlieren als Kopfmensch den Kontakt zu unserem Körper und das Verständnis für seine Signale. Dabei können wir unseren Körper als praktisches Werkzeug nutzen, um sprichwörtlich die Wellen des Lebens zu surfen, um mit dem Leben und all seinen Veränderungen besser klarzukommen.

Unser Körper und unsere Gefühle sind eng miteinander verbunden. Einerseits werden unsere Gefühle über den Körper ausgedrückt und verarbeitet.[231] Davon zeugt schon unsere Sprache: Eine belastende Aufgabe „sitzt uns im Nacken“, ein Problem „bereitet uns Bauchschmerzen“, vor Freude haben wir „ein Kribbeln im Bauch“ oder wir „kochen innerlich vor Wut“. In dem Moment, in dem die Wut über den Kollegen in uns aufsteigt, verspannen wir. Den Kollegen zu verprügeln wäre keine gute Lösung, daher finden wir besser einen anderen Weg, unsere Emotionen zu regulieren. Wir können vor die Tür gehen und laut schreien oder auf einen Boxsack einschlagen.

Wenn wir Gefühle nicht über den Körper abbauen, können sie sich als Verspannungen festsetzen und so in den Muskeln gespeichert werden. Als „Panzer gegen Angst und emotionalen Schmerz" beschreibt es Psychotherapeutin Vita Heinrich-Clauer. Es ist nicht nur unangenehm, dass wir mit diesen Anspannungen alten psychischen Ballast mit uns herumschleppen. Durch die mangelnde Beweglichkeit können wir auch unsere Gefühle nicht mehr richtig ausdrücken.[232]

Zum Glück funktioniert der Zusammenhang auch andersherum: Indem wir unseren Körper entspannen, können wir auch seelische Anspannungen lindern. Ist der Zornmuskel durch Botox gelähmt, können wir nicht mehr so grimmig oder besorgt schauen, was auch unser Fühlen und Denken beeinflussen und sogar Depressionen lindern kann.[233] Zum Glück geht das auch weniger radikal, beispielsweise durch Progressive Muskelentspannung, Dehnen oder Massage. Auch ein freundliches Gesicht zu sehen und eine sanfte Stimme zu hören vermag uns zu beruhigen. Sollte das gerade nicht verfügbar sein, können wir unsere Stimmung durch bewusstes Lächeln aufhellen. Auf diese Weise nehmen wir sogar Anstrengungen als weniger schlimm wahr, denn unsere Mimik und unsere Gefühle beeinflussen sich gegenseitig.[234]

Auch über unsere Körperhaltung können wir unsere Stimmung beeinflussen. Die Haltung einer Superheldin einzunehmen (auf Englisch *Power Pose*) wurde zwar gehypt, die Wirkung ist allerdings umstritten.[235] Dennoch kann man grundsätzlich sagen, dass unsere äußere Haltung auf unsere innere Haltung abfärbt. Also: Statt die Schultern hängen zu lassen, lieber aufrecht stehen und bewusst lächeln, auch wenn dir dazu gerade nicht zumute ist. Durch eine Veränderung deiner Körperhaltung hilfst du dir selbst dabei, aus einem Stimmungstief herauszufinden.

Achte auch einmal darauf, wie du (insbesondere in Stresssituationen) atmest. Die Atmung ist einerseits der Schlüssel zur bewussteren Wahrnehmung unserer Emotionen und andererseits zu deren Regulierung. Das ist auch einer der Grundgedanken buddhistischer Meditation und Achtsamkeit. Daraus entwickelte der amerikanische Achtsamkeitslehrer und Forscher Jon Kabat-Zinn die Methode *Mindfulness Based Stress Reduction,* abgekürzt *MBSR.* Das wissenschaftlich erforschte Training zur Stressbewältigung kann nachweislich Depressionen lindern[236] und sich auch bei gesunden Menschen positiv auf Stress- und Angsterleben auswirken.[237] Kern des MBSR ist der Body Scan, bei dem wir ausgehend vom Atem mit voller Aufmerksamkeit Empfindungen in verschiedenen Körperregionen wahrnehmen, ohne zu bewerten.

Mit einem gut trainierten Körpergefühl bemerken wir schneller, wenn wir emotional hochfahren, und können – statt uns von unseren Emotionen steuern zu lassen – diese bewusst besänftigen. Das Beste daran: Ein paar Minuten (Achtsamkeits-) Training können bereits einen Unterschied machen – und du brauchst dazu nicht mal ein Surfbrett.

ZUM NACHDENKEN UND AUSPROBIEREN

Nach aufwühlenden Erlebnissen wie Konflikten oder wichtigen Prüfungen baue bewusst Stress ab, am besten durch Bewegung.

Ob seufzen, mit dem Fuß aufstampfen, schütteln, mit den Armen schwingen, Hampelmänner machen, hopsen oder tanzen – probiere aus, was dir guttut. Weitere Übungen kannst du unter dem Schlagwort „Embodiment“ recherchieren.[238]

Denke zwischendurch an ein lustiges Erlebnis, das dich zum Schmunzeln bringt. Oder klemme einen Stift zwischen deine Zähne, um ein Lächeln zu simulieren und durch diese Mimik positive Gefühle zu aktivieren.

6.3.6 Dankbar sein

„Der entscheidende Schlüssel zum Glück ist, mit dem zufrieden zu sein, was man im Augenblick ist und hat.“

Tenzin Gyatso, tibetischer Mönch und 14. Dalai Lama (*1935)

Entspannt dreht sich Zwiebel auf den Rücken und lässt sich ausgiebig am Bauch kraulen. Hundemama Julia strahlt, auch sie genießt es, mit dem Dobermann zu kuscheln und zu spielen. In vielen Hund-Mensch-Beziehungen ist das selbstverständlich, nicht jedoch für den Dobermann mit dem komischen Namen. Was man heute kaum noch ahnt: Der Dobermann hat eine traumatische Vergangenheit. Er wurde ausgesetzt und wäre fast gestorben. Als der Hund ins Tierheim kam, abgemagert und verängstigt, gab er ein so mitleiderregendes Bild ab, dass sein Schicksal die Mitarbeitenden des Tierheims zum Weinen brachte, wie eine Zwiebel eben.

Im WDR in der Sendung *Tiere suchen ein Zuhause* stellte man Zwiebel vor, um eine neue Familie für ihn zu finden – und wurde fündig. Der Hund hatte Glück, seine neue Besitzerin war „schockverliebt“ und felsenfest überzeugt, Zwiebel ein neues Zuhause zu geben. Dort angekommen, zeigte sich erst, wie tief seine seelischen Verletzungen reichten: Lange blieb er ängstlich, ließ sich nicht streicheln. Julia blieb dran, bis Zwiebel nach drei Monaten dank ihres Verständnisses, ihrer Zuwendung und Geduld langsam Zutrauen entwickelte.[239]

Wer selbst einmal ein Tier aus dem Tierheim adoptiert hat, dem kommt das wahrscheinlich bekannt vor: Gerade die Hunde, die schlimme Erfahrungen gemacht haben, sind oft die dankbarsten. Zum Glücklichsein brauchen sie nicht viel. Vor allem möchten sie an der Seite ihrer Menschen, denen sie vertrauen können, durchs Leben gehen. Manchmal auch nur auf drei Beinen, das spielt keine Rolle.

Wir Menschen tun uns da schwerer, hetzen von einem großen Meilenstein zum nächsten, träumen vom nächsten Urlaub oder Karriereschritt, vergleichen uns mit anderen und bewerten, was in unserem Leben alles optimiert werden sollte. Dabei übersehen wir leicht, wie viel Gutes wir in der Gegenwart bereits haben. „Was ich habe, ist alles, was ich brauche", steht sinngemäß auf dem steinernen Waschbecken *(Tsukubai)* im Steingarten des Ryoanji-Tempels im japanischen Kyoto. Wenn wir zufrieden sind mit dem, was wir haben, und damit, wo wir stehen, kann eine tiefe Dankbarkeit entstehen. Es ist ein zuverlässiges Mittel gegen Unzufriedenheit und anderes „seelisches Beikraut" wie Neid, Sorgen, Angst und Wut. Dankbarkeit lenkt unsere Aufmerksamkeit auf die guten Dinge in unserem Leben. Je mehr positive Gefühle und Erfahrungen wir erkennen und schätzen, desto dankbarer werden wir – eine Aufwärtsspirale!

Für das Gute im eigenen Leben dankbar zu sein trägt wesentlich zu Gesundheit und Wohlbefinden bei[240], denn es löst in unserem Körper eine Reihe von förderlichen Abläufen aus: Bereiche des Gehirns, die für Belohnung und soziale Bindungen zuständig sind, werden angeregt und es fällt uns leichter, die Absichten anderer zu deuten. Dankbarkeit wirkt Neid, verbittertem Zynismus und ungesundem Materialismus entgegen, wirkt sich förderlich auf die Qualität von zwischenmenschlichen Beziehungen und Schlaf aus. Empfinden wir regelmäßig Dankbarkeit, kann uns das sogar weniger anfällig machen für Depressionen, Suchterkrankungen und Burnout.[241]

Obgleich es uns oft nicht bewusst ist, hat jeder von uns zahlreiche Dinge, für die er dankbar sein kann: am Morgen aufgewacht zu sein, (wahrscheinlich) ein Dach über dem Kopf und genug zu essen zu haben etc. Bevor wir unsere Mahlzeit gedankenlos hinunterschlingen, können wir also innehalten, uns bewusst machen, wie viele Menschen dazu beigetragen haben, dass wir diesen Teller Nudeln mit Tomatensoße auf unserem Tisch haben. Auch wir selbst haben einen Anteil daran, indem wir die Zutaten eingekauft und zur leckeren Mahlzeit verarbeitet haben. Grund genug, einen Moment dankbar zu sein.

Manche von uns sind von Natur aus dankbar, andere weniger. Die Veranlagung zu Dankbarkeit hängt ab von Genen, Persönlichkeit und dem kulturellen Umfeld. Unsere Ausgangslagen mögen unterschiedlich sein, doch durch regelmäßige Übung können wir alle unseren Fokus mehr auf das Gute in unserem Leben lenken. Ertappen wir uns dabei, wie wir mit Sorgen, Vergleichen und unerfüllten Wünschen die Unzufriedenheit in uns nähren, können wir unsere Aufmerksamkeit wieder schärfen für das, das wir schon heute haben und sind.

In dieser Hinsicht sind Hunde uns ein großes Stück voraus. Nehmen wir uns ein Vorbild am Dobermann Zwiebel und freuen uns unbändig über jeden Spaziergang, jedes Leckerli und jede Minute gemeinsamer Zeit.

ZUM NACHDENKEN UND AUSPROBIEREN

Zelebriere ein Dankbarkeitsritual: Lasse vor dem Schlafengehen den Tag Revue passieren und überlege, wofür du heute dankbar bist. Am besten hältst du deine Gedanken schriftlich in einem Dankbarkeitstagebuch fest.

Wenn dir ein Tagebuch zu langweilig ist, kannst du auch eine Schachtel oder ein leeres Marmeladenglas schön dekorieren und jeden Tag drei Dinge, für die du dankbar bist, auf Zettel schreiben und diese in der Schachtel oder im Glas sammeln.[242]

Wem könntest du „Danke" sagen oder eine Dankesnachricht zukommen lassen?

Vielleicht fällt dir auf, dass du insgesamt viel Glück im Leben hattest. Wie könntest du etwas zurückgeben?

6.4 Aufblühen zur besten Version unserer selbst

„Ziel des Lebens ist Selbstentwicklung. Das eigene Wesen völlig zur Entfaltung zu bringen, das ist unsere Bestimmung."

Oscar Wilde, irischer Schriftsteller (1854–1900)

Kirschblüte, Pfirsich, Pflaume und Aprikose – vier Bäume, die alle im Frühling blühen, und doch jeder zu einer anderen Zeit. Genauso wachsen und blühen wir Menschen zu unserer jeweils eigenen Zeit und auf unsere individuelle Art. Sich mit anderen zu vergleichen ist deswegen wenig sinnvoll. Das ist die Botschaft der japanischen Redewendung *Oubaitori*.

Jede Pflanze ist eingebettet in ein komplexes Beziehungsgeflecht und wertvoll für andere Lebewesen, jede auf ihre eigene Art. Keine Zucchinipflanze wäre lieber eine Rose, neidisch auf deren Schönheit, und keine Tanne müht sich ab, zur Kokospalme zu werden, um wie sie für ihre Produktivität geschätzt zu werden. Sie realisieren ihr eigenes Potenzial und werden die beste Version ihrer selbst, wenn die Bedingungen stimmen und die Zeichen auf Wachstum stehen.

Wie diese Pflanzen ist jeder von uns anders, und doch wollen wir alle leben und wachsen, ohne zu leiden. Als Potenzial ist alles schon in uns angelegt. Doch gerade, wenn wir noch klein und verletzlich sind, laufen wir Gefahr, Schaden zu nehmen. Wie eine Pflanze, die zu wenig Sonne bekommt oder zu stark zurechtgestutzt wird, verkümmern wir durch negative Erfahrungen. So laufen wir durchs Leben mit unserem persönlichen Rucksack voller Erfahrungen, Verletzungen und Hoffnungen.

Stell dir vor, ein Gärtner erzählt einem winzigen Pflänzling, er sei leider eine Brennnessel und solle sich lieber anstrengen, eine Sonnenblume zu werden, damit andere ihn mögen, gießen und aus seinen Kernen Öl pressen. Was für ein Unsinn! Die Schwierigkeiten beginnen, wenn wir die Geschichten über uns glauben, uns damit identifizieren, mit anderen vergleichen, uns für unzulänglich halten und leiden. Jede Pflanze ist für etwas gut, auch wenn der Mensch nicht jede Pflanze brauchen kann. Genauso ist jeder Mensch gut, wie er ist, und nicht erst dann, wenn er eine optimale Ressource für die Gesellschaft darstellt.

Solange wir uns kleinhalten lassen oder selbst kleinmachen, bleiben wir verkümmerte Versionen unserer selbst. Wir müssen es nicht jedem recht machen. Wir können uns eine Umgebung suchen, in der unsere Bedürfnisse erfüllt werden und die uns wachsen lässt, bevor wir wie eine Sonnenblume in der dunkelsten Ecke des Gartens eingehen oder wie ein Schattenfarn in der Sonne vertrocknen.

Fangen wir also bei uns selbst an – nicht, indem wir uns immer weiter optimieren oder gar anstreben, jemand anderes zu werden, sondern indem wir loslassen: Angst, Scham, Neid, Wut, unser angekratztes oder aufgeblähtes Ego, den selbst gemachten Druck, anders zu sein, um glücklich sein zu dürfen. Legen wir lieber unseren wahren und guten Kern frei und werden, wer wir schon sind.

Statt dich zu verbiegen bei dem kläglichen Versuch, eine Rose zu werden, werde die beste Margerite, Zucchinipflanze oder Brennnessel, die du sein kannst!

ZUM NACHDENKEN UND AUSPROBIEREN

Welche Erfahrungen in deiner Vergangenheit haben dich besonders geprägt?

Positive Vorstellungen von unserer Zukunft können zu einem positiven Selbstbild, Optimismus und Wohlbefinden beitragen. Laura King entwickelte dazu die Methode „Dein bestmögliches Selbst“, deren fördernde Wirkung vielfach bestätigt wurde.[243]

So funktioniert's: Stell dir vor, du befindest dich fünf oder zehn Jahre in der Zukunft, und dein Leben ist bestmöglich verlaufen. Male dir diese wunderbare Zukunft aus und versetze dich in dein zukünftiges Selbst hinein.

Nun geht es ans Schreiben: 20 Minuten beschreibst du aus der Zukunftsperspektive, wie es dir als beste Version deiner Selbst geht, wie dein Leben aussieht und was dir sonst noch wichtig erscheint. Ohne zu bewerten und ohne den Stift abzusetzen, schreibst du alles auf, was dir in den Sinn kommt, auch wenn dir scheinbar nichts Wichtiges mehr einfallen sollte.

Danach legst du den Text beiseite, lässt ihn wirken und liest ihn erst nach ein paar Tagen. Was bedeutet das Geschriebene für dich? Was kannst du für dein heutiges Leben ableiten?[244]

7. | Wie wir unsere Welt verändern

7.1 Gemeinsam Zukunft gestalten

„Was du tust, macht einen Unterschied, und du musst entscheiden, welche Art von Unterschied du machen möchtest."

Jane Goodall, britische Primatenforscherin (*1934)

In den vorangehenden Kapiteln ging es vor allem um uns selbst. Nur dort können wir anfangen, etwas zu verändern. Wenn wir gut für uns selbst sorgen, tragen wir zu unserem eigenen Wohlbefinden bei. Es ist aber auch die Voraussetzung, dass wir für andere da sein können. Deshalb sollen wir im Fall eines Druckabfalls im Flugzeug erst uns selbst die Sauerstoffmaske aufsetzen, bevor wir anderen helfen. Kreisen wir allerdings nur noch um uns selbst, optimieren unser Leben immer weiter, um unser persönliches Glück zu maximieren, erreichen wir das Gegenteil.

Glücklich sein ist nur in Gemeinschaft mit anderen möglich. Dabei denken wir auch über den begrenzten Kreis von Familie und Freunden hinaus: Während um uns herum die Welt in verschiedensten Krisen zu versinken scheint, tun wir uns schwer, glücklich zu sein, ohne uns von all dem Negativen zu distanzieren. Deshalb wird nun der Fokus des Buchs wieder weit, um das große Ganze in den Blick zu nehmen: die Gesellschaft, die Wirtschaft und unser Ökosystem.

Klimakrise, Finanzkrise, Flüchtlingskrise, Ungleichheit und gesellschaftliche Spaltung verunsichern und belasten uns, von unseren beruflichen und persönlichen „Baustellen" mal ganz abgesehen. Da mag uns das Gefühl beschleichen, wir selbst müssten noch mehr an unserer eigenen Resilienz arbeiten, damit wir herausfordernde Umstände weiter aushalten und „funktionieren".

Doch das stimmt so nicht: Wenn wir offensichtliche Ungerechtigkeiten und Risiken gelassen „wegatmen", statt sie anzugehen, dann werden wir sie kaum bewältigen. Psychische Widerstandskraft ist zudem nicht nur eine individualpsychologische Frage, sondern vor allem eine gesellschaftliche Verantwortung. Statt sich als Einzelperson einen Panzer zuzulegen, ermutigt Gregor Hasler dazu, auf gesellschaftlicher Ebene zu *gemeinsamer* Stärke zu finden.[245] Auch Sozialforscher Klaus Hurrelmann plädiert dafür, den Einzelnen mit den vielen Krisen dieser Zeit nicht allein zu lassen. Bürgern in schwierigen Zeiten ein Gefühl der Wirksamkeit, Verstehbarkeit und Sinnhaftigkeit zu vermitteln sieht er als die Aufgabe der Politik.[246] Nicht nur das, Politikerinnen und Politiker haben tatsächlich eine große Verantwortung, über die nächste Amtszeit und ihr persönliches politisches Schicksal hinauszudenken und heute umzusetzen, was auch zukünftigen Generationen ein gutes Leben ermöglichen soll.

Allerdings greift es zu kurz, die Verantwortung abzugeben an „die da oben". Auch Institutionen der Politik und der Wirtschaft bestehen aus Menschen wie dir und mir. Sie funktionieren weiter wie bisher mit den Glaubenssätzen der Vergangenheit, solange die Mehrheit der Beteiligten im Modus „Weiter so!" ist.[247]

Wollen wir eine lebenswerte Zukunft haben, dann müssen wir kollektiv anders handeln, und zwar so, dass es möglichst vielen Menschen und dem Ökosystem nutzt und möglichst wenig schadet. Mit dem Motto „Nicht nur wollen, man muss auch tun!" packen wir gesellschaftliche Probleme an, bringen Innovationen voran und gestalten unsere Zusammenarbeit in Organisationen und der Wirtschaft nicht länger zum Vorteil Einzelner, sondern für das Glück möglichst vieler Menschen. Mehr darüber erfährst du in den folgenden Abschnitten.

Um als Gesellschaft förderlicher zu handeln, müssen wir umdenken und ein anderes Bewusstsein entwickeln, fordert der Hirnforscher Gerald Hüther. Im Kern geht es darum, das eigene Ego zurückzustellen und uns als Teil eines größeren Ökosystems zu begreifen, Verbundenheit zu erleben mit anderen Menschen, der Welt und uns selbst. Die Krisen unserer Zeit werden wir nur bewältigen, wenn jeder Einzelne nicht nur die eigene Situation optimiert, sondern auch die Gesellschaft und den Planeten in den Blick nimmt. Wie wir dieses neue Denken trainieren können, dazu mehr in der zweiten Hälfte dieses Kapitels.

Nur wenn wir gemeinsam anpacken, haben wir eine Chance, die großen Herausforderungen unserer Zeit zu bewältigen. Wir Menschen haben besondere kreative Fähigkeiten, mit denen wir unsere Welt wie kein anderes Wesen zuvor verändert und nebenbei an den Rand der Zerstörung gebracht haben. Wir sind nicht nur die einzige Spezies, die dafür verantwortlich ist, sondern auch die einzige mit den Möglichkeiten (Wissen und Kreativität, Kapital und Technologien), uns und unseren Planeten aus dem Schlamassel wieder herauszuholen. Packen wir es an und legen die Grundlage für eine lebenswertere Zukunft für alle!

ZUM NACHDENKEN UND AUSPROBIEREN

In welcher Situation ist dir deutlich geworden, dass bei Veränderungen auch dein Umfeld oder die Gesellschaft eine große Rolle spielt? Wo kannst du dennoch ansetzen, um etwas zu bewegen?

Sei bereit mitzumachen bei der Transformation zu einem nachhaltigen Leben und Wirtschaften – als Wählerin, Konsument, Unternehmerin und Mitarbeitende. Wenn Menschen mit Einfluss in der Politik, Wirtschaft und Gesellschaft Rückhalt spüren, trauen sie sich, mutiger zu handeln.

7.2 Wie Phoenix aus der Krise

„Krise ist ein produktiver Zustand. Man muss ihr nur den Beigeschmack der Katastrophe nehmen."

Max Frisch, Schweizer Schriftsteller und Architekt (1911–1991)

Verstehen wir Probleme und Krisen als notwendig für Innovationen und gesellschaftliche Veränderungen, dann gibt es eine gute Nachricht: Probleme haben wir wahrlich genug. Auch wenn die Corona-Krise bewältigt ist, spüren viele noch ihre Nachwirkungen. Nach langer Zeit des Friedens in Europa herrscht wieder Krieg in unserer Nähe. Hitzewellen, Waldbrände, Stürme, Überschwemmungen und Erdrutsche – die außergewöhnliche Heftigkeit und Häufung von Extremwetterereignissen führen uns vor Augen, dass die Folgen des Klimawandels bereits unsere Gegenwart sind und wir wohl oder übel damit klarkommen müssen. Die Gesellschaft ist zunehmend gespalten: Immer mehr Menschen wählen aus Protest populistische Parteien und der Ton wird aggressiver. Die weltweite Spaltung zwischen Arm und Reich scheint sich immer weiter zu verschärfen. Und das ist nur der Teil des Elends auf der Welt, den wir in unserer privilegierten Lage überhaupt mitbekommen oder besser gesagt: der in unser Bewusstsein durchdringt.

Viele dieser zahlreichen Krisen unserer Zeit sind wie Symptome. Wären wir die Patientin, würden wir uns wohl kaum damit zufriedengeben, nur an den oberflächlichen Auswirkungen der Krankheit herumzudoktern, ohne die zugrunde liegende Erkrankung zu kennen und diese zu behandeln. Forschen wir also tiefer, woran unser Planet und die Weltgemeinschaft kranken. Wir rasen zu auf drei Abgründe, wie der Ökonom Otto Scharmer aufzeigt: den *ökologischen Abgrund,* entstanden durch unsere Abspaltung von der Natur, den *sozialen Abgrund,* verschärft durch die Abspaltung von unseren Mitmenschen, und den *geistigen Abgrund,* verursacht durch die Abspaltung von uns selbst.[248]

Am offensichtlichsten sind die Symptome der *ökologischen Krise*: Klimaerwärmung und in der Folge steigende Meeresspiegel, Dürren, Zunahme von Extremwetterereignissen und immer mehr Gegenden, die unbewohnbar sind und nicht bewirtschaftet werden können. Die Gründe sind hausgemacht: Wir Menschen werden immer mehr und immer mächtiger. Durch das Wachstum seit den 1950er-Jahren pusten wir zu viel CO_2 in die Atmosphäre, verbrauchen zu viel Wasser, entziehen dem Boden zu viele Nährstoffe, überfischen die Meere. Kurz, wir leben deutlich über unseren Verhältnissen und denen des Planeten.[249]

Den größten Anteil an der Ausbeutung der Erde haben wir in der westlichen Welt. Wir sind gestresst und versuchen uns aufzumuntern oder abzulenken durch Shopping oder eine Flugreise. Meist wenig bewusst tragen wir so dazu bei, dass andernorts die Lebensbedingen schlechter werden in Form von Dürren und Überschwemmungen. Das Übel kommt zu uns zurück in Form von Ernährungskrisen, Flüchtlingswellen, steigenden Preisen und sozialen Konflikten. Den größten Schaden haben die Menschen im globalen Süden, die am wenigsten zu der Ausbeutung des Planeten beigetragen und die geringsten Vorteile daraus gezogen haben und sich am wenigsten vor den Folgen schützen können.

Grenzenloses Wachstum und immer mehr Konsum haben gravierende Nebeneffekte für die weltweite Gesellschaft: Armut und extreme Ungleichheit, der zweite Abgrund. Weltweit besitzt das oberste ein Prozent der Weltbevölkerung gut 45 Prozent des weltweiten Vermögens. Über die Hälfte der Menschheit besitzt zusammengenommen gerade einmal 1,2 Prozent.[250] Als weitere Symptome der gesellschaftlichen Spaltung nennt Scharmer ein von echter Wertschöpfung entkoppeltes Finanzsystem, das in dieser Form wenigen nützt und viele für die Schäden bezahlen lässt. Weiterhin verfeindete Lager in Zeiten der Corona-Pandemie, eine schrumpfende Mittelschicht, Alters- und Kinderarmut, Angst vor dem sozialen Abstieg, hohe Zustimmung für populistische Parteien mit scheinbar einfachen Lösungen und weitverbreitete Einsamkeit.[251]

Auch die Abspaltung von uns selbst zeigt sich in zahlreichen Symptomen: Das endlose Wirtschaftswachstum hat uns nicht glücklicher gemacht. Immer mehr Menschen erleben Stress und Sinnentleerung, mangelndes Körperbewusstsein, und psychische Erkrankungen wie Burnout und Depressionen steigen rapide.[252] Viele schauen besorgt in die Zukunft, sehnen sich zurück nach vergangenen Zeiten und in die scheinbar heile Welt des Privaten.

Diese Krisen begründen sich in der Art und Weise, wie wir als Gesellschaft denken. Otto Scharmer nennt es das „Denkmodell der Ego-Maximierung", welches das Eigeninteresse in den Mittelpunkt stellt: Wir alle sind Teil eines großen Ganzen, doch durch unser egozentriertes Denken erleben wir uns als abgetrennt von der Natur, von anderen Menschen und uns selbst. Statt die vielfältigen Zusammenhänge und Abhängigkeiten zu bedenken, so Scharmer, maximiert das vorherrschende Denken die Vorteile für wenige, ignoriert die katastrophalen Nebeneffekte für viele und schafft dadurch verschiedenste Krisen.[253]

Der Kern des Problems: Der Mensch hält sich für die Krone der Schöpfung. Dabei ist diese Vorstellung reine Allmachtsfantasie. Wir Menschen sind nicht *besser* als andere Lebewesen, wir sind nur ein kleiner Teil eines großen vernetzten Ökosystems. Neu ist die Erkenntnis nicht: Schon der Naturforscher Alexander von Humboldt sah den Menschen als einen Teil des Ganzen und warnte vor den Folgen des Raubbaus an der Natur.[254]

Vor der ökologischen Krise warnte ein Team von Wissenschaftlern schon vor 50 Jahren. *Die Grenzen des Wachstums* wurde über 30 Millionen Mal und in 30 Sprachen verkauft. Am mangelnden Wissen kann es also nicht liegen, dass wir seitdem nicht entschiedener gegen die Missstände vorgegangen sind. Auch das nötige Kapital und die (technologischen) Lösungen wären da, dennoch warten wir weiter ab, statt anzupacken. Woran liegt es dann? In Abschnitt 2.2.2 haben wir gesehen: Erfolg macht träge, arrogant und blind für notwendige Veränderungen. Das gilt auch für uns als Erdengemeinschaft. Trotz besseren Wissens, vermittelt durch Wissenschaftler und Expertinnen, unterschätzen wir die Risiken des Bewahrens und überschätzen den Aufwand für notwendige Veränderungen. Klimawandel mag out sein, doch je mehr wir ihn ignorieren, desto gravierendere Probleme wird er uns bereiten. Gerade bei großen Veränderungen muss es oft erst mal schlechter werden (damit es richtig schmerzt und wir kaum mehr anders können als zu handeln), bevor es besser werden kann.

Die Wissenschaftler der Initiative *Earth for All* bezeichnen unsere Lage „eindeutig als einen planetaren Notstand".[255] Um einen Zusammenbruch großer Zivilisationen zu verhindern, müssen wir unsere Wirtschafts-, Energie- und Nahrungsmittelsysteme grundlegend neu gestalten: einkommensschwache Länder unterstützen und Armut beenden, den Wohlstand innerhalb von Gesellschaften umverteilen, um die extreme Ungleichheit zu verringern, die für soziale Spannungen sorgt, Bildung und gleiche Chancen für Frauen sicherstellen, die Landwirtschaft umgestalten, sodass sie gesunde Ernährung und Schutz der Böden gewährleistet, weg von klimaschädlichen fossilen Brennstoffen und hin zu sauberer Wind- und Sonnenenergie. Vieles deckt sich mit den 17 globalen Nachhaltigkeitszielen (die sogenannten SDGs), auf die sich die Vereinten Nationen als „Fahrplan für die Zukunft" verständigt haben.[256] Zugegeben, das wird anstrengend und erfordert aktive und langfristig denkende Regierungen, unterstützt von der Bevölkerung. Aber die Forschenden machen auch Hoffnung, dass „eine Erde für alle" noch möglich ist, ein halbwegs friedliches, sicheres und angenehmes Leben für viele innerhalb der Grenzen des Planeten.[257]

Hoffnung macht auch Hannah Ritchie, die als leitende Forscherin bei *Our World in Data* aktuelle Daten zu den großen Problemen der Welt aufbereitet und erklärt: „Wir haben die Chance, die erste Generation zu sein, die die Umwelt in einem besseren Zustand zurücklässt als dem, in dem wir sie vorfanden."[258] Ob Luftverschmutzung, Klimawandel, Ernährung, biologische Vielfalt, Entwaldung, Plastikverschmutzung oder Überfischung – Ritchie belegt mit Fakten, dass wir in vielen Bereichen immerhin bereits am Wendepunkt stehen und diese Probleme in den nächsten 50 Jahren lösen können. Damit wir die notwendigen Maßnahmen auch ergreifen, fordert sie mehr Zuversicht, dass wir durch unser aktives Tun etwas zum Positiven verändern können.

Das bestätigt der Klimapsychologe Thomas Brudermann: Pessimismus lähmt, während (realistischer) Optimismus uns ins Tun kommen lässt. Auch wenn die Lage objektiv nicht sonderlich rosig aussieht, können wir uns eine bewusst hoffnungsvolle Haltung zulegen und so an den für uns erreichbaren Stellschrauben drehen, statt zu verzweifeln oder zu verdrängen.[259]

Es kann ganz schön ernüchternd sein, wenn uns der (durchschnittlich viel zu große) *ökologische Fußabdruck* aufzeigt, wie viel Schaden wir mit unserem ökologischen Fehlverhalten anrichten. Deswegen empfiehlt Biologe und Mitbegründer der Initiative *Scientists for Future* Gregor Hagedorn den ökologischen Handabdruck, der zeigt, was wir schon erreicht haben: „Machen wir uns bewusst, wie stark wir sind, wenn wir alle gemeinsam in die gleiche Richtung ziehen!"[260]

Wo können wir beginnen? Unser Handeln ist geprägt durch unser Denken. Unser kollektives Verhalten als Gesellschaft und Weltgemeinschaft wurzelt tief in gemeinsamen Überzeugungen. Als Grundlage für wirkliche Veränderung fordert Otto Scharmer neue Überzeugungen, die unserer komplexen und dynamischen Welt besser gerecht werden. Das bedeutet nichts weniger als einen Bewusstseinswandel in der Gesellschaft: weg vom Eigennutz und hin zu Aufmerksamkeit für das Ökosystem.[261]

Das „neue Denken" ist geprägt von Verbundenheit mit uns selbst, anderen Menschen und dem Ökosystem um uns herum. Wir betrachten uns nicht länger als Nabel unserer Welt. Es wird uns wieder bewusster, dass wir nicht abgetrennt, sondern ein Teil dieses Ökosystems sind, auf komplexe Weise wechselseitig voneinander abhängig.

Was wir tun können, um diese Verbundenheit wiederzuentdecken, erfährst du in den Abschnitten 7.4.1 bis 7.4.3.

ZUM NACHDENKEN UND AUSPROBIEREN

Wann bist du als Teil einer Organisation oder einer anderen Gruppe aus einer ursprünglich negativen Situation gestärkt hervorgegangen?

Was machen die aktuellen Krisen mit dir? Welche Ideen hast du, wie du besser damit umgehen könntest?

Mach dir bewusst, welch großes menschliches Leid entsteht, weil wir trotz besseren Wissens viel zu langsam und zu wenig handeln.

Selbst wenn es scheinbar wenig Anlass zum Optimismus gibt, lege dir eine positive Grundhaltung zu, weil sie dich eher zum Handeln bringt als Schwarzsehen.

Lass dich von den „Tu Du's" auf 17ziele.de inspirieren, was du selbst tun kannst, um den Nachhaltigkeitszielen näher zu kommen.

7.3 Anpacken zum Wohle aller

„Zweifle nie daran, dass eine kleine Gruppe engagierter Menschen die Welt verändern kann – tatsächlich ist dies die einzige Art und Weise, in der die Welt jemals verändert wurde."

Margaret Mead, US-amerikanische Anthropologin (1901–1978)

Mit den Händen in der Erde buddeln, sich verbunden fühlen mit der Natur und aktiv etwas gegen die Klimakrise tun – mit dieser Idee haben Laura Setzer und ihre Frau Juliane Ranck 2019 das Projekt „GemüseheldInnen" gestartet. Ihre Vision: Die ganze Stadt essbar zu machen. Möglichst jede freie Fläche in Frankfurt wollen sie nutzen, um viele Menschen mit gesunden und regional angebauten Lebensmitteln zu versorgen. Eigentlich ist das fast unmöglich, sagen sie anfangs, aber den Klimawandel aufzuhalten ist ja auch fast unmöglich. Warum also sollten wir es nicht versuchen?

Klein angefangen haben die Heldinnen, mit einem verlassenen und vermüllten Garten im Kleingartengebiet der Frankfurter *Grünen Lunge*. Ursprünglich hatten sie keine Ahnung, wie man Gemüse zieht. Deswegen gedeiht im ersten Jahr auch fast nichts. „Von Erfolg keine Spur", berichten die beiden Initiatorinnen lachend. Aufgegeben haben sie nicht und sich stattdessen durch Versuch und Irrtum das notwendige Wissen angeeignet über „Urban Farming", den Anbau von Lebensmitteln im städtischen Raum.

Schon bald gedeiht das Gemüse und immer mehr Menschen machen mit. Jede der ehrenamtlichen Gemüsegärtnerinnen bringt anderes Wissen und andere Fähigkeiten ein, alle dürfen ernten, einen „Chef" gibt es nicht. Was klein (und illegal) begonnen hat, ist nach nur wenigen Jahren zu einem großen Erfolg herangewachsen. Mittlerweile bewirtschaften über 350 Stadtgärtnerinnen und -gärtner 18 Gemeinschaftsgärten, unterstützt von der Stadt Frankfurt. Mit ihnen gemeinsam haben die Initiatorinnen Laura Setzer und Juliane Ranck in nur wenigen Jahren viel mehr erreicht, als sie sich je erträumt hätten. Und sie zeigen damit, dass auch Menschen wie du und ich etwas verändern können.[262]

Neben einem ökologischen ist es auch ein soziales Projekt, bei dem Städter wieder lernen, wie sie ihre eigene Nahrung anbauen, und dieses Wissen weitergeben. Die so entstandene Gemeinschaft ist für die Initiatorinnen „wie eine große Familie".[263] Gemeinsam mit anderen anzupacken hilft doppelt, mit Ungewissheit und Sorgen umzugehen. Warum das so ist, haben wir schon in Kapitel 3 beleuchtet: Wie die beiden Affen aus derselben Kolonie sind wir gemeinsam weniger gestresst.

„Was kann ich schon ausrichten", mögen wir denken und unterschätzen dabei, wie viel wir durch unsere Initiativen tatsächlich bewegen könnten. Als eine damals 13-jährige Schwedin beginnt, durch wöchentliche Schulstreiks auf den Klimaschutz aufmerksam zu machen, wird sie zunächst belächelt. Greta Thunberg selbst hätte wohl nicht gedacht, dass sich aus *Fridays for Future* eine weltweite Protestbewegung für den Klimaschutz entwickeln würde, mit teils mehreren Millionen Teilnehmenden in über 150 Ländern. Zwar wurde das eigentliche Ziel der Bewegung nicht erreicht, nämlich wesentliche Veränderungen auf politischer Ebene. Dennoch ist die Bilanz der Initiative nach fünf Jahren positiv: Klimaschutz wurde weltweit auf die politische Agenda gesetzt und in der Bevölkerung gibt es ein größeres Bewusstsein für die Dringlichkeit zu handeln, teilweise verbunden mit umweltbewussterem Verhalten.[264]

Je mehr Menschen sich inspirieren lassen und bei einer guten Sache mitmachen, desto mehr können wir erreichen. Wie man eine entsprechende Bewegung startet, zeigt Derek Sivers anschaulich in einem Video:[265] Ohne ersichtlichen Grund beginnt der Mann auf der Wiese ausgelassen zu tanzen. Zunächst erntet er skeptische Blicke, was macht der Freak da? Kurz darauf stößt ein weiterer Tänzer dazu (der Early Follower) und macht den „Vortänzer" damit von einem Freak zu einem Vorbild. Weitere Menschen schließen sich an und bilden eine Menschenmenge. Noch einige mehr, und die *kritische Masse* ist erreicht. Ab diesem Punkt ist das Tanzen auf der Wiese so ansteckend, dass die Bewegung immer mehr an Dynamik gewinnt. Je mehr Menschen wild tanzen, desto unwahrscheinlich wird es, ausgelacht zu werden, schließlich ist man Teil der Gruppe. Irgendwann ist die ganze Wiese voller tanzender Menschen. Wer jetzt noch stur am Boden sitzt, gehört zur Minderheit und riskiert, von der Mehrheit als langweiliger Zauderer abgestempelt zu werden.

Das Modell der kritischen Masse zeigt: Auch wer zunächst in der Minderheit ist, kann etablierte gesellschaftliche Spielregeln verändern. Mutige Pionierinnen wie Greta Thunberg oder der erste Wiesentänzer sind wichtig, aber richtig wirksam wird ihre Initiative erst, wenn andere ihrem Beispiel folgen. Es sind die Bilder von Millionen von Menschen, die immer wieder auf die Straße gehen und damit ein deutliches Zeichen gegen die Erstarkung der Rechtsextremisten in Deutschland zeigen. Wenn du also eine einsame Pionierin findest, die sich für eine gute Sache einsetzt, habe den Mut, dich ihr anzuschließen!

Machen wir uns gemeinsam für Veränderung stark, hat unsere Stimme mehr Gewicht. Doch auch als Einzelne können wir Großes erreichen. Das zeigt Teun Toebes, der mit Anfang 20 ins Pflegeheim zieht. Was verrückt klingt, ist ihm absolut ernst. Der holländische Aktivist will das Leben aus der Perspektive von Demenz-Erkrankten verstehen, deren Gedächtnis immer mehr abbaut. Betroffene im Pflegeheim sollen sich weiterhin als Teil der Gesellschaft wahrnehmen und mehr Lebensqualität genießen, auch in ihrem letzten Lebensabschnitt. „Menschen mit Demenz sind Menschen wie du und ich" – diese Botschaft verbreitet Toebes mit seinem Buch, auf Instagram und sogar mit einem eigenen Dokumentarfilm. Sein Ziel, eine Veränderung des Pflegesystems zu bewirken, ist ambitioniert, doch schon jetzt ist er als gefragter Experte im Austausch mit der Politik.[266]

Wie so oft kommt es auf die richtige Dosis an. Bei allen Vorteilen des aktiven Anpackens für Veränderung sollten wir es nicht übertreiben. Trotz unseres unermüdlichen Engagements ist unser Einfluss begrenzt. Wird uns das bewusst, können sich Frust und Verzweiflung breitmachen, warnt die Psychologische Psychotherapeutin Dagmar Kumbier. Um nicht auszubrennen, rät sie, die Zeitung mit den negativen Meldungen auch mal beiseitezulegen, sich einen Ausgleich zu schaffen und auch die schönen Momente des Lebens zu genießen.[267] So wie Toen das Altenheim auch mal hinter sich lässt, um mit Freunden ohne Demenz zu feiern.

Wir müssen nicht die ganze Welt retten, der nächsten Person eine Freude zu machen ist auch ein guter Anfang.

Die Gemüseheldinnen haben mittlerweile sichtbar an Einfluss gewonnen und nutzen ihn: Gemüsegärten auf den Dächern von Frankfurt und „essbare Inseln", verteilt über die Stadt sind der nächste Schritt. Sie träumen davon, dass die grauen Häuser zwischen dem vielen essbaren Grün verschwinden. Da sag noch mal einer, mit Visionen solle man zum Arzt gehen!

ZUM NACHDENKEN UND AUSPROBIEREN

Welches Thema liegt dir am Herzen?

Was kannst du gut, was macht dir Freude, welche Ressourcen hast du (Netzwerk, Geräte, Wissen, Zeit ...)? Zur Lösung welcher Probleme könntest du diese einbringen, um zu etwas Größerem beizutragen?

Wo beträgst du bereits etwas bei, auch wenn es nur im Kleinen sein sollte? In welchem Bereich könntest du dir vorstellen, mitzuhelfen und dich einzubringen? Wo könntest du dich informieren, welchen Initiativen von Gleichgesinnten du dich anschließen könntest? Möchtest du selbst eine Initiative starten?

7.3.1 Besser wirtschaften

„Erst wenn der letzte Baum gerodet, der letzte Fluss vergiftet, der letzte Fisch gefangen ist, werdet ihr merken, dass man Geld nicht essen kann."

Alanis Obomsawin, kanadische Autorin und Filmemacherin (*1932)

Unternehmer hatte Yvon Chouinard nie sein wollen und schon gar nicht nach Gewinnmaximierung gestrebt! Erfolgreich wird sein Unternehmen *Patagonia* trotzdem oder vielmehr gerade deswegen. Aus Skepsis gegenüber der Geschäftswelt und aus Liebe zur Natur hinterfragt der Unternehmer wider Willen konsequent gängige Businesspraktiken und schlägt seine eigenen Wege ein.

Kalifornien 1957: Der junge Chouinard ist in Geldnot und mit den damals erhältlichen Felshaken ohnehin unzufrieden. Kurzerhand beginnt der begeisterte Kletterer, seine eigene Bergsteigerausrüstung herzustellen. Aus dem Kofferraum heraus verkauft er sie auch an seine Kletterkumpels. Nach und nach wird daraus ein Geschäft, das weiterhin nur dazu dient, seinen Lebensunterhalt und seine Klettertouren zu bestreiten.

Aus dem Kofferraumverkauf wird unbeabsichtigt der größte Hersteller von Kletterausrüstung in den USA. Aber: Wenn er schon Unternehmer werden sollte, sagt sich Yvon, dann nur zu seinen eigenen Bedingungen. Also sorgt er dafür, dass Mitarbeitende bei Patagonia schon in den 1970ern unter Freunden arbeiten, sich kleiden, wie sie wollen, und sich ihre Arbeit flexibel einteilen, damit sie bei guten Bedingungen zum Surfen oder Skifahren gehen können.

Der Gründer selbst setzt auf „Management durch Abwesenheit" und ist lieber in den Bergen dieser Welt unterwegs, wo er Produkte testet und auf neue Ideen kommt. Immer häufiger kommt Chouinard allerdings mit erschreckenden Eindrücken von Umweltzerstörung zurück: schmelzende Gletscher, Abholzung, Verwüstung durch Rohstoffabbau, vergiftetes Wasser und Artensterben.

Als dem Naturliebhaber bewusst wird, dass auch sein eigenes Unternehmen einen Anteil an der Zerstörung der Natur und der Klimaerwärmung hat, ist er fest entschlossen, etwas dagegen zu unternehmen. Um negative Folgen abzumildern, spendet Patagonia seit 1986 jedes Jahr ein Prozent vom Umsatz oder zehn Prozent vom Gewinn an Umweltkampagnen. Das ganze Unternehmen wird danach ausgerichtet, Produkte zu schaffen, die menschliche und Umweltbedingungen verbessern und möglichst keinen Schaden anrichten. Dazu setzt Patagonia weit mehr als andere auf Langlebigkeit und minimalen Verbrauch natürlicher Ressourcen.[268]

Damit die Wirtschaft weiterwächst, muss immer mehr verkauft werden. Befeuert vom Marketing und als Teil einer oberflächlichen Konsumkultur kaufen wir immer öfter, immer mehr, immer neues „Konsumgedöns" – im Glauben, wir würden es brauchen und es würde uns glücklicher machen. Mehr Wachstum bedeutet (meist) auch mehr Verbrauch von Ressourcen.[269] Wasser, saubere Luft, fruchtbarer Boden, seltene Erden und andere Rohstoffe stehen uns aber nur begrenzt zur Verfügung. Wir Menschen verbrauchen so schnell so viel davon, dass die Erde nicht hinterherkommt. Neben dem Klimawandel hat unsere Übernutzung natürlicher Ressourcen noch weitere negative Nebeneffekte, die wir meist nicht direkt wahrnehmen: Luftverschmutzung, immer weniger Trinkwasser, ausgelaugte Böden.

Die globale Wirtschaftsleistung zu reduzieren, um der Erde Erholung zu gönnen, ist keine realistische Lösung. In einer schrumpfenden Wirtschaft geht es nicht nur mit Gewinnen abwärts, sondern auch mit Steuereinnahmen, Arbeitsplätzen, Spielräumen zur Umverteilung und Wohlstand. Geht es unserer Wirtschaft schlecht, stehen andere Probleme als Nachhaltigkeit oben auf der Agenda und es fehlen finanzielle Mittel, auf regenerative Verfahren umzurüsten, argumentiert der frühere Wirtschaftsweise Lars Feld.[270] Trotz der offensichtlichen Mängel ist es höchst unwahrscheinlich, dass wir den Kapitalismus durch ein völlig anderes System ersetzen. Realistischer ist ein Sowohl-als-auch von brummender Wirtschaft und Klimaschutz.

Auch hierzulande zeigen mutige Vorreiter, dass erfolgreiches Unternehmertum und Verantwortung gegenüber Mensch und Natur möglich sind: wie der Hersteller von Bergsportausrüstung Vaude, der Nahrungsmittelproduzent Rapunzel oder das Start-up TURNS, das aus ausrangierter Kleidung Recycling-Garne herstellt.

Es wäre viel gewonnen, würden alle Firmen sich ernsthaft bemühen, so konsequent den von ihrer Tätigkeit ausgehenden Schaden zu minimieren. Beliebter als tatsächlich grün zu werden ist jedoch, mit Greenwashing nur nachhaltig zu erscheinen: Marketingabteilungen weisen enthusiastisch auf das Pflanzen einer Handvoll Bäume hin, begrenzt ökologisch wirksam, aber dafür öffentlichkeitswirksam.

Warum passiert da nicht schon viel mehr? Die konsequente Transformation von Strukturen, Prozessen und Unternehmenskultur hin zum nachhaltigen Wirtschaften ist aufwändig und verursacht Kosten. Solange regenerative Lösungen nicht auch wirtschaftliche Vorteile bringen, mindern sie erst mal den Gewinn der Eigentümer. Einer der Grundpfeiler der klassischen Betriebswirtschaftslehre lautet: Das oberste Ziel von unternehmerischer Tätigkeit ist Gewinnmaximierung, und zwar durch Ausbeutung von Ressourcen. Zum Glück wird dieses eiserne Gesetz der BWL zunehmend kritisch hinterfragt und durch verantwortungsvolle Pioniere wie Patagonia in der Praxis widerlegt.

Keine Frage, nachhaltiges Wirtschaften muss sich auch lohnen. Gewinn ist wichtig für Unternehmen, um in die Zukunft investieren zu können, langfristig zu bestehen und den Mitarbeitenden ein verlässlicher Arbeitgeber zu sein. Das oberste Ziel eines Unternehmens muss deswegen noch lange nicht Gewinnmaximierung sein. Bei Patagonia ist der wirtschaftliche Erfolg die Folge, nicht das Ziel des unternehmerischen Handelns. Ebenso sieht es Götz Werner, der Gründer der (ebenfalls sehr erfolgreichen) Drogeriemarktkette *dm* (siehe Abschnitt 2.3.4).

Nach 35 Jahren wird Yvon Choinard bewusst, warum er trotz aller Abneigung gegen das Unternehmerdasein weitermacht: „Patagonia existiert, um die herkömmliche Meinung herauszufordern und den neuen Stil eines verantwortungsbewussten Unternehmens zu präsentieren. Wir glauben, dass das akzeptierte Modell des Kapitalismus, das grenzenloses Wachstum verlangt und Schuld an der Zerstörung der Natur tragt, ersetzt werden muss. Patagonia und seine 2000 Mitarbeiter haben die Mittel und den Willen, dem Rest der Geschäftswelt zu beweisen, dass das Tun der richtigen Dinge zu einem gewinnbringenden Unternehmen beiträgt."[271] Das tun sie seit mittlerweile über 50 Jahren.

Mit 83 Jahren geht der Patagonia-Gründer den nächsten außergewöhnlichen Schritt: Patagonia wird zum Non-Profit-Unternehmen und die „Erde ab jetzt einzige Anteilseignerin". Seinen gesamten Gewinn, der nicht wieder ins Unternehmen investiert wird, schüttet Patagonia aus, und zwar zur Bekämpfung der Klimakrise und dem Schutz der Natur- und Artenvielfalt. Eine Summe von jährlich etwa 100 Millionen Dollar. Wie war das gleich – wer keine Gewinnmaximierung anstrebt, kann nicht finanziell erfolgreich sein?

Wie kann erreicht werden, dass mehr (auch gewinnmaximierende) Unternehmen mitziehen? Es braucht Anreize, in technischen Fortschritt und Innovationen zu investieren, welche die Ressourcen des Planeten schonen und regenerieren. Wer als Unternehmen oder Konsumentin Gemeinschaftsgüter wie saubere Luft oder Böden verbraucht, muss für die wahren Kosten aufkommen (einschließlich der Folgekosten für Schäden am Ökosystem). Die Ökonomen Scharmer und Käufer nennen weitere konkrete Ansätze, wie die Wirtschaft weniger auf die Vorteile Einzelner und mehr auf das Wohl der Gesellschaft und des Ökosystems ausgerichtet werden kann:

- Weg von massenhaft produzierten nutzlosen Produkten hin zu realen Bedürfnissen und weniger Produkten von hoher Qualität und langer Lebensdauer, die häufiger geteilt statt besessen werden;
- Produkte so designen, dass möglichst viele Materialien nach der Nutzung im biologischen oder im technischen Kreislauf wiederverwertet werden;
- Konsumenten als Partner auf Augenhöhe aktiv mitgestalten lassen wie bei Wikipedia, gemeinsam bewirtschafteten Äckern und Bürgerbeteiligungsformaten.[272]

Wie neues Wirtschaften auf der Ebene der gesamten Wirtschaft funktionieren kann, zeigt Vorreiter Island. Nach dem Zusammenbruch des Finanzsystems in der Finanzkrise von 2008 hat Island den Erfolg des Landes neu definiert und die Wirtschaft neu ausgerichtet, sodass sie nicht nur dem Finanzwesen, sondern den Menschen und dem Planeten dient. Gemessen werden unter anderem Zugang zu Wohnraum, Grünflächen, sauberer Luft, Gleichberechtigung und Vertrauen in andere.[273] Mit den anderen skandinavischen Ländern Finnland und Dänemark ist Island auf Platz 3 ganz vorne dabei beim *World Happiness Report* der Vereinten Nationen, dem weltweiten Glücksranking.[274] Wirtschaftswachstum spielt in Islands *Wellbeing-Economy* (Ökonomie des Wohlbefindens) immer noch eine Rolle, aber eben nicht mehr die alles überragende. Glückliche Menschen sind übrigens auch gut für die Wirtschaft.

Wirtschaftswachstum als alleinige Zielgröße hat ausgedient. Wir müssen den Fokus verschieben, weg von Gewinnmaximierung für wenige hin zu mehr Widerstandsfähigkeit von Wirtschaft und Gesellschaft und positiven Auswirkungen auf das Ökosystem, das Leben und das Glück möglichst vieler Menschen. Wie das geht, zeigen mutige Vorreiter unter den Unternehmen und Nationen.

ZUM NACHDENKEN UND AUSPROBIEREN

Wie kannst du dazu beitragen, negative Auswirkungen auf Menschen und Umwelt zu reduzieren? Ganz persönlich, bei Konsum, Mobilität, Ernährung ...?

Welche Veränderungen kannst du bei deiner Arbeit anstoßen?

7.3.2 Mit Innovationen die Welt verbessern

„Die beste Möglichkeit, die Zukunft vorherzusagen, ist, sie zu gestalten."

Zugeschrieben Abraham Lincoln, Willy Brandt und Peter Drucker

Papaya, Mango oder Jackfrucht – wenn wir in unseren Breitengraden exotische Früchte genießen, haben sie bereits eine halbe Weltreise hinter sich und einen entsprechend üblen CO_2-Fußabdruck, was unserem Genuss nicht selten einen faden Beigeschmack verleiht. Wird es auch bei uns immer heißer, könnten tropische Früchte in Zukunft auch hierzulande heimisch werden; in einem kleinen Örtchen in Oberfranken sind sie es schon heute, dank einer kreativen Idee.

Der Clou: Gärtnermeister Ralf Schmitt – genannt „Papaya Schmitti" – nutzt die überschüssige Wärme der benachbarten Glasfabrik und beheizt damit ressourcenschonend ein 3500 Quadratmeter großes Forschungs-Gewächshaus. Bei 23 Grad fühlen sich nicht nur die Südfrüchte wohl, sondern sogar tropische Fische![275] Gut fürs Klima ist es allemal, wenn Mango und Co. regional produziert und nicht mehr um die Welt geschippert werden. Die Glasfabrik kann dank der Zusammenarbeit auf eine zusätzliche Kühlanlage verzichten. So gewinnen alle, erklärt der Geschäftsführer des Tropenhauses stolz. Er ist überzeugt: Das Erfolgsmodell wäre auch andernorts und in viel größerem Maßstab möglich.[276]

Das Tropenhaus Klein Eden am Rennsteig zeigt mehrerlei: Die Bekämpfung des Klimawandels muss nicht immer Verzicht bedeuten – drehen wir an Stellschrauben bei Transport und Anbau, können wir auch wieder ohne schlechtes Gewissen Tropenfrüchte genießen. Außerdem braucht es nicht unbedingt innovative Spitzentechnologie, um etwas zu verändern. Manchmal reichen eine kreative Idee, wie wir Bestehendes neu kombinieren können, und Mut, es auszuprobieren.

Vor allem aber weckt das Projekt Zuversicht und zeigt Wege auf, wie wir mit menschlichem Erfindergeist die großen Probleme unserer Zeit verringern oder vielleicht sogar lösen können. Genau das sollte Ziel und Zweck der Innovation sein, so die Innovationsexperten Thomas Ramge und Rafael Laguna de la Vera, nicht die Gewinnmaximierung großer Tech-Firmen. Zukünftig sollten wir mit Innovationen „das größtmögliche Glück für die größtmögliche Anzahl von Menschen" anstreben und Technologien konsequent auf die wirklich bedeutsamen Probleme und Bedürfnisse der Menschheit ausrichten.[277]

Das klingt nach Zukunftsmusik, wenn nicht gar utopisch? Mag sein, doch einige Beispiele mutiger Vorreiter gibt es schon. Wie der Sauger, der klimaschädliches Kohlendioxid aus der Atmosphäre saugt. Was im ersten Moment nach einer verrückten Idee klingt, haben Tüftler bereits umgesetzt. Eine Anlage in Island filtert im Jahr 4000

Tonnen Kohlendioxid aus der Atmosphäre. Um die deutlich überdurchschnittlichen 10,5 Tonnen CO_2 auszugleichen, die wir 2023 pro Kopf in Deutschland produziert haben, bräuchte man ganz schön viele dieser teuren Klimasauger.[278] Reichen wird das also hinten und vorne nicht, aber zum Glück gibt es ja noch andere Möglichkeiten: Fortschritte bei den längst bekannten erneuerbaren Energien; Algen, die CO_2 aus der Atmosphäre saugen und speichern; Katamarane, die Plastik aus dem Meer sammeln; Kleidung hergestellt aus diesem Meerplastik oder „Fleisch" aus dem 3D-Drucker mit wesentlich kleinerem Fußabdruck als echte Methan pupsende Kühe. Mut machende Ansätze finden sich zuhauf, wenn wir unsere Aufmerksamkeit darauf richten.

Mit Innovationen können wir die Welt retten, da sind die Innovationsexperten Ramge und Laguna de la Vera zuversichtlich: „Weil wir an den Willen und die Fähigkeit der menschlichen Schöpferkraft glauben, sind wir rational optimistisch, dass die Menschheit im Jahr 2050 mit radikal verbesserter Technologie viele der Probleme in den Griff bekommen wird, die heute fast unlösbar erscheinen und manchmal sogar unsere Existenz zu bedrohen scheinen."[279]

Diese Hoffnung in technische Innovationen darf allerdings nicht als Ausrede dienen, nichts an unserem eigenen Verhalten zu ändern und entspannt darauf zu warten, dass andere das schon richten werden. Denn wie wir gesehen haben, sind Innovationen hochgradig ungewiss. Vor allem sind technologische Möglichkeiten nur einer der Stellhebel. Wenn wir eine Chance haben wollen, müssen wir aber *alle* Stellhebel voll umlegen.

Letztlich ist es die gemeinsame Verantwortung von Staat, Investoren, Unternehmen und Bevölkerung, nichts weniger als einen Wandel der Innovationskultur unserer Gesellschaft voranzutreiben, fordern Ramge und Laguna de la Vera. Mögen wir auch keine hochrangigen Politikerinnen oder begnadeten Kernfusionsforscher sein, so trägt doch jeder Einzelne zu einem gesellschaftlichen Klima bei, das dazu ermutigt, Neues auszuprobieren und aus Fehlern zu lernen. In Sachen Risikofreude und Offenheit für Innovationen haben wir hierzulande noch viel Luft nach oben.

ZUM NACHDENKEN UND AUSPROBIEREN

Wenn du die Lage der Welt oder der Gesellschaft betrachtest, wo werden deiner Ansicht nach neue und bessere Lösungen am meisten gebraucht? Was kannst du dazu beitragen?

Wofür möchtest du deine Fähigkeiten, deine Arbeitskraft, deine Begeisterung und deine Lebenszeit einsetzen? Inwiefern spielt das bei der Auswahl deines Arbeitgebers eine Rolle? Hast du schon einmal überlegt, dich einer Organisation anzuschließen, die an relevanten Problemen arbeitet, oder selbst eine zu gründen?

7.3.3 Große Veränderungen brauchen große Visionen

„Wenn einer allein träumt, ist es nur ein Traum. Wenn viele gemeinsam träumen, ist es der Anfang einer neuen Wirklichkeit."

Friedensreich Hundertwasser, österreichischer Künstler (1928–2000)

„Erzähl ihnen von dem Traum, Martin!", raunt die Gospelsängerin ihm von hinten zu. Der Redner schiebt sein Manuskript zur Seite und beginnt, frei zu predigen: „Ich habe einen Traum. (...) Ich träume von einem Land, wo meine vier Kinder nicht nach der Farbe ihrer Haut, sondern nach dem Wesen ihres Charakters beurteilt werden. Heute habe ich einen Traum!"[280] Die Menschenmenge vor dem Kapitol in Washington jubelt Martin Luther King zu. Die improvisierte Rede des amerikanischen Bürgerrechtlers und späteren Friedensnobelpreisträgers inspiriert 1963 Hunderttausend Menschen, gibt ihnen Hoffnung, dass eine bessere Zukunft ohne Rassismus und Unterdrückung möglich ist.

Ob wir eingefahrene Muster des Zusammenlebens neu denken, an technischen Innovationen tüfteln oder gesellschaftliche Initiativen voranbringen – wer große Veränderungen in die Welt bringen will, hat sich viel vorgenommen. Die Initiatoren sind von ihrer eigenen Idee oft so begeistert, dass sie von der Zögerlichkeit oder gar Ablehnung anderer überrascht werden. Nicht nur die Idee selbst ist wichtig, sondern auch, wie wir andere von ihr überzeugen können, damit diese sich ebenfalls für die Verbreitung starkmachen. Das wissen wir auch aus dem Change Management, der Disziplin für das Gestalten umfassender Veränderungen in Organisationen.

Bevor sich tatsächlich im großen Stil etwas verändert, ob in einem Unternehmen, einer Gesellschaft oder der Weltgemeinschaft, braucht zunächst eine kritische Masse die Einsicht, dass Veränderung notwendig ist. Ein *Gefühl der Dringlichkeit* nennt man das. Den unterdrückten und benachteiligten Amerikanern mit dunkler Hautfarbe war das Problem wohl bewusst, weniger den privilegierten Weißen. Wie wir gesehen haben, muss es bisweilen erst wehtun, bevor wir einsehen, dass wir uns bewegen müssen. Damit das schneller geht, dürfen wir rhetorisch nachhelfen und deutlich auf die Risiken des Verharrens hinweisen.

Damit eine Gruppe von Menschen sich auch tatsächlich anders verhält, ist Einsicht allein noch nicht ausreichend. Neben dem *Warum* (Warum soll ich mich verändern?) brauchen wir das *Wozu*, das uns zeigt, was wir von der Veränderung haben. Um ausreichend motiviert zu sein, anzupacken und dranzubleiben, brauchen wir ein positives Bild von einer möglichen Zukunft, das uns die Richtung aufzeigt und anzieht.

Beispiele dafür haben wir schon kennengelernt: Bodo Janssen möchte im Ohrensessel sitzend seinen Enkeln Geschichten von glücklichen Menschen erzählen. Die Gemüseheldinnen arbeiten darauf hin, die ganze Stadt Frankfurt essbar zu machen. Die BioNTech-Gründer Uğur Şahin und Özlem Türeci bekämpfen Krebs und andere schwere Erkrankungen, um das Leben von Menschen zu verbessern. Martin Luther King träumte von gleichen Rechten und Chancen für alle, unabhängig von der Hautfarbe. Buddhas Vision war, dass alle Wesen glücklich sein mögen.

Visionen sind so vielfältig wie die Menschen selbst. Eine gute Vision erreicht Herz und Hirn: Sie ist rational nachvollziehbar und bewegt zugleich emotional, sie ist ehrgeizig und doch realistisch.

Wie kommen wir auf so eine inspirierende Vision? Womöglich automatisch, wenn wir uns überlegen, worin genau das Problem besteht und was zukünftig anders sein müsste, damit das Problem gelöst ist. Zum Glück können wir bei der Visionsentwicklung auch mit methodischem Handwerkszeug nachhelfen, das du schon kennengelernt hast: In der Träumerphase aus der Walt-Disney-Methode (Abschnitt 4.4.3) malen wir uns völlig frei aus, was alles möglich sein könnte. Mit den Leitfragen aus Abschnitt 5.2.5 arbeiten wir das sinnstiftende „Wozu" eines Projekts heraus. Durch intensives Schreiben (Abschnitt 6.4) werden wir uns klarer über unsere bestmögliche gemeinsame Zukunft.

Für gesellschaftliche Veränderungen ist die Methode *Theory U* nach Otto Scharmer besonders geeignet. Zunächst sucht das Team das Gespräch mit den Betroffenen. Dann ziehen sich die Teilnehmenden in die Stille der Meditation zurück und werden offen für erste Ideen von dem, was zukünftig kommen könnte. Ihren Eindrücken geben sie dann Gestalt durch Prototypen möglicher Zukünfte, die gemeinsam gesammelt, diskutiert und weiterentwickelt werden.[281]

Ein motivierendes Bild von der Zukunft ist wichtig – es reicht aber nicht aus, damit der Veränderungsprozess wahrscheinlich gelingt. Weitere wichtige Erfolgsfaktoren des Wandels hat John Kotter erforscht und beschrieben: Die Initiatoren kommunizieren die Vision umfassend, um möglichst viele abzuholen. Sie lassen Betroffene die Veränderung aktiv mitgestalten und befähigen sie, anders zu handeln. Frühe Erfolge werden gemeinsam gefeiert und die Veränderung immer weiter vorangetrieben, bis das zunächst Neue als neues Normal in der Kultur verankert und die Rolle rückwärts in die alten Routinen unwahrscheinlich ist.[282]

Auch wenn Martin Luther Kings Traum noch immer keine Realität ist, hat er damit doch die USA verändert. Noch heute können wir an seinem Beispiel lernen, welche ungeheure Kraft von einer Vision ausgeht: Auch noch 60 Jahre später erzeugt die

Rede des Bürgerrechtlers Gänsehaut und motiviert Menschen dazu, sich weiter dafür einzusetzen, Martin Luther Kings Traum wahr werden zu lassen.

Um unsere Krisen an der Wurzel zu packen, braucht es neue Überzeugungen, die gesamtgesellschaftlich geteilt werden. In den folgenden Abschnitten wollen wir uns genauer mit wesentlichen Aspekten dieses neuen Denkens auseinandersetzen.

ZUM NACHDENKEN UND AUSPROBIEREN

Welche Erfahrungen hast du mit großen Veränderungsprozessen gemacht? Was war aus deiner Sicht entscheidend dafür, dass die Veränderung geklappt hat oder gescheitert ist?

So oder so, was kannst du daraus lernen?

Welche Vision inspiriert dich? Wie lautet deine eigene Vision?

7.4 Vom Ich zum Wir zum Ganzen

„Die Menschen bauen zu viele Mauern und zu wenig Brücken."

Isaac Newton, englischer Mathematiker, Physiker und Astronom (1643–1727)

Ob wir unseren schönen grünen Rasen wohl unbeschadet durch die zunehmend heißen und trockenen Sommer bringen? Während wir grübelnd unsere private Oase betrachten, hat die aus der Karibik stammende Oriana Wouters die katastrophalen Folgen des Klimawandels längst in voller Wucht erlebt: Als es immer weniger regnete, wurde die afrikanische Insel Madagaskar von einer lang anhaltenden Dürre heimgesucht. Hungersnot, Krankheiten und Konflikte waren die Folge und ließen die Bewohner des Landesinneren an die Küste flüchten. Um alle mit Nahrung zu versorgen, wurden dort die Fischbestände massiv überfischt, illegal Schildkröten gejagt und Lebensräume unter Wasser geschädigt. Je mehr sie die Ressourcen des Meeres ausbeuteten, desto weniger Küstenbewohner konnten vom Meer leben.[283]

Dieser Negativkreislauf wird durchbrochen durch ein Projekt, bei dem Wissenschaftler und Expertinnen wie die Biologin Oriana den betroffenen Gemeinden helfen, auf nachhaltige Weise für ihren Lebensunterhalt zu sorgen. Sie bringt den Küstenbewohnern bei, Seegras und Seegurken anzubauen und Sorge für den Schildkrötennachwuchs zu übernehmen. Nicht nur das Meeresökosystem kann sich so erholen, sondern auch neues Einkommen für die Gemeinschaft geschaffen und Armut bekämpft werden.

Für uns bleiben die Folgen des Klimawandels und anderer Krisen auf der Welt oft abstrakt. Ob sich die Temperaturen nun um 1,5 oder 1,7 Grad seit Beginn der Industrialisierung erhöhen, macht das wirklich einen Unterschied? Und wie! Für Oriana ist es selbstverständlich, dass sie sich mit den Menschen in Madagaskar verbunden fühlt, eines der afrikanischen Länder, das wegen seiner geografischen Lage mit am stärksten von den Folgen des Klimawandels betroffen ist. Durch das Projekt hat sie eine Vorschau auf die Zukunft und kann sich besser als andere vorstellen, was ihre eigene Heimat Aruba erwartet. Während wir uns in ihrem Garten unterhalten, spüren wir den Kunstrasen unter unseren Füßen, in Aruba ist dieser ebenso normal wie die kargen Kakteenlandschaften. Doch auf der heute paradiesischen Karibikinsel in der Nähe des Äquators wird es immer heißer. Mit steigendem Meeresspiegel wird sie zudem an Land und damit an Lebensraum einbüßen.

Die beiden Inselstaaten eint das gemeinsame Schicksal als vom Klimawandel besonders betroffene Regionen. Der Grund, warum Oriana sich mit den Menschen in Madagaskar verbunden fühlt, ist allerdings noch wesentlich universeller: „Wir sind alle Menschen, oder etwa nicht?"

Wir helfen anderen eher, wenn wir mit ihnen mitfühlen. Das ist leichter gesagt als getan. Mitfühlen können wir nur, wenn wir uns als mit anderen verbunden erleben. Das wiederum setzt voraus, dass wir zunächst über den Tellerrand unseres eigenen Ichs hinausschauen. „Kein Thema", sagst du vielleicht, „ich bin sehr gut eingebunden in Familie, Freundeskreis und in meinem Ort." Uns als Teil des Stammtisches und des örtlichen Sportvereins zu begreifen mag uns Halt und Sicherheit geben. Unsere globalen Probleme lösen wir nur, wenn wir uns als Teil der Menschheit verstehen und als Teil dieses komplexen, lebendigen Ökosystems mit Tieren, Pflanzen, dem Klima und anderen Naturphänomenen.

Verbundenheit bedeutet, sich bewusst zu werden, dass alles in dieser Welt zusammenhängt und ein großes Ganzes ist, uns Menschen eingeschlossen. Am offensichtlichsten ist diese Verbindung als Baby im Leib der Mutter, mit deren Schicksal das Ungeborene verbunden ist. Auch wenn die körperliche Verbindung gekappt ist, bleiben wir wechselseitig voneinander abhängig. Uns als „Wir" zu begreifen ist in unserem Gehirn angelegt. Was ist häufig das erste verständliche Wort, das ein Kleinkind äußert? Nicht „Ich", sondern „Mama" oder „Papa". Laut Neurobiologe Hüther entsteht das „Wir"-Verständnis vor der Entwicklung des „Ich".[284]

Ob es uns bewusst ist oder nicht, niemand kann unabhängig von anderen Menschen oder der Natur um uns herum leben. Wir haben nur deshalb Brot zum Abendessen, weil zuvor Landwirte auf den Feldern Korn angebaut haben, das von anderen Menschen zu Mehl und Gebäck verarbeitet und schließlich in der Bäckerei verkauft wurde. Erst als wir während der Coronakrise ratlos vor leeren Regalen standen, wurde uns richtig bewusst, wie stark die weltweiten Lieferketten vernetzt und wie sehr wir persönlich davon abhängig sind.

Nicht Abschottung, sondern mehr Miteinander kann deshalb nur die Lösung sein. Statt nur unsere eigene Situation zu sehen, sind wir gefordert, uns als Teil diese Weltgemeinschaft zu erleben, um die drängenden Probleme unserer ökologisch, wirtschaftlich und kommunikativ hochvernetzten Welt zu lösen.

Ein Gefühl der Verbundenheit mit anderen ist der Beginn eines positiven Kreislaufs: Vom Wohlwollen für andere geleitet haben wir positiv gefärbte Gedanken, sprechen freundliche Worte und verhalten uns unterstützend. Uns mit unseren Freunden und der Familie verbunden zu fühlen ist vergleichsweise einfach. Die Kunst liegt darin, auch Wohlwollen für entfernte Bekannte, für Menschen, die wir nicht kennen oder nicht leiden können, und für alle anderen Lebewesen auf dieser Welt zu entwickeln (ja, auch für Spinnen!) – und das braucht Übung.

Um Verbundenheit zu fördern, gibt es verschiedene Möglichkeiten: psychedelische Drogen (nicht zu empfehlen), intensive Meditation (die wenigen Erleuchteten werden nicht reichen) oder das Bewusstmachen von Gemeinsamkeiten sowie verbindende Erfahrungen (für alle machbar).

Für Oriana wäre es sicher bequemer, all die bedrohlichen Fakten und Zukunftsszenarien auszublenden und in einer selbst gemachten Glücksblase das (heute noch) gute Leben in Aruba zu genießen. Doch seit ihrer Rückkehr in ihre Heimat appelliert die Biologin an die Menschen, sich gegen den Klimawandel zu wappnen: Sie wertet Klimadaten aus, klärt die Bevölkerung über Risiken der Erwärmung auf und erarbeitet mit ihnen gemeinsam Wege zur Anpassung. Sie geht in Schulen, um bei der nächsten Generation das Bewusstsein für die Folgen zu wecken und praktisches Wissen zu vermitteln, was sie selbst tun können. Sie berät die Politik über natur- und menschenfreundliche wirtschaftliche Entwicklung und sogar bei der UN-Klimakonferenz in Dubai war sie als Vertreterin der kleinen Inselstaaten dabei. Trotz der vielen Probleme tut Oriana voller Überzeugung, was sie tun kann, und bleibt zuversichtlich, dass sie einen positiven Einfluss hat und andere Menschen inspiriert.

ZUM NACHDENKEN UND AUSPROBIEREN

Wann ist dir zuletzt bewusst geworden, wie abhängig du von anderen Menschen, Organisationen, der Gesellschaft und der Natur bist und wie eingebettet in ein größeres Ganzes? Was macht diese Erkenntnis mit dir?

Schau dir ab und zu über das Internet die Nachrichten eines anderen Landes an. So kannst du Eindrücke gewinnen, was für diese Menschen gerade wichtig ist. Was ist anders als bei uns, was haben wir trotzdem mit diesen Menschen gemeinsam?

7.4.1 Sich selbst nicht so wichtig nehmen

„Wahre Freiheit entdeckt der Mensch erst dann, wenn er das Interesse daran verliert, welchen Eindruck er erweckt."

Aus China

Gemütlich schlendern Reimund und seine Nichte durch den Garten im Innenhof des ehemaligen Benediktinerklosters, das heute Zentrum für Meditation und Achtsamkeit ist. Auf ihrem Weg kommt ihnen ein hochbetagter Mann in Begleitung einer Frau entgegen, der die beiden mit wachen Augen ansieht und freundlich begrüßt. Die Nichte erstarrt in Ehrfurcht – es handelt sich um den bekannten Pater Willigis Jäger, seines Zeichens Benediktinerpater und Zen-Meister, bedeutender Wegbereiter einer religionsübergreifenden Spiritualität und Begründer des Benediktushofs! Noch bevor sie Reimund mit einem Ellbogenstoß in die Seite darauf hinweisen kann, beginnt dieser völlig unbedarft ein Gespräch und fragt, ob es für den älteren Herrn der erste Kurs sei, den er hier am Benediktushof besuche. Er sei schon häufiger hier gewesen, schmunzelt der Begründer der Einrichtung amüsiert, unterhält sich noch eine Weile und verabschiedet sich dann augenzwinkernd mit den Worten: „Geh mit Gott, aber geh." An seinem Ego schien es jedenfalls nicht zu nagen, dass Willigis Jäger trotz seiner Leistungen und Popularität nicht erkannt worden war.

Die gelassene Reaktion des spirituellen Lehrers ist keineswegs selbstverständlich. Werden wir (aus unserer Sicht) beleidigt oder nicht genug gesehen, fühlt sich unser „Ich" schnell angegriffen und protestiert. Nicht nur das: Wir alle haben eine Stimme in unserem Kopf, die ununterbrochen vor sich hin brabbelt und dabei allerlei subjektive und sogar falsche Geschichten erfindet. Meistens ist sie damit beschäftigt, unsere Wahrnehmungen zu interpretieren und in Schubladen in unserem Kopf zu ordnen: „Mag ich, mag ich nicht, mehr davon …"

Mit dieser Stimme identifizieren wir uns so sehr, dass wir glauben, es handele sich um unseren dauerhaften Wesenskern, den wir „Ich" nennen. Logisch, dass wir uns getrennt von anderen Menschen sehen und zwischen „Ich" und „die anderen" unterscheiden. Indem wir uns mit der plappernden Stimme identifizieren, nehmen wir uns selbst wichtiger als die anderen Menschen, sehen uns als Mittelpunkt der Welt oder zumindest unseres eigenen Lebens. Wir machen „dieses eingebildete Ich sogar zu einem Selbst-Optimierungsprojekt", beschreibt es Neuropsychologe Niebauer. Ständig vergleichen wir unser Bild von „So bin ich" mit „Wie ich sein sollte" und „Wie andere sind", eine sichere Grundlage für Neid, Scham bis hin zu Hass und Ausgrenzung. [285]

Selbstverständlich ist jeder von uns einzigartig. Doch mittlerweile bestätigt die Neuropsychologie, was der Buddhismus schon seit 2500 Jahren lehrt: Was wir „Ich" nennen, ist nichts anderes als eine flüchtige Momentaufnahme unserer Gedanken, die durch das Bewusstsein ziehen, in jedem Augenblick andere und keineswegs dauerhaft oder eigenständig.[286] Das Selbst gleicht einer Fata Morgana in der Wüste, so Niebauer: „Die Vision der Oase ist echt, die Oase selbst aber nicht."[287] Genauso ist unser „Ich", an dem wir so hängen, kaum mehr als ein subjektives Bild, ein flüchtiger Gedanke. Wenn wir für einen kurzen Moment versuchen, nicht mehr zu denken, ist das plappernde Ich (die Stimme) ruhig und nicht mehr wahrnehmbar. Aber wir sind als Mensch immer noch vorhanden, denn wir sind weit mehr als diese Gedanken, diese innere Stimme.

Wie oft überlassen wir unserem angekratzten oder übersteigerten Ego das Steuer, meist nicht mal bewusst: Wenn wir ständig alles auf uns selbst beziehen und schnell verunsichert oder wütend reagieren; wenn wir laufend über unsere beeindruckenden Leistungen posten und die anerkennenden Likes zählen; wenn wir unseren Selbstwert über perfektes Aussehen, große Erfolg oder Statussymbole zu steigern versuchen.

Große Taten brauchen jedoch kein großes Ego. Das Gefühl der eigenen Wichtigkeit hat nichts zu tun mit der Entschlossenheit, mit der wir uns für unsere Überzeugungen einsetzen, ist der buddhistische Mönch Matthieu Ricard überzeugt. Im Gegenteil, selbstgefällige Egozentriker sind stark damit beschäftigt, ihr Image zu inszenieren. Es ist fraglich, inwiefern das der Sache oder der persönlichen Zufriedenheit dienlich ist. Mehr noch: „Das Gefühl eigener Wichtigkeit ergibt eine vortreffliche Zielscheibe für verbale, emotionale und sonstige Attacken aller Art – Eifersucht, Angst, Gier, Ablehnung", erklärt Ricard.[288] Nehmen wir uns selbst nicht so wichtig, sind wir weniger verletzlich, reagieren entspannter und leben unbeschwerter. So wie Pater Willigis Jäger, der Großes geleistet hat und dabei stets bescheiden blieb.

Wenn das Ich eine Illusion ist, wer sind wir dann wirklich? Das können wir nur herausfinden, wenn wir unseren „Egotunnel" verlassen, so Jäger. „Wenn wir wirklich begreifen wollen, wer wir sind, müssen wir das Ich und seine Eingrenzung überschreiten. Die wirkliche Quelle des Seins liegt jenseits unserer Ichstruktur."[289] Kurz: Erst wenn wir nicht mehr nur um uns selbst kreisen, erfahren wir, was wir im Grunde sind: Eins mit allem, was existiert.

Selbst wenn wir von dieser Erleuchtung auch noch weit entfernt sind: Haben wir erst mal erkannt, dass wir in einem großen Theaterstück leben, das wir mit unseren Gedanken selbst kreieren, können wir uns selbst entscheiden, wie viel Bedeutung wir ihm beimessen.

ZUM NACHDENKEN UND AUSPROBIEREN

Wann gehst du so in einer Tätigkeit auf, dass du ganz im Moment bist und das „Ich" verschwindet?

Konzentriere dich bewusst auf deinen Atem, um das Plappern im Kopf zu stoppen und dich zurück in die echte Welt zu katapultieren.

Halte im Alltag inne und erkenne, wenn das Ego das Steuer übernimmt. Wenn du merkst, dass Neid, Ärger oder Sorge in dir aufkommt, überprüfe: Meldet sich da etwa das Ego? Indem wir Dankbarkeit, Verbundenheit und Mitgefühl entwickeln, entfernen wir uns vom wertenden Ich und gelangen zu größerer innerer Freiheit.

7.4.2 Mitgefühl entwickeln

„Das Überleben der Menschheit wird davon abhängen, ob sie die Empathie retten kann. Alles andere können Roboter machen – nur natürliche Empathie fehlt ihnen."

Stephen Hawking, britischer Physiker (1942–2018)

Ein Häftling nach dem anderen fällt dem hochrangigen Gefängnisaufseher in den Arm, viele von ihnen weinen, werden vom Aufseher getröstet. Eigentlich undenkbar in Tihar, einem Hochsicherheitsgefängnis in Neu-Delhi, in dem 10.000 Häftlinge untergebracht sind, unter katastrophalen Bedingungen, Konflikte und Gewalt sind an der Tagesordnung. Was ist hier los?

Unter denkbar schwierigen Umständen tritt die neue Gefängnisleitung ihr Amt an. Kiran Bedi ist Indiens erste Polizistin, eine taffe und warmherzige Frau mit unkonventionellen Methoden und einer großen Vision: Das Gefängnis in einen Ort für persönliche Entwicklung zu verwandeln, damit die Häftlinge nach ihrer Entlassung nicht rückfällig werden, sondern sich in die Gesellschaft integrieren.

Doch wie soll sie das anstellen? Die Antwort findet Bedi in der uralten indischen Meditationsmethode *Vipassana,* entwickelt von Gautama Siddhartha, von dem du bereits im Abschnitt 6.3 gelesen hast. In zehntägigen Meditationskursen im Schweigen erlernen Gefängniswärter und Gefangene die Methode, ihre Körperempfindungen und ihre Gedanken zu beobachten, ohne zu reagieren. Tausende Straffällige stellen sich fortan in ihrem Inneren ihrer Vergangenheit, der Wut und der Missachtung gegenüber anderen Menschen und der Gesellschaft. Hatten sie sich bislang als Opfer betrachtet, wird vielen nun das erste Mal ihre Schuld bewusst. Nicht nur die Reue lässt so manchen Häftling hochemotional werden, es ist auch Zuversicht: Durch Vipassana erkennen sie, dass sie es in der Hand haben, sich selbst und die Welt da draußen zum Besseren zu verändern. Ein dreifacher Mörder berichtet, wie seine Rachegelüste verflogen sind, ersetzt durch Mitgefühl für die Hinterbliebenen seiner Opfer, um die er sich nach seiner Freilassung kümmert wie um seine eigene Familie.[290]

Tiefe Veränderung braucht Zeit, doch dass sie möglich ist, zeigen die Erfahrungen mit Vipassana in indischen Gefängnissen und anderen Teilen der Welt. Unsere Kulturen mögen sich unterscheiden, doch im Grunde sind wir Menschen alle gleich, auch in unserer Fähigkeit zum Mitgefühl.[291]

Mitgefühl ist eine völlig normale menschliche Reaktion, die entsteht, wenn wir uns mit anderen verbunden fühlen. So beschreibt es der Psychologe und buddhistische Lehrer Jack Kornfield. Wie bei den Häftlingen mag diese Fähigkeit mitunter verschüttet sein, doch sie entspringt unserer innersten Natur als Menschen.

Kannst du dich erinnern, dass dich einmal eine fremde Person angelächelt hat und du automatisch zurückgelächelt hast? Da waren die sogenannten Spiegelneuronen am Werk, Nervenzellen im Gehirn, bei denen Neuropsychologen das Mitgefühl verorten. Über Spiegelneuronen nehmen wir die Handlungen und die Körpersprache anderer Menschen genau wahr, erkennen deren Gefühle und Stimmungen und reagieren mitfühlend. Diese natürliche Empathie ist Teil unseres „Sozialgehirns", so Kornfield, wie auch bei anderen sozialen Wesen wie Affen, Vögeln und Hunden. [292]

Was Meditation und Mitgefühl im Gehirn bewirken, untersuchte eine Gruppe führender Psychologen und Hirnforscher im Himalaya, wo sie die Gehirnaktivität erfahrener Mönche während des Meditierens scannten. Matthieu Ricard, seit 30 Jahren buddhistischer Mönch, Französisch-Übersetzer und enger Vertrauter des Dalai Lama, wurde zum ersten „Versuchskaninchen" auserkoren. Die Laboranalysen zeigten, dass das Gehirn durch intensives Training grundlegend und dauerhaft neu vernetzt werden kann. Erfahrene Mönche sind nicht nur sehr geübt darin, ihren Geist auf ihren Atem zu konzentrieren, sondern auch allumfassendes Mitgefühl in sich entstehen zu lassen, eine positive Emotion wie Freude oder Heiterkeit. Dies bewirkt, so Ricard, „dass die selbstlosesten Mitglieder der Bevölkerung zugleich diejenigen sind, die sich der höchsten Lebenszufriedenheit erfreuen“. Kurz: Wohlwollend zu anderen zu sein macht auch uns selbst glücklich.[293]

Wie zeigt sich Mitgefühl im Alltag? Wir helfen unseren Freunden beim Umzug oder verzeihen ihnen einen grantigen Kommentar. Wir springen bereitwillig ein, wenn eine Kollegin krank ist, und helfen Mitreisenden in einem überfüllten Zug dabei, ihr Gepäck zu verstauen. Wenn wir uns mit der Natur verbunden fühlen, dann schützen wir sie, auch wenn es für uns Verzicht bedeuten mag. (Dieser ist übrigens positiver als sein Ruf: Wer umweltbewusst lebt, ist glücklicher.[294])

Mit Mitgefühl zu handeln bedeutet nicht, dass wir uns alles gefallen und uns ausnutzen lassen. Grenzen zu ziehen und auf Missstände hinzuweisen ist wichtig, nur eben nicht aus der Haltung des Gegeneinanders heraus, sondern freundlich und auch auf das Wohl des anderen bedacht.

Solange wir uns selbst der nächste sind und nur unsere eigene Situation verbessern, werden wir unsere globalen Probleme nicht lösen. „Ich glaube, Liebe ist das Einzige, was die Welt retten kann“, sagt die Philosophin und Autorin Ina Schmidt. Was sie damit meint, ist weniger die Liebe zwischen zwei Menschen als vielmehr die wohlwollende, mitfühlende Haltung gegenüber der Welt.

ZUM NACHDENKEN UND AUSPROBIEREN

Statt an den vielen Katastrophen und dem Leid in der Welt zu verzweifeln, nimm dir mit Wohlwollen und Freundlichkeit vor, die Welt heute etwas besser zu machen. Auch wenn der positive Beitrag noch so klein ist, z. B. indem du jemanden anlächelst, so ist für dich und die andere Person schon etwas gewonnen.

Kennst du schon die „Metta“-Meditation für Güte und Mitgefühl? Sage dir selbst: „Möge ich glücklich sein. Möge ich gesund sein. Möge ich frei von Sorgen und entspannt sein.“

Dann stelle dir eine Person vor, die du sehr magst, und wünsche auch ihr voller Wohlwollen, sie möge glücklich und entspannt sein. Das gleiche machst du mit einer neutralen Person.

Stelle dir nun eine Person vor, die du nicht magst, und finde zunächst eine Gemeinsamkeit, die euch verbindet. Dann wünsche auch ihr: „Möge es dir gut gehen. Mögest du glücklich sein.“ Schließlich weitest du das wohlwollende Gefühl auf alle Lebewesen aus.

7.4.3 Verbunden mit der Welt

„Wir haben eine besondere Verantwortung für das Ökosystem dieses Planeten. Indem wir andere Arten schützen, sichern wir unser eigenes Überleben."

Wangari Maathai, kenianische Biologin, Politikerin und Umweltaktivistin (1940–2011)

Der Blick von außen hilft, die Dinge klarer zu sehen – auf jeden Fall Alexander Gerst, der erkennt, wie zerbrechlich das Ökosystem der Erde ist, dass einfache Erklärungen oft falsch und eigene Sichtweisen unvollständig sind. Zugegeben, nur wenigen Menschen ist es möglich, ihr Leben und die Welt mit so viel Abstand zu betrachten: vom Weltraum aus, 400 Kilometer über der Erdoberfläche. Von der Internationalen Raumstation aus blickt der deutsche Astronaut auf die Erde, als er eine emotionale Botschaft an seine ungeborenen Enkel richtet, stellvertretend für deren Generation. In dem Video mit dem Namen „Ich schau auf euren wunderschönen Planeten" entschuldigt er sich bei kommenden Generationen dafür, dass seine Generation die Erde trotz besseren Wissens nicht im besten Zustand hinterlässt. Seinen Enkeln verspricht er, sich für ihre bestmögliche Zukunft einzusetzen.[296]

Betrachten Menschen wie Alexander Gerst die Erde von außen, sind sie erfüllt von Demut und dem Wunsch, diese zerbrechliche und wertvolle Welt zu schützen. Hier unten dagegen ist die Mehrheit zu sehr mit den alltäglichen Anforderungen und Ärgernissen beschäftigt (der Präsentation für den Vorstand, dem fehlenden Kita-Platz oder der streikenden Bahn) und vor allem darauf fokussiert, sich im Hamsterrad nicht zu überschlagen.

Am mangelnden Wissen liegt es nicht. Ebenso wie Gerst ist uns die Zerbrechlichkeit unseres Ökosystems bewusst. Wissenschaftliche Analysen und Prognosen belegen mittlerweile unbestreitbar, dass wir unseren Planeten und damit unsere eigene Lebensgrundlage zerstören. Allen besseren Wissens zum Trotz sind wir zu träge, unser Verhalten zu ändern. „Ziffern erreichen nicht die Seele", bringt es die Historikerin Andrea Wulf auf den Punkt, „wir schützen nur, was wir lieben"[297]. Alexander Gerst liebt seine ungeborenen Enkel und diesen wunderschönen Planeten. Deshalb ist es ihm auch so wichtig, beiden die beste Zukunft zu ermöglichen.

Dort können wir ansetzen: Unserem Gehirn ist es egal, ob wir etwas wirklich erleben oder ob es sich nur in einem Video oder unserem Kopfkino abspielt. Deswegen ist Gersts Videobotschaft auch auf dem heimischen Sofa ergreifend, erzeugt Gänsehaut und Betroffenheit. Wem das noch nicht reicht, der kann im Video „Powers of 10" von Charles und Ray Eames von der Erde aus in die unendlichen Weiten des Weltalls hinauszoomen[298] – und sich dabei bewusst werden, wie klein und unbedeutend wir tatsächlich sind.

Ehrfürchtig staunen und uns mit der Natur verbunden fühlen können wir im Angesicht großer Naturwunder oder im Kleinen: über einen Regenbogen, den ersten Schnee im Winter, jahrhundertealte Eichen mit dicken Stämmen, den Wechsel der Jahreszeiten oder den Blick vom Berggipfel hinab ins Tal.

Mit keiner noch so brillanten Ingenieurskunst können wir eine neue Erde bauen. Statt uns mühsam lebensfeindlichen Lebensraum auf dem Mond zu erschließen, verwenden wir doch lieber all unser kreatives Potenzial als Menschheit darauf, unseren einmaligen Lebensraum zu bewahren.

ZUM NACHDENKEN UND AUSPROBIEREN

Wann fühlst du dich mit der Welt und der Natur verbunden? An welchen Orten gelingt dir das besonders? In den Bergen, im Wald, im Garten …?

Was versetzt dich in Staunen oder sogar Ehrfurcht?

Ein Tipp des Biologen Gregor Hagedorn, um das Denken zu verändern: Stell dir vor, es ist das Jahr 2050. Schreibe einen Brief aus der Zukunft an deine Enkel oder an dein früheres Ich. Beschreibe darin, was du unternommen hast, um ein lebenswertes Dasein auf diesem Planeten zu erhalten.[299]

Was verändert dieser Perspektivwechsel für dich?

Was davon kannst du heute tun?

Nachwort: Durch Bewegung im Gleichgewicht bleiben

„Das Leben ist wie Fahrrad fahren, um die Balance zu halten, musst du in Bewegung bleiben."

Albert Einstein, „Bürger der Welt" und theoretischer Physiker (1879–1955)

Nur wenn wir uns verändern, sind wir lebensfähig, als Einzelne und als Gesellschaft. Es ist wie beim Fahrradfahren: Wenn wir nicht in die Pedale treten, geraten wir ins Wanken und fallen um. In Bewegung bleiben wir leichter im Gleichgewicht und kommen sogar vorwärts!

Radeln wir auf der Langstrecke des Lebens, sollten wir nicht auf den ersten zehn Kilometern unsere gesamte Energie verpulvern. Besser, wir überlegen uns, wofür wir unsere Zeit und Energie einsetzen wollen. Wozu immer durchs Leben hetzen? Wir dürfen unterwegs auch mal Pause machen, durchschnaufen und nachdenken: Warum sind wir bei diesem Rennen angetreten? Weil wir gewinnen wollen? Weil es „normal" ist mitzumachen? Oder weil es Freude macht, mit anderen gemeinsam Neuland zu erkunden?

Vielleicht merken wir irgendwann, dass wir das Rennen nicht allein gewinnen können, weil wir als Gesellschaft und Menschheit auf einem riesigen Tandem unterwegs sind. Wissen die da vorne am Lenker überhaupt, wohin wir fahren? Manche Mitfahrende scheinen noch gar nicht begriffen zu haben, dass es sich um einen Teamsport handelt, und werfen lieber den anderen Äste zwischen die Speichen. Weit hinten mögen wir den Eindruck gewinnen, es mache keinen Unterschied, ob wir uns abstrampeln oder zurücklehnen, unseren eigenen Einfluss halten wir für verschwindend gering. Doch wenn das die Mehrheit des globalen Tandem-Teams so sieht, kann es nicht vorwärts gehen – womöglich fallen wir sogar alle gemeinsam um.

Aktiv in die Pedale treten und besonnen Pause machen – was so gegensätzlich erscheint, hat beides seinen Wert, nicht nur beim Fahrradfahren. Gehen wir mit offenen Augen durchs Leben, erkennen wir Handlungsbedarf und bringen Dinge in Bewegung, wenn die Zeit reif ist. Nicht zu verwechseln mit blindem Aktionismus, bei dem wir übereilt agieren und nicht das große Ganze im Blick haben. Dann doch lieber erst mal abwarten und Tee trinken. Es tut uns gut, auch mal fünfe gerade sein und Einsichten reifen zu lassen, uns zu erholen und einfach Muße zu haben, ganz ohne Ziel und Zweck. Solange es nicht als Ausrede dient und wir Chancen vorbeiziehen lassen oder Probleme ignorieren, obwohl Handeln dringend nötig wäre.

Das gilt für unterschiedlichste Bereiche des Lebens:

- Wandel in Unternehmen und innovative Produkte und Technologien voranbringen, die echten Fortschritt für möglichst viele bringen, ohne etwas zu überstürzen.
- Im Alltag gezielt nach kreativen Ideen suchen und auch Gedanken reifen und Einsichten kommen lassen.
- Unser Leben nach unseren Vorstellungen gestalten und zugleich seine zwangsläufige Unperfektheit akzeptieren.
- Uns annehmen, wie wir sind, und zugleich persönlich weiterentwickeln zur besten Version unserer selbst.
- Im Angesicht von gesellschaftlichen und globalen Krisen handeln und dennoch schöne Momente genießen.
- Den Wert des Bewährten schätzen und zugleich unser Denken, Handeln und Zusammenleben weiterentwickeln.
- Beim Ressourcenverbrauch auf die Bremse treten und unserem Heimatplaneten eine Pause zur Erholung gönnen und zugleich mit allen Kräften an neuen Lösungen tüfteln, die unser Ökosystem wieder in Balance bringen und uns als Menschheit anpassungsfähiger machen.
- Impulse setzen und mit dem Fluss der Dinge gehen, aktiv gestalten und einfach nur sein.

Die Kunst liegt darin zu erkennen, wann Abwarten und wann Anpacken angebracht ist, und beides ins Gleichgewicht zu bringen. Nicht im Richtig oder Falsch, Schwarz oder Weiß liegt die Lösung für den Umgang mit ständiger Veränderung, sondern im Sowohl-als-auch.

Mit dem angemessenen Maß zur jeweiligen Zeit bleiben wir im Gleichgewicht. Das braucht Übung, doch wie es geht, wissen wir im Prinzip schon vom Fahrradfahren.

Quellen und weiterführende Literatur

1 Marquardt, S. (2023): *Sebastian Düll und seine Würzburger Brotbäckerei.* BROTpro. Blogbeitrag vom 16.08.2023. Abgerufen am 01.07.2024. Verfügbar unter ↗ https://www.brotpro.de/blog/sebastian-duell-und-seine-wuerzburger-brotbaeckerei/.

2 Fallows, J. (2013): The 50 Greatest Breakthroughs Since the Wheel. *The Atlantic.* Abgerufen am 10.04.2024. Verfügbar unter ↗ https://www.theatlantic.com/magazine/archive/2013/11/innovations-list/309536/.

3 Lacey, R. (1989): *Ford: The Men and the Machine.* Boston, Toronto: Little Brown & Co.

4 Rueede, D. & Lurtz, K. (2012): Mapping the Various Meanings of Social Innovation: Towards a Differentiated Understanding of an Emerging Concept. *EBS Business School Research Paper, 12*(03). https://ssrn.com/abstract=2091039.

5 Stern, B. (2012): *Inventors at Work: The Minds and Motivation Behind Modern Inventions.* New York: Springer.

6 Schumpeter, J. (1997): *Theorie der wirtschaftlichen Entwicklung. Eine Untersuchung über Unternehmergewinn, Kapital, Kredit, Zins und den Konjunkturzyklus* (9. Auflage). Berlin: Duncker & Humblot.

7 Berkun, S. (2010): *The Myths of Innovation.* Sebastopol, CA: O'Reilly and Associates, S. 9.

8 Brabec, M. (2021): *Désapprendre pour innover: En finir avec l'innovation washing.* Brüssel: Mardaga.

9 Süddeutsche Zeitung (2001), zitiert nach Schneider, W. (2023): *Deutsch für junge Profis: Wie man gut und lebendig schreibt* (15. Auflage). Reinbek bei Hamburg: Rowoldt, S. 92.

10 Vgl. Anm. 7, S. XVII.

11 Vinsel, L. & Russell, A. L. (2020): *The Innovation Delusion: How Our Obsession with the New Has Disrupted the Work That Matters Most.* New York. Currency.

12 Hauschildt, J. (2005): Dimensionen der Innovation. In S. Albers & O. Gassmann (Hrsg.), *Handbuch Technologie- und Innovationsmanagement.* Wiesbaden: Gabler.

13 Richter, B. & Juschkat, K. (2018): Die Entwicklung des Antiblockiersystems (ABS). *Konstruktionspraxis* (13.07.2018). Abgerufen am 01.07.2024. Verfügbar unter ↗ https://www.konstruktionspraxis.vogel.de/die-entwicklung-des-antiblockiersystems-abs-a-732669/.

14 Spitzer, M. (2012): Das Pedoskop: Aus der Geschichte kann man lernen! *Nervenheilkunde, 31*(04), 203–207.

15 Patalong, F. (2015): „Ich habe meinen Tod gesehen." *DER SPIEGEL.* Abgerufen am 10.04.2024. Verfügbar unter ↗ https://www.spiegel.de/geschichte/wilhelm-conrad-roentgen-das-leiden-der-strahlen-pioniere-a-1061130.html.

16 Web Summit (2017): *Stephen Hawking at Web Summit 2017* [Video]. YouTube. Abgerufen am 15.07.2024. Verfügbar unter ↗ https://www.youtube.com/watch?v=H41Zk1GrdRg.

17 Grunwald, A. (2019): *Technology Assessment in Practice and Theory.* New York: Routledge.

18 Tetlock, P. E. (2016): *Superforecasting – Die Kunst der richtigen Prognose.* Frankfurt am Main: Fischer.

19 Rössler, D. (1983): Die Sicherheit der Technik als öffentliches Problem. In S. Hartwig (Hrsg.), *Große technische Gefahrenpotentiale. BMFT — Risiko- und Sicherheitsforschung.* Berlin, Heidelberg: Springer.

20 Loesche, F. & Torre, I. (2020): *Creative Destruction.* In M.A. Runco & S.R. Pritzker (Hrsg.), *Encyclopedia of Creativity* (3. Auflage, S. 226–231). Amsterdam, Oxford, Cambridge: Elsevier.

21 Drucker, P. (1993): *Innovation and Entrepreneurship: Practice and Principles.* New York: Harper Collins.

22 Gmyrek, P., Berg, J. & Bescond, D. (2023): Generative AI and jobs: A global analysis of potential effects on job quantity and quality. *International Labour Organization (ILO) Working Paper,* 96. Abgerufen am 16.09.2024. Verfügbar unter ↗ https://www.ilo.org/sites/default/files/wcmsp5/groups/public/@dgreports/@inst/documents/publication/wcms_890761.pdf.

23 FAZ (2003): Ältestes Rad der Welt in Slowenien gefunden. *Frankfurter Allgemeine Zeitung,* 25.02.2003. Abgerufen am 01.06.2024. Verfügbar unter ↗ https://www.faz.net/aktuell/gesellschaft/archaeologie-aeltestes-rad-der-welt-in-slowenien-gefunden-189826.html.

24 Norberg, J. (2020): *Fortschritt: Ein Motivationsbuch für Weltverbesserer* (2. Auflage). München: FinanzBuch, S. 20.

25 UNICEF, WHO, World Bank, UN (2024): *Levels & Trends in Child Mortality Report 2023,* S. 15. Abgerufen am 31.05.2024. Verfügbar unter ↗ https://childmortality.org.

26 Statistisches Bundesamt (2023): *Entwicklung der Lebenserwartung in Deutschland.* Destatis.de. Abgerufen am 26.05.2024. Verfügbar unter ↗ https://www.destatis.de/DE/Themen/Gesellschaft-Umwelt/Bevoelkerung/Sterbefaelle-Lebenserwartung/sterbetafel.html.

27 Kondratieff, N. D. (1926): Die langen Wellen der Konjunktur. In: *Archiv für Sozialwissenschaft und Sozialpolitik,* Band 56 (S. 573–609). Tübingen: Mohr.

28 Vgl. Anm. 24, S. 88.

29 Easterlin, R. A. (2021): *An Economist's Lessons on Happiness. Farewell Dismal Science!* Cham: Springer Nature Switzerland.

30 Shelliem, J. (2007): Kochkunst als Teil der documenta. *Deutschlandfunk Kultur,* 14.06.2007. Abgerufen am 10.04.2024. Verfügbar unter ↗ https://www.deutschlandfunkkultur.de/kochkunst-als-teil-der-documenta-100.html.

31 Müller, M. (2013): Evolution der Schöpferkraft. *Gehirn und Geist, 7–8,* 50–51.

32 Liebermann, D. Z. & Long, M. E. (2023): *Ein Hormon regiert die Welt: Wie Dopamin unser Verhalten steuert – und das Schicksal der Menschheit bestimmt* (4. Auflage). München: riva.

33 Benedek, M. (2021): *#MensaGoesScience (28) | Prof. Dr. Mathias Benedek: Neurokognitive Grundlagen des kreativen Denkens* [Video]. YouTube. Abgerufen am 10.04.2024. Verfügbar unter ↗ https://www.youtube.com/watch?v=dM_hambWQCk.

34 Robinson, K. (2006): *Do schools kill creativity?* [Video]. TED. Abgerufen am 10.04.2024. Verfügbar unter ↗ https://www.ted.com/talks/sir_ken_robinson_do_schools_kill_creativity.

35 Barbot, B. (2019): Measuring creativity change and development. *Psychology of Aesthetics, Creativity, and the Arts, 13*(2), 203–210.

36 Vgl. Anm. 32.

37 Kowalsky, P. (2008): *Bionade GmbH – Unser Erfolgskonzept.* Rede beim Deutschen Beratertag, Bund Deutscher Unternehmensberater BDU.

38 Bionade (2024): *Unser Unternehmen.* Abgerufen am 10.04.2024. Verfügbar unter ↗ https://www.bionade.de/ueber-bionade/unternehmen/.

39 Brown, S.L. & Eisenhardt, K.M. (1998): *Competing on the Edge: Strategy as Structured Chaos.* Boston MA: Harvard Business Review Press.

40 Miller, J., Şahin, U. & Türeci, Ö. (2022): *Projekt Lightspeed: Der Weg zum BioNTech-Impfstoff – und zu einer Medizin von morgen* (3. Auflage). Hamburg: Rowoldt.

41 Euchner, J. (2022): Timing. *Research-Technology Management, 65*(4), 9–10.

42 Seymour, T., Frantsvog, D. & Kumar, S. (2011): History Of Search Engines. *International Journal of Management & Information Systems (IJMIS), 15*(4), 47–58. https://doi.org/10.19030/ijmis.v15i4.5799.

43 Deutsch, C.H. (2008): At Kodak, Some Old Things Are New Again. *The New York Times,* 02.05.2008. Abgerufen am 10.04.2024. Verfügbar unter ↗ https://www.nytimes.com/2008/05/02/technology/02kodak.html.

44 Eggers, J.P. & Kaul, Aseem (2018): Motivation and Ability? A Behavioral Perspective on the Pursuit of Radical Invention in Multi-Technology Incumbents. *Academy of Management Journal, 61*(1), 67–93.

45 Christensen, C.M. (1997): *The Innovator's Dilemma.* New York: HarperBusiness.

46 Kraus, K.-J. & Haghani S. (2004): Krisenverlauf und Krisenbewältigung – Der aktuelle Stand. In N. Bickhoff (Hrsg.), *Die Unternehmenskrise als Chance. Innovative Ansätze zur Sanierung und Restrukturierung* (S. 13–38). Berlin, Heidelberg: Springer.

47 Chen, Y., Weziak-Bialowolska, D., Lee, M.T., Bialowolski, P., Cowden, R.G., McNeely, E. & VanderWeele, T.J. (2023): Working from home and subsequent work outcomes: Pre-pandemic evidence. *PloS one, 18*(4), e0283788.

48 Hastings, R. & Meyer, E. (2020): *Keine Regeln: Warum Netflix so erfolgreich ist.* Berlin: Econ.

49 Stenovec, T. (2015): One Reason for Netflix's Success – It Treats Employees Like Grownups. *HUFFPOST,* 27.02,2015. Abgerufen am 10.04.2024. Verfügbar unter ↗ https://www.huffpost.com/entry/netflix-culture-deck-success_n_6763716.

50 Vgl. Anm. 48.

51 Variety (2024): *Platforms With Multiple Emmy Wins,* zitiert nach de.statista.com. Abgerufen am 10.04.2024. Verfügbar unter ↗ https://www.statista.com/statistics/324190/nominations-winners-netflix-original-programs-emmy-awards-usa/.

52 Mendelson, B. (2024): Dominieren Netflix, Apple & Co. die Oscar-Verleihung? *Handelsblatt.* 10.03.2024. Verfügbar unter ↗ https://www.handelsblatt.com/unternehmen/it-medien/oscars-2024-dominieren-netflix-apple-co-die-oscar-verleihung/100021339.html.

53 Weber, M. (2010): *Wirtschaft und Gesellschaft: Grundriss der verstehenden Soziologie.* Frankfurt am Main: Zweitausendeins.

54 Zotter Schokolade (2024): *Produkteinführungen.* zotter.at. Abgerufen am 10.04.2024. Verfügbar unter ↗ https://www.zotter.at/das-ist-zotter/biografie/produkteinfuehrungen.

55 Nobel, C. (2011): Clay Christensen's Milkshake Marketing. *Harvard Business School Working Knowledge.* Abgerufen am 10.04.2024. Verfügbar unter ↗ https://hbswk.hbs.edu/item/clay-christensens-milkshake-marketing.

56 Hexelschneider, A. (2013): *Die Friedhofs-Metapher, vom Wagnis zum Erfolg und Josef Zotter.* Abgerufen am 10.04.2024. Verfügbar unter ↗ https://wissendenken.com/visuelles-denken/die-friedhofs-metapher-vom-wagnis-zum-erfolg-und-josef-zotter-2/.

57 Grimm, I. (2020): Erfinder der mp3 im Interview: „Wir waren nicht die einzigen, wir waren nur besser". *RND.de.* Abgerufen am 16.04.2024. Verfügbar unter ↗ https://www.rnd.de/digital/erfinder-der-mp3-im-interview-wir-waren-nicht-die-einzigen-wir-waren-nur-besser-D45HSEV5JNER7OMFT7D76M5YRI.html.

58 Beuth, P. (2017): ByePod. *ZEIT Online,* 28.07.2017. Abgerufen am 10.04.2024. Verfügbar unter ↗ https://www.zeit.de/digital/mobil/2017-07/apple-ipod-nano-shuffle-nachruf.

59 Tibken, S. & Guglielmo, C. (2014): *iTunes head Cue and Beats' Iovine: Apple will put Beats on steroids.* CNET. Abgerufen am 16.07.2024. Verfügbar unter ↗ https://www.cnet.com/tech/mobile/apple-itunes-eddy-cue-jimmy-iovine-beats-code-conference/.

60 Vgl. Anm. 7.

61 Dietz, D. (2012): *Transforming healthcare for children and their families: Doug Dietz at TEDxSanJoseCA 2012.* TEDx Talks. Abgerufen am 10.04.2024. Verfügbar unter ↗ https://www.youtube.com/watch?v=jajduxPD6H4.

62 Kelley, D. & Kelley, T. (2013): *Creative Confidence: Unleashing the Creative Potential Within Us All.* New York: Crown Business.

63 Lotter, W. (2018): *Innovation: Streitschrift für barrierefreies Denken.* Hamburg: Edition Körber, S. 57.

64 Range, T. (2012): Eine Dimension mehr. *Brandeins.* Abgerufen am 10.04.2024. Verfügbar unter ↗ https://www.brandeins.de/magazine/brand-eins-wirtschaftsmagazin/2012/kapitalismus/eine-dimension-mehr.

65 Edmondson, A. C. (2018): *The Fearless Organization: Creating Psychological Safety in the Workplace for Learning, Innovation, and Growth.* Hoboken, New Jersey: John Wiley & Sons.

66 Werner, G. (2016): *Womit ich nie gerechnet habe: Die Autobiografie* (3. Auflage). Berlin: List.

67 Vgl. Anm. 65, S. 132.

68 Werner, G. (2013): Geleitwort. In Siebenbrock, H., *Führen Sie schon oder herrschen Sie noch? Eine Anleitung zum fairen Management* (S. V–VI). Marburg: Tectum Verlag.

69 Vgl. Anm. 65.

70 Rogers, E. M. (2003): *Diffusion of Innovations* (5. Auflage). New York: Free Press.

71 Reinhardt, U. (2022): *Wie wir morgen leben wollen* [Video]. YouTube. Abgerufen am 10.04.2024. Verfügbar unter ↗ https://www.youtube.com/watch?v=c4gJ1SUnXxI.

72 Hurrelmann, K. (2023): „Die Bevölkerung ist erschöpft." *taz,* 03.08.2023. Abgerufen am 10.04.2024. Verfügbar unter ↗ https://taz.de/Forscher-ueber-Zustand-der-Gesellschaft/!5951963/.

73 Rosling, H. (2019): *Factfulness – wie wir lernen, die Welt so zu sehen, wie sie wirklich ist.* Berlin: Ullstein.

74 Vaish, A., Grossmann, T. & Woodward, A. (2008): Not all emotions are created equal: the negativity bias in social-emotional development. *Psychological Bulletin,* 134(3), 383–403.

75 Mitchell T. R., Thompson L., Peterson E. & Cronk, M. (1997): Temporal adjustments in the evaluation of events: The „rosy" view. *Journal of Experimental Social Psychology,* 33, 421–448.

76 Morewedge, C. K. (2013): It was a most unusual time: How memory bias engenders nostalgic preferences. *Journal of Behavioral Decision Making, 26*(4), 319–326.

77 American Psychological Association (2019): Speaking of Psychology: Does nostalgia have a psychological purpose? With Krystine Batcho, PhD. *Speaking of Psychology* Podcast, 93. Abgerufen am 10.04.2024. Verfügbar unter ↗ https://www.apa.org/news/podcasts/speaking-of-psychology/nostalgia.

78 Vgl. Anm. 24, S. 222.

79 Carleton, R. N. (2016): Fear of the unknown: One fear to rule them all? *Journal of Anxiety Disorders, 41,* 5–21.

80 Kahnemann, D. (2012): *Schnelles Denken, langsames Denken* (26. Auflage). München: Siedler.

81 Haidt, J. (2006): *The Happiness Hypothesis: Finding Modern Truth in Ancient Wisdom.* New York: Basic Books.

82 DeGusta, M. (2012): Are Smart Phones Spreading Faster than Any Technology in Human History? *MIT Technology Review.* Abgerufen am 16.04.2024. Verfügbar unter ↗ https://www.technologyreview.com/2012/05/09/186160/are-smart-phones-spreading-faster-than-any-technology-in-human-history/.

83 Statista (2023): *Wie lange brauchen Online-Dienste, um eine Million Menschen zu erreichen.* Statista. Abgerufen am 10.04.2024. Verfügbar unter ↗ https://de.statista.com/infografik/29195/zeitraum-den-online-dienste-gebraucht-haben-um-eine-million-nutzer-zu-erreichen/.

84 Rosa, H. (2005): *Beschleunigung. Die Veränderung der Zeitstrukturen in der Moderne.* Frankfurt am Main: Suhrkamp.

85 Moreno, J. (Moderator) (2023): *Warum würde die Welt ohne Menschen besser dastehen, Hartmut Rosa?* (08.11.2023). [Audio-Podcast]. In *Moreno+1. DER SPIEGEL.* Abgerufen am 10.04.2024. Verfügbar unter ↗ https://www.spiegel.de/wissenschaft/mensch/hartmut-rosa-warum-die-welt-ohne-menschen-besser-dastehen-wuerde-a-4d2374d3-e96b-46e2-a156-313573432c28.

86 McComb, C. A., Vanman, E. J. & Tobin, S. J. (2023): A Meta-Analysis of the Effects of Social Media Exposure to Upward Comparison Targets on Self-Evaluations and Emotions, *Media Psychology, 26*(5), 612–635.

87 Hart, P. (1991): Irving L. Janis' Victims of Groupthink. *Political Psychology, 2*(2), 247–78.

88 Moore, F. C., Obradovich, N., Lehner, F. & Baylis, P. (2019): Rapidly declining remarkability of temperature anomalies may obscure public perception of climate change. *Proceedings of the National Academy of Sciences of the United States of America, 116*(11), 4905–4910.

89 Schröder, M. (2021): *Wann sind wir wirklich zufrieden?: Überraschende Erkenntnisse zu Arbeit, Liebe, Kindern, Geld.* München: Penguin.

90 Brickman, P., Coates, D. & Janoff-Bulman, R. (1978): Lottery winners and accident victims: Is happiness relative? *Journal of Personality and Social Psychology, 36*(8), 917–927.

91 Dolan, P. (2020): *Happy Ever After: A Radical New Approach to Living Well.* London: Penguin Books.

92 Vgl. Anm. 89.

93 Darwin, C. (2016): *Über die Entstehung der Arten.* Altenmünster: Jazzybee.

94 Oft Reinhold Niebuhr zugeschrieben, genaue Quelle unbekannt: Shapiro, F. (2019). You can quote them. *Yale Alumni Magazine.* Abgerufen am 16.04.2024. Verfügbar unter ↗ https://www.yalealumnimagazine.com/articles/2709.

95 Purps-Pardigol, S. (2015): *Führen mit Hirn: Mitarbeiter begeistern und Unternehmenserfolg steigern.* Frankfurt am Main: Campus.

96 Ditzen, B. & Heinrichs, M. (2014): Psychobiology of social support: The social dimension of stress buffering. *Restorative Neurology and Neuroscience, 32*(1), 149–162.

97 Heinrichs, M., Baumgartner, T., Kirschbaum, C. & Ehlert, U. (2003): Social support and oxytocin interact to suppress cortisol and subjective responses to psychosocial stress. *Biological Psychiatry, 54*(12), 1389–1398.

98 Vila, J. (2021): Social Support and Longevity: Meta-Analysis-Based Evidence and Psychobiological Mechanisms. *Frontiers in Psychology, 12,* 717164.
99 Twenge, J. M., Gentile, B., DeWall, C. N., Ma, D., Lacefield, K. & Schurtz, D. R. (2010): Birth cohort increases in psychopathology among young Americans, 1938–2007: A cross-temporal meta-analysis of the MMPI. *Clinical Psychology Review, 30*(2), 145–154.
100 Hasler, G. (2020): *Resilienz: Der Wir-Faktor.* Stuttgart: Schattauer.
101 Vgl. Anm. 100.
102 Bougheas, S., Nieboer, J. & Sefton, M. (2013): Risk-taking in social settings: Group and peer effects. *Journal of Economic Behavior & Organization, 92*(C), 273–283.
103 Richter, R. (1977): *Linus Pauling, Crusading Scientist* [Audio]. WGBH-Boston. Abgerufen am 12.04.2024. Verfügbar unter ↗ http://scarc.library.oregonstate.edu/coll/pauling/bond/audio/1977v.66-ideas.html.
104 Stroebe, W. & Nijstad, B. A. (2004): Warum Brainstorming in Gruppen Kreativität vermindert: Eine kognitive Theorie der Leistungsverluste beim Brainstorming. *Psychologische Rundschau, 55*(1), 2–10.
105 3M (2024): *Die Geschichte der Marke Post-it®*. 3M Deutschland. Abgerufen am 12.04.2024. Verfügbar unter ↗ https://post-it.3mdeutschland.de/3M/de_DE/post-it-notes/contact-us/about-us/.
106 Csikszentmihalyi, M. (2014): *FLOW und Kreativität.* Stuttgart: Klett-Cotta.
107 Sacks, O. (2017): *Der Strom des Bewusstseins: Über Kreativität und Gehirn.* Reinbek: Rowohlt.
108 Hafiz, Y. (2013): Katskhi Pillar Monk, Maxime Qavtaradze, Renews Age-Old Tradition In Georgia. *HUFFPOST,* 19.08.2013. Abgerufen am 12.04.2024. Verfügbar unter ↗ https://www.huffpost.com/entry/katskhi-pillar-monk-georgia-maxime-qavtaradze_n_3950192.
109 Murali, S. & Händel, B. (2022): Motor restrictions impair divergent thinking during walking and during sitting. *Psychological Research* (2022), 2144–2157.
110 Fehrer, W. (2018): *Das Japanische Teehaus: Architektur und Zeremonie.* Salenstein: niggli.
111 Haase, J., Hanel, P. H. P. & Gronau, N. (2023): Creativity enhancement methods for adults: A meta-analysis. *Psychology of Aesthetics, Creativity, and the Arts.*
112 Hübner, S. (2023): *Das torlose Tor. Teisho über die 48 Koan des Mumonkan.* Heidelberg: Werner Kristkeitz, S. 34.
113 Suzuki, S. (2016): *Zen-Geist – Anfänger-Geist: Unterweisungen in Zen-Meditation.* Bielefeld: Theseus.
114 Fritz, M. (2023): Nach Kaizen kommt jetzt Kufū. *Wirtschaftswoche,* 26.01.2023. Abgerufen am 12.04.2024. Verfügbar unter ↗ https://www.wiwo.de/my/erfolg/management/von-japan-lernen-nach-kaizen-kommt-jetzt-kuf/28940636.html.
115 De Bono, E. (1967): *The Use of Lateral Thinking.* London: Penguin Books.
116 Kotler, P. & Trias de Bes, F. (2005): *Laterales Marketing für echte Innovationen: Auf Abwegen zum Erfolg.* Frankfurt/New York: Campus.
117 Vens, H. (2014): Brian Eno „Bitte etwas entschleunigen!“. *Deutschlandfunk Kultur,* 01.12.2014. Abgerufen am 12.04.2024. Verfügbar unter ↗ https://www.deutschlandfunkkultur.de/brian-eno-bitte-etwas-entschleunigen-100.html.
118 Heib, A. (2021): *Wie ein Schweizer den Klettverschluss erfand. Eidgenössisches Institut für Geistiges Eigentum.* Abgerufen am 12.04.2024. Verfügbar unter ↗ https://www.ige.ch/de/blog/blog-artikel/wie-ein-schweizer-den-klettverschluss-erfand.

119 Wu, M., Shao, Z., Zhao, N., Zhang, R., Yuan, G., Tian, L., Zhang, Z., Gao, W. & Bai, H. (2023): Biomimetic, knittable aerogel fiber for thermal insulation textile. *Science* (New York, N. Y.), *382*(6677), 1379–1383.

120 Kotera, Y., Richardson, M. & Sheffield, D. (2020): Effects of shinrin-yoku (forest bathing) and nature therapy on mental health: A systematic review and meta-analysis. *International Journal of Mental Health and Addiction,* 1–25.

121 Miyazaki, Y. (2023): *Shinrin Yoku – Heilsames Waldbaden* (2. Auflage). München: Irisiana.

122 Schuh, A. & Immich, G. (2019): *Waldtherapie – das Potential des Waldes für Ihre Gesundheit.* Berlin, Heidelberg: Springer.

123 Dilts R. B. & Epstein T. (1994): *Know-how für Träumer: Strategien der Kreativität, NLP & Modelling, Struktur der Innovation.* Paderborn: Junfermann.

124 Homer (2019): *Ilias / Odyssee.* München: Anaconda.

125 Meschkat, S. (2020): Kuckuckszitate: Berühmte, aber falsche Quelle. *Deutschlandfunk Nova,* 26.09.2020. Abgerufen am 12.04.2024. Verfügbar unter ↗ https://www.deutschlandfunknova.de/beitrag/falsche-zitate-einstein-freud-und-goethe-haben-das-gar-nicht-gesagt

126 Malcin, M. (2024): *love.peace.coffee – Doppeldecker.* Abgerufen am 27.05.2024. Verfügbar unter ↗ https://www.doppellecker.com/.

127 Horn, J. (2024): *Mit dem Café-Bus auf dem Jakobsweg* [Video]. Das Erste Mediathek. Abgerufen am 27.05.2024. Verfügbar unter ↗ https://www.ardmediathek.de/video/echtes-leben/mit-dem-cafe-bus-auf-dem-jakobsweg/das-erste/Y3JpZDovL2Rhc2Vyc3RlLm-RlL2VjaHRlcyBsZWJlbi8yMDI0LTA1LTIyXzIzLTM1LU1FU1o.

128 Widmann, A. (2019): Ein Leben für die Vielfalt und das Risiko. *Frankfurter Rundschau,* 08.01.2019. Abgerufen am 13.04.2024. Verfügbar unter ↗ https://www.fr.de/kultur/leben-vielfalt-risiko-11056814.html.

129 Burnet, B. & Evans, D. (2016): *Mach, was du willst – Design Thinking fürs Leben.* Berlin: Econ.

130 Ryan, R. M. & Deci, E. L. (2000): Self-determination theory and the facilitation of intrinsic motivation, social development, and well-being. *American Psychologist, 55*(1), 68–78.

131 Blickhan, D. (2015): *Positive Psychologie: Ein Handbuch für die Praxis.* Paderborn: Junfermann.

132 Höfler, N. & Kraft, A. (2016): „Er war der erste Umweltschützer auf unserem Planeten." *Stern.* Abgerufen am 13.04.2024. Verfügbar unter ↗ https://www.stern.de/kultur/buecher/alexander-von-humboldt---er-war-der-erste-umweltschuetzer-auf-unserem-planeten--7245206.html.

133 Holl, F. (2023): Aimé Bonpland – Mann in Humboldts Schatten. *Damals, 8*(2023), 58–63.

134 Luhmann, M. & Hawkley, L. C. (2016): Age differences in loneliness from late adolescence to oldest old age. *Developmental Psychology, 52*(6), 943–959.

135 Benjatschek, J. (2019): Wie viele Freunde brauche ich? *Emotion.de.* Abgerufen am 16.04.2024. Verfügbar unter ↗ https://www.emotion.de/persoenlichkeit/wie-viele-freunde-brauche-ich.

136 Krüger, W. (2019): *Freundschaft: beginnen – verbessern – gestalten* (2. Auflage). Norderstedt: BoD – Books on Demand.

137 Waldinger, R. & Schulz, M. (2023): What the Longest Study on Human Happiness Found Is the Key to a Good Life. *The Atlantic.* Abgerufen am 29.05.2024. Verfügbar unter ↗ https://www.theatlantic.com/ideas/archive/2023/01/harvard-happiness-study-relationships/672753/.

138 Dunbar, R. I.M. (1992): Neocortex size as a constraint on group size in primates. *Journal of Human Evolution, 22*(6), 469–493.

139 Dwyer, R. J. Zhuo, A. X. & Dunn, E. W. (2023): Why do people turn to smartphones during social interactions? *Journal of Experimental Social Psychology, 109*(2023), 104506.

140 Rakers, J. (2021): *Homefarming: Selbstversorgung ohne grünen Daumen.* München: Gräfe und Unzer.

141 Vgl. Anm. 129.

142 Vgl. Anm. 129.

143 Lepple, A. (2020): *Mein Wabi Sabi-Garten: Respektvoll gestalten, achtsam genießen. Der Weg zum perfekt unperfekten Garten.* Stuttgart: Eugen Ulmer.

144 Kempton, B. (2019): *Wabi-Sabi: Die japanische Weisheit für ein perfekt unperfektes Leben.* Köln: Bastei Lübbe.

145 Persönlicher Austausch.

146 Starker, V., Roos, K., Bracht, E. M., Hanke, D. H., Graudenz, D. & Coppik, R. (2020): *Kosten von Arbeitsunterbrechungen für deutsche Unternehmen. Auswirkungen von Fragmentierung auf Produktivität und Stressentwicklung.* Next Work Innnovation Think Tank. Abgerufen am 12.04.2024. Verfügbar unter ↗ https://nextworkinnovation.com/wp-content/uploads/2022/06/PMI_NWI_Tagebuchstudie-Arbeitsunterbrechungen-und-Produktivitaet_150622.pdf.

147 Tan, C.-M. (2012): *Search Inside Yourself: Das etwas andere Glücks-Coaching.* München: Arkana.

148 Parker, K. N. & Ragsdale, J. M. (2015): Effects of distress and eustress on changes in fatigue from waking to working. *Applied Psychology: Health and Well-Being, 7*(3), 293–315.

149 Amlinger-Chatterjee, M. & Wöhrmann, A. (2017): Flexible Arbeitszeiten. *Zeitschrift für Arbeitswissenschaft: ZfA, 71*(1), 39–51.

150 De Bloom, J. De, Geurts, S. & Kompier, M. (2010): Vacation from work as prototypical recovery opportunity. *Gedrag & Organisatie, 23*(4), 333–349.

151 Rupprecht, H. (2022): Eva-Maria Sperger: „Wenn ich an den UTMB denke, bekomme ich Gänsehaut …". *ALPIN.* Abgerufen am 14.04.2024. Verfügbar unter ↗ https://www.alpin.de/home/interviews/52996/artikel_eva-sperger-wenn-ich-an-den-utmb-denke-bekomme-ich-gaensehaut.html.

152 Emmons, R. A. (2003): Personal goals, life meaning, and virtue: Wellsprings of a positive life. In C. L. M. Keyes & J. Haidt (Hrsg.), *Flourishing: Positive psychology and the life well-lived* (S. 105–128). American Psychological Association.

153 Vgl. Anm. 131.

154 Biswas-Diener, R. & Dean, B. (2007): *Positive Psychology Coaching: Putting the Science of Happiness to Work for Your Clients.* Hoboken, NJ: John Wiley & Sons.

155 Vgl. Anm. 151.

156 Snyder; R. (2002): Hope theory: Rainbows in the mind. *Psychological Inquiry, 13*(4), 249–275.

157 Fischhaber, S. (2021): Das wurde aus Rekord-Seglerin Laura Dekker – Was sie heute anders machen würde. *Merkur.* Abgerufen am 12.04.2024. Verfügbar unter ↗ https://www.merkur.de/welt/rekord-seglerin-laura-dekker-weltreise-schulboot-weltumseglung-jugendliche-91203394.html.
158 Biswas-Diener, R. (2010): *Practicing Positive Psychology Coaching: Assessment, Activities, and Strategies for Success.* Hoboken, NJ: John Wiley & Sons.
159 Vgl. Anm. 131.
160 Niemic, R. M. (2019): *Charakterstärken: Trainings und Interventionen für die Praxis.* Bern: Hogrefe.
161 Biswas-Diener, R. (2015): *Workshop Positive Psychologie,* Inntal Institut, Rosenheim.
162 Dutton, J. E., Debebe, G. & Wrzesniewski, A. (2000): A social valuing perspective on relationship sensemaking. *University of Michigan Working Paper,* Ann Arbour.
163 Wrzesniewski, A. & Dutton, J. E. (2001): Crafting a job: Revisioning employees as active crafters of their work. *Academy of Management Review, 26,* 179–201.
164 Mogi, K. (2020): *Ikigai: Die japanische Lebenskunst.* Köln: DuMont.
165 Luerweg, F. (2021): Worin wir Sinn finden. *Spektrum Kompakt, 50*/2021, 20–25.
166 Frankl, V. (2009): *… trotzdem Ja zum Leben sagen: Ein Psychologe erlebt das Konzentrationslager* (9. Auflage). München: Kösel.
167 Sinek, S. (2017): *Find Your Why: A Practical Guide for Discovering Purpose for You and Your Team.* New York: Portfolio/Penguin.
168 Persönlicher Austausch.
169 Perls, F. (1985): *Grundlagen der Gestalttherapie. Einführung und Sitzungsprotokolle.* München: Pfeiffer.
170 Fox, E. (2022): *Das Switch-Prinzip: Mit mentaler Flexibilität jede Veränderung im Leben meistern.* München: dtv.
171 ARD alpha (2023). *Bitterkalte Leidenschaft: Eisschwimmer Christof Wandratsch* [Video]. Abgerufen am 14.04.2024. Verfügbar unter ↗ https://www.ardmediathek.de/video/alpha-doku/bitterkalte-leidenschaft-eisschwimmer-christof-wandratsch/ard-alpha/Y3JpZDovL2JyLmRlL2Jyb2FkY2FzdC9GMjAyM1dPMDA1NTY2QTA.
172 Beckhard, R. (1975): Strategies for large system change. *Sloan Management Review, 16*(2), 43–55.
173 Blickhan, D. (2021): *Positive Psychologie und Coaching: Von der Lösungs- zur Wachstumsorientierung.* Paderborn: Junfermann.
174 ARTE (2024). *Re: Frischer Wind im Pflegeheim* [Video]. arte.tv. Abgerufen am 12.04.2024. Verfügbar unter ↗ https://www.arte.tv/de/videos/111747-013-A/re-frischer-wind-im-pflegeheim/.
175 Fogg, J. B. (2012): *Forget big change, start with a tiny habit: BJ Fogg at TEDxFremont* [Video]. YouTube. Abgerufen am 28.05.2024. Verfügbar unter ↗ https://www.youtube.com/watch?v=AdKUJxjn-R8.
176 Gallagher, L. (2017): *Die Airbnb Story: Wie drei Studenten die Reiseindustrie revolutionierten.* München: Redline.
177 Kernbach, S. (2020): *Life Design: Mit Design Thinking, Positiver Psychologie und Life Loops mehr von sich in das eigene Leben bringen.* Stuttgart: Schäffer-Poeschel.
178 Vgl. Anm. 177.
179 Nerdfallmedizin (2017): *Das Bauchgefühl … sollte man ihm vertrauen?* [Video]. YouTube. Abgerufen am 12.04.2024. Verfügbar unter ↗ https://www.youtube.com/watch?v=DVH8sQVE02s.

180 Gigerenzer, G. (2008): *Bauchentscheidungen: Die Intelligenz des Unbewussten und die Macht der Intuition* (11. Auflage). München: Goldmann.
181 Hasler, G. (2022): *Die Darm-Hirn-Connection: Revolutionäres Wissen für unsere psychische und körperliche Gesundheit* (3. Auflage). Stuttgart: Klett-Cotta.
182 Gigerenzer, G., Galesic, M. & Garcia-Retamero, R. (2014): Stereotypes about men's and women's intuitions: A study of two nations. *Journal of Cross-Cultural Psychology, 45*(1), 62–81.
183 Vgl. Anm. 180.
184 Vgl. Anm. 180.
185 Köhler, R. (2023): *Wie man ein selbstorganisiertes Unternehmen aufbaut – Erfahrungen einer Gründerin* [online]. Gastvortrag in der Lehrveranstaltung „Business Transformation Management" am 15.06.2023, Hochschule Ansbach.
186 Vgl. Anm. 181.
187 Brahm, A. (2015): *Der Elefant, der das Glück vergaß.* München: Lotos.
188 Raphael, C.A. & Keller, R. (2014): *Kreativität ist eine Sprache durch die wir von der Welt berührt werden.* Ein Interview mit Olafur Eliasson, Caren Raphael und Renata Keller. *Evolve – Magazin für Bewusstsein und Kultur,* 2/2014.
189 Vgl. Anm. 170.
190 Stanford University (2008): *Steve Jobs' 2005 Stanford Commencement Address* [Video]. YouTube. Abgerufen am 14.04.2024. Verfügbar unter ↗ https://www.youtube.com/watch?v=UF8uR6Z6KLc.
191 Damian, R.I., Spengler, M., Sutu, A. & Roberts, B.W. (2019): Sixteen going on sixty-six: A longitudinal study of personality stability and change across 50 years. *Journal of Personality and Social Psychology, 117*(3), 674–695.
192 Hudson, N.W. & Fraley, R.C. (2015): Volitional Personality Trait Change: Can People Choose to Change Their Personality Traits? *Journal of Personality and Social Psychology, 109*(3), 490–507.
193 Loevinger, J. & Blasi, A. (1976): *Ego Development: Conceptions and Theories.* San Francisco: Jossey-Bass.
194 Gilmore, J.M. & Durkin, K. (2001): A critical review of the validity of ego development theory and its measurement. *Journal of Personality Assessment, 77*(3), 541–567.
195 Lyubomirsky, S. (2018): *Glücklich sein: Warum Sie es in der Hand haben, zufrieden zu leben.* Frankfurt am Main: Campus.
196 Lyubomirsky, S., Sheldon, K.M. & Schkade, D. (2005): Pursuing Happiness: The Architecture of Sustainable Change. *Review of General Psychology, 9*(2), 111–131.
197 Janssen, B. (2016): *Die stille Revolution: Führen mit Sinn und Menschlichkeit.* München: Ariston, S. 23.
198 Gaukler, B. (2017): Upstalsboom Hotel + Freizeit: Der Upstalsboom Weg. In M. Bartz, A. Gnesda & T. Schmutzer (Hrsg.), *Unternehmen der nächsten Generation.* Berlin, Heidelberg: Springer Gabler.
199 Gallup (2023). *Pressemitteilung Gallup Engagement Index 2022.* Gallup, 22.03.2023. Abgerufen am 29.05.2024. Verfügbar unter ↗ https://www.gallup.com/de/506000/pressemitteilung-gallup-engagement-index-2022.aspx.
200 Hombach, S.M. (2023): Entdeckungsreise ins Ich. *Spektrum.* Abgerufen am 16.04.2024. Verfügbar unter ↗ https://www.spektrum.de/news/selbstreflexion-entdeckungsreise-ins-ich/2125368?gad_source=1&gclid=Cj0KCQjw-_mvBhDwARIsAA-Q0Q6ffOCWMicVTb8t1q7RsEsYqGMz7Z3wpmBWAaNXARtKKGbbKQ6k8skaAoXmEALw_wcB.

201 Luft, J. & Ingham, H. (1955): The Johari window, a graphic model of interpersonal awareness. In: *Proceedings of the western training laboratory in group development,* Los Angeles: UCLA.
202 Roth, G. (2019): *Warum es so schwierig ist, sich und andere zu ändern: Persönlichkeit, Entscheidung und Verhalten.* Stuttgart: Klett-Cotta.
203 Dahlke, R. (2021): *Die Schicksalsgesetze – Spielregeln des Lebens.* Rüdiger Dahlke. Abgerufen am 29.05.2024. Verfügbar unter ↗ https://www.dahlke.at/post/die-schicksalsgesetze-spielregeln-des-lebens.
204 Vgl. Anm. 85.
205 Baumeister, R. F., Bratslavsky, E., Finkenauer, C. & Vohs, K. D. (2001): Bad is Stronger than Good. *Review of General Psychology, 5*(4), 323–370.
206 Cohn, M. A., Fredrickson, B. L., Brown, S. L., Mikels, J. A. & Conway, A. M. (2009): Happiness unpacked: Positive emotions increase life satisfaction by building resilience. *Emotion, 9*(3), 361–368.
207 Fredrickson, B. L. (2001): The role of positive emotions in positive psychology. The broaden-and-build theory of positive emotions. *American Psychologist, 56*(3), 218–226.
208 Diener, E. & Chan, M. Y. (2011): Happy people live longer: Subjective well-being contributes to health and longevity. *Applied Psychology: Health and Well-Being, 3*(1), 1–43.
209 Pascual-Leone, A., Amedi, A., Fregni, F. & Merabet, L. B. (2005): The plastic human brain cortex. *Annual review of neuroscience, 28,* 377–401.
210 Doidge, N. (2014): *Neustart im Kopf: Wie sich unser Gehirn selbst repariert* (2. Auflage). Frankfurt am Main: Campus.
211 Hanson, R. (2018): *Denken wie ein Buddha: Gelassenheit und innere Stärke durch Achtsamkeit. Wie wir unser Gehirn positiv verändern* (3. Auflage). München: Heyne.
212 Kanaya, Y. & Kawai, N. (2024): Anger is eliminated with the disposal of a paper written because of provocation. *Scientific Reports,* 14(7490).
213 Chabris, C. & Simons, D. (2011): *Der unsichtbare Gorilla: Wie unser Gehirn sich täuschen lässt.* München: Piper.
214 Schmidt, Gunther (2000): „Wahrgebungen" aus der inneren und äußeren Welt des Therapeuten und ihre Nutzung für zieldienliche therapeutische Kooperation. *Familiendynamik, 25,* 177–205.
215 Schulz von Thun, F. (2023): *Miteinander reden 1: Störungen und Klärungen: Allgemeine Psychologie der Kommunikation* (61. Auflage). Hamburg: Rowohlt.
216 Schmid, B. (2003): Organisationsberatung als Begegnung von Wirklichkeiten und Kulturen. *Wirtschaftspsychologie, 1,*18–25.
217 Dalai Lama XIV. (2010): *Der Sinn des Lebens – Die Botschaft des Buddhismus.* Freiburg: Herder.
218 Sedlmeier, P., Eberth, J., Schwarz, M., Zimmermann, D., Haarig, F., Jaeger, S. & Kunze, S. (2012): The psychological effects of meditation: A meta-analysis. *Psychological Bulletin, 138*(6), 1139–1171.
219 Eagleman, D. M. (2008): Human time perception and its illusions. *Current Opinion in Neurobiology, 18*(2), 131–136.
220 Vgl. Anm. 190.
221 Hart, W. (2017): *Die Kunst des Lebens: Vipassana Meditation nach S. N. Goenka* (8. Auflage). München: dtv.

222 Beckert, J. (2018): „Kapitalismus fußt auf einer Illusion.“ *Handelsblatt.* Abgerufen am 13.04.2024. Verfügbar unter: ↗ https://www.handelsblatt.com/arts_und_style/soziologe-jens-beckert-kapitalismus-fusst-auf-einer-illusion/22738386.html.

223 Persönlicher Austausch.

224 Drescher, S. (2023): *KINTSUGI Handbuch.* Käbschütztal: Korest Restaurierungsbedarf.

225 Bonanno, G. A. (2004): Loss, Trauma, and Human Resilience: Have We Underestimated the Human Capacity to Thrive After Extremely Aversive Events? *American Psychologist, 59*(1), 20–28.

226 Siegel, D. (2012): *Mindsight – Die neue Wissenschaft der persönlichen Transformation* (8. Auflage). München: Goldmann.

227 Bond, M. (2014): *Paddington: Die Geschichte vom Bären aus dem tiefsten Peru.* München: Knesebeck.

228 Vgl. Anm. 221.

229 Post, S. G. (2005): Altuism, happiness, and health: it's good to be good. *International Journal of Behavioral Medicine, 12*(2), 66–77.

230 ZDF (2023): *Ben Neumann: Ich kenne keine Grenzen* [Video]. ZDF. Abgerufen am 10.04.2024. Verfügbar unter ↗ https://www.zdf.de/gesellschaft/einfach-mensch/einfach-mensch-vom-30-juli-2023-100.html.

231 Davidson, R. & Begley, S. (2012): *Warum wir fühlen, wie wir fühlen: Wie die Gehirnstruktur unsere Emotionen bestimmt – und wie wir darauf Einfluss nehmen können.* Göttingen: Arkana.

232 Heinrich-Clauer, V. (2017): Körperspannung als Schutzmechanismus. *Psychotherapie-Wissenschaft, 7*(2), 29–35.

233 Schulze, J., Neumann, I., Magid, M., Finzi, E., Sinke, C., Wollmer, M. A. & Krüger, T. H. C. (2021): Botulinum toxin for the management of depression: An updated review of the evidence and meta-analysis. *Journal of Psychiatric Research, 135,* 332–340.

234 Strack, F., Martin, L. L. & Stepper, S. (1988): Inhibiting and facilitating conditions of the human smile: A nonobtrusive test of the facial feedback hypothesis. *Journal of Personality and Social Psychology, 54*(5), 768–777.

235 Elkjær, E., Mikkelsen, M. B., Michalak, J., Mennin, D. S. & O'Toole, M. S. (2022): Expansive and Contractive Postures and Movement: A Systematic Review and Meta-Analysis of the Effect of Motor Displays on Affective and Behavioral Responses. *Perspectives on Psychological Science, 17*(1), 276-304.

236 Chi, X., Bo, A., Liu, T., Zhang, P. & Chi, I. (2018): Effects of Mindfulness-Based Stress Reduction on Depression in Adolescents and Young Adults: A Systematic Review and Meta-Analysis. *Frontiers in Psychology, 9,* 1034.

237 Khoury, B., Sharma, M., Rush, S. E. & Fournier, C. (2015): Mindfulness-based stress reduction for healthy individuals: A meta-analysis. *Journal of Psychosomatic Research, 78*(6), 519–528.

238 Mommert-Jauch, P. (2021): Embodiment – Die Wechselwirkung zwischen Körper & Seele: Mental- und Körper-Übungen für innere Stärke und Ausgeglichenheit. Stuttgart: TRIAS.

239 WDR (2023): *Zuhause gefunden: Dobermann Zwiebel* [Video]. WDR Tiere suchen ein Zuhause, 29.10.2023. Abgerufen am 10.04.2024. Verfügbar unter ↗ https://www1.wdr.de/fernsehen/tiere-suchen-ein-zuhause/zuhause-gefunden-zwiebel-100.html.

240 Diniz, G., Korkes, L., Tristão, L. S., Pelegrini, R., Bellodi, P. L. & Bernardo, W. M. (2023): The effects of gratitude interventions: a systematic review and meta-analysis. *Einstein (Sao Paulo, Brazil), 21,* eRW0371. ↗ https://doi.org/10.31744/einstein_journal/2023RW0371.
241 Emmons, R. (2007): *Thanks!: How the New Science of Gratitude Can Make You Happier.* Boston, Massachusetts: Houghton Mifflin Harcourt.
242 Oppland, M. (2017): 13 most popular gratitude exercises & activities. *PositivePsychology.com.* Abgerufen am 10.04.2024. Verfügbar unter ↗ https://positivepsychology.com/gratitude-exercises/.
243 Carrillo, A., Rubio-Aparicio, M., Molinari, G., Enrique, Á., Sánchez-Meca, J. & Baños, R. M. (2019): Effects of the Best Possible Self Intervention: A systematic review and meta-analysis. *PloS one, 14*(9), e0222386.
244 King, L. A. (2001): The Health Benefits of Writing About Life Goals. *Personality and Social Psychology Bulletin, 27,* 798–807.
245 Vgl. Anm. 100.
246 Vgl. Anm. 72.
247 Hüther, G. (2020): *Was wir sind und was wir sein könnten: Ein neurobiologischer Mutmacher* (3. Auflage). Frankfurt am Main: Fischer.
248 Scharmer, O. & Käufer, K. (2023): *Von der Zukunft her führen: Theorie U in der Praxis* (3. Auflage). Heidelberg: Carl-Auer, S. 218.
249 Club of Rome (2022): *Earth for All: Ein Survivalguide für unseren Planeten. Der neue Bericht an den Club of Rome, 50 Jahre nach „Die Grenzen des Wachstums".* München: oekom.
250 Credit Suisse Research Institute (2023): *Global Wealth Report 2023,* S. 22. Abgerufen am 31.05.2024. Verfügbar unter ↗ https://www.ubs.com/global/en/family-office-uhnw/reports/global-wealth-report-2023.html.
251 Vgl. Anm. 248.
252 World Health Organization (2017): *Depression and Other Common Mental Disorders – Global Health Estimates.* Abgerufen am 31.05.2024. Verfügbar unter ↗ https://iris.who.int/bitstream/handle/10665/254610/WHO-MSD-MER-2017.2-eng.pdf?sequence=1.
Badura, B., Ducki, A., Baumgardt, J. Meyer, M. & Schröder, H. (Hrsg.) (2023): *Fehlzeiten-Report 2023.* Berlin, Heidelberg: Springer.
253 Vgl. Anm. 248.
254 Vgl. Anm. 132.
255 Vgl. Anm. 249.
256 Engagement Global (2024): *Ziele für nachhaltige Entwicklung.* 17ziele.de. Abgerufen am 08.05.2024. Verfügbar unter ↗ https://17ziele.de/.
257 Vgl. Anm. 248.
258 Ritchie, H. (2024): *Hoffnung für Verzweifelte – Wie wir als erste Geberation die Erde zu einem besseren Ort machen.* München: Piper, S. 21.
259 Uhrig, S. (2023): Wie können wir die Welt verändern? *Spektrum.de.* Abgerufen am 15.04.2024. Verfügbar unter ↗ https://www.spektrum.de/news/zukunftsvisionen-wie-koennen-wir-die-welt-veraendern/2110851.
260 Hagedorn, G. (2024, 13. Juli): 7. KUNST. KULTUR. KONGRESS für Nachhaltigkeit – Nachhaltige Transformation unserer Gesellschaft. Warum hören wir so wenig auf die Wissenschaft? Würzburg.
261 Vgl. Anm. 248.

262 Stillbauer, T. (2023): Der Hilferuf der Frankfurter Gemüseheldinnen. *Frankfurter Rundschau,* 24.05.2023. Abgerufen am 15.04.2024. Verfügbar unter ↗ https://www.fr.de/frankfurt/der-hilferuf-der-frankfurter-gemueseheldinnen-92299971.html.

263 Hessischer Rundfunk (2022): *Urban Farming – Gärtnern fürs Klima* [Video]. YouTube. Abgerufen am 15.04.2024. Verfügbar unter ↗ https://www.youtube.com/watch?v=-Pzip-Ley_Rk.

264 Fritz, L., Hansmann, R., Dalimier, B. & Binder, C. R. (2023): Perceived impacts of the Fridays for Future climate movement on environmental concern and behaviour in Switzerland. *Sustainable Science, 18,* 2219–2244. Sowie: Fabel, M. et al. (2022): The Power of Youth: Political Impacts of the „Fridays for Future" Movement. CESifo Working Paper, 9742, Center for Economic Studies and ifo Institute (CESifo), München. ↗ https://www.econstor.eu/bitstream/10419/260872/1/cesifo1_wp9742.pdf.

265 Sivers. D. (2010): *First Follower: Leadership Lessons from Dancing Guy* [Video]. YouTube. Abgerufen am 15.04.2024. Verfügbar unter ↗ https://www.youtube.com/watch?v=fW8amMCVAJQ.

266 Vgl. Anm. 174.

267 Kumbier, D. / Institut für integrative Teilearbeit (2024): *„Krise und kein Ende? Das innere Team als Navigationshilfe."* YouTube. Abgerufen am 15.04.2024. Verfügbar unter ↗ https://www.youtube.com/watch?v=BLwnDdc5Rbo.

268 Choinard, Y. (2021): *Lass die Mitarbeiter surfen gehen: Die Erfolgsgeschichte eines eigenwilligen Unternehmers* (2. Auflage). München: Redline.

269 Parrique T., Barth J., Briens F., C. Kerschner, Kraus-Polk A., Kuokkanen A. & Spangenberg J. H. (2019): Decoupling debunked – Evidence and arguments against green growth as a sole strategy for sustainability. European Environmental Bureau.

270 Kussmann, J. & Roggan, C. (2024): *Wohlstand ohne Wachstum – geht das?* [Video]. ZDF. Abgerufen am 31.05.2024. Verfügbar unter ↗ https://www.zdf.de/verbraucher/wiso/wohlstand-ohne-wachstum---geht-das-100.html.

271 Vgl. Anm. 268, S. 15.

272 Vgl. Anm. 248.

273 Government of Iceland / Prime Minister's Office (2019): *Indicators for Measuring Wellbeing.* Abgerufen am 15.04.2024. Verfügbar unter ↗ https://www.government.is/lisalib/getfile.aspx?itemid=fc981010-da09-11e9-944d-005056bc4d74.

274 Helliwell, J. F., Layard, R., Sachs, J. D., De Neve, J.-E., Aknin, L. B. & Wang, S. (2024): *World Happiness Report 2024.* University of Oxford: Wellbeing Research Centre. Abgerufen am 15.04.2024. Verfügbar unter ↗ https://worldhappiness.report/ed/2024/.

275 Das Tropenhaus am Rennsteig (2024): *Tropenhaus Klein Eden.* Abgerufen am 10.04.2024. Verfügbar unter ↗ https://www.tropenhaus-am-rennsteig.de/.

276 BR (2020): *Fränkisches Tropenhaus mit exotischen Früchten* [Video]. BR. Abgerufen am 10.04.2024. Verfügbar unter ↗ https://www.ardmediathek.de/video/gut-zu-wissen/fraenkisches-tropenhaus-mit-exotischen-fruechten/br-fernsehen/Y3JpZDovL2JyLmRlL-3ZpZGVvL2E0ZTIyZjk4LTE3ZDktNDQ3Zi1iMzk5LTFmMjRhMjUzZTBiMw.

277 Ramge, T. & Laguna de la Vera, R. (2023): *On the Brink of Utopia – Reinventing Innovation to solve the World's Largest Problems.* Cambridge Massachusetts: The MIT Press, S. 49.

278 Bundesministerium für Umwelt, Naturschutz, nukleare Sicherheit und Verbraucherschutz (2023): *Kohlenstoffdioxid-Fußabdruck pro Kopf in Deutschland.* Abgerufen am 16.04.2024. Verfügbar unter ↗ https://www.bmuv.de/media/kohlenstoffdioxid-fussabdruck-pro-kopf-in-deutschland.

279 Vgl. Anm. 277, S. 233.
280 The Australian (2023): *Martin Luther King Jr's. „I Have a Dream" speech in full* [Video]. YouTube. Abgerufen am 10.04.2024. Verfügbar unter ↗ https://www.youtube.com/watch?v=vW8IsNGEDmQ.
281 Scharmer, O. (2022): *Essential der Theorie U: Grundprinzipien und Anwendungen.* Heidelberg: Carl-Auer.
282 Kotter, J. (2011): *Leading Change: Wie Sie Ihr Unternehmen in acht Schritten erfolgreich verändern.* München: Franz Vahlen.
283 De Berry, J. (2023): *Madagascar and the social impacts of drought.* World Bank Blogs. Abgerufen am 10.04.2024. Verfügbar unter ↗ https://blogs.worldbank.org/climatechange/madagascar-and-social-impacts-drought.
284 Vgl. Anm. 247.
285 Niebauer, C. (2020): *Kein Ich, kein Problem: Was Buddha schon wusste und die Hirnforschung heute bestätigt.* Kirchzarten: VAK, S. 59, 80.
286 Gazzaniga, M.S. (1989): *Das erkennende Gehirn: Entdeckungen in den Netzwerken des Geistes.* Paderborn: Junfermann.
287 Vgl. Anm. 285, S. 79.
288 Ricard, M. (2009): *Glück. Mit Übungen und Meditationsanleitungen für ein glücklicheres Leben.* München: Droemer Knaur, S. 126.
289 Steininger, T. (2013): Es bleibt der Ozean – Ein Gespräch mit Willigis Jäger. *evolve Magazin für Bewusstsein und Kultur.*
290 Karuna Films LTD (2013): *Doing Time Doing Vipassana – Full official version* [Video]. YouTube. Abgerufen am 15.04.2024. Verfügbar unter ↗ https://www.youtube.com/watch?v=WkxSyv5R1sg.
291 Fredrickson, B.L., Cohn, M.A., Coffey, K.A., Pek, J. & Finkel, S.M. (2008): Open hearts build lives: positive emotions, induced through loving-kindness meditation, build consequential personal resources. *Journal of Personality and Social Psychology, 95*(5), 1045 1062.
292 Kornfield, J. (2008): *Das weise Herz: Die universellen Prinzipien buddhistischer Psychologie* (8. Auflage). München: arkana.
293 Vgl. Anm. 288.
294 Johnson-Zawadzki, S., Steg, L. & Bouman, T. (2020): Meta-analytic evidence for a robust and positive association between individuals' pro-environmental behaviors and their subjective wellbeing. *Environmental Research Letters, 15*(12), Artikel 123007.
295 Shi Miao Dao, L. (2023): *Mettā-vipassanā-bhāvanā: Erkenntnis durch Meditation der Liebenden-Güte: Praxis-Anleitungen und Hintergründe für Meditation und Alltag.* Ahrensburg: tredition.
296 Gerst, A. (2018): *„Ich schau auf euren wunderschönen Planeten"* [Video]. SPIEGEL Wissenschaft. Abgerufen am 15.04.2024. Verfügbar unter ↗ https://www.spiegel.de/video/alexander-gerst-haelt-rede-im-weltraum-video-99023679.html.
297 Vgl. Anm. 132.
298 Eames Office (2010): *Powers of Ten*™ (1977) [Video]. YouTube. Abgerufen am 29.05.2024. Verfügbar unter ↗ https://www.youtube.com/watch?v=0fKBhvDjuy0.
299 Vgl. Anm. 260.

Notizen

Notizen

Notizen

Notizen

Notizen

Wege zu einem erfüllten Leben

Erica Binder

Was für mich zählt

Lebensorientierung durch Werte

Das Bewusstsein für die eigenen Werte ist eine Hilfe, um authentisch zu leben und Entscheidungen selbstbewusst zu treffen. Der Begriff „Werte" wird in der Gesellschaft jedoch immer häufiger bemüht, obwohl die wenigsten Menschen diesen Begriff weder definieren noch spontan ihre fünf wichtigsten Werte nennen können.

In diesem Selbstcoachingbuch begeben sich die Leser auf die Suche nach den Wegmarken, die ihnen die Richtung zu einem erfüllten und sinnhaften Leben weisen. Impulse und Anleitungen zur Reflexion helfen dabei, konkret zu bestimmen, was wirklich zählt, und zugleich Wege für die Umsetzung der eigenen Werte zu finden. Das Buch eignet sich als Orientierungs- und Umsetzungshilfe für die persönlichen Werte in verschiedenen Lebensphasen – seien dies Umbruch- oder Krisenzeiten oder die kleinen Momente im Alltag, in denen man sich fragt: „Ist es mir das (noch) wert?"

176 Seiten, kart., E-Book inside • € (D) 24,00 • ISBN 978-3-95571-952-4
Auch als E-Book erhältlich.

Erica Binder, Studium der Pädagogik und Psychologie an der Uni Bern. Dozentin für Lehrerbildung und Ausbildung von Sozialpädagogen, Supervisorin. Seit 10 Jahren eigene Praxis für Berufs- und Lebensalltagscoaching in Bern.
https://binder-coaching.ch

Weitere erfolgreiche Titel:

Warum Glück keine Glückssache ist
ISBN 978-3-7405-0075-8 (EPUB)

Das kleine Buch der Selbstfürsorge
ISBN 978-3-7495-0111-3

Unbeschwert leben
ISBN 978-3-95571-948-7

www.junfermann.de